Horst Schuh/Wolfgang Watzke

Erfolgreich Reden und Argumentieren

Grundkurs Rhetorik

Hueber-Holzmann Verlag

Verlagslektorat: Konrad Böheim
Layout: Helmut Fischer, Garching
Umschlaggestaltung und Grafiken: Hansjörg Langenfass, Ismaning

4 3 | Die letzten Ziffern
1992 91 90 | bezeichnen Zahl und Jahr des Druckes.
Alle Drucke dieser Auflage können, da unverändert, nebeneinander benutzt werden.
1. Auflage

Gesamtherstellung: Ludwig Auer GmbH, Donauwörth
Printed in the Federal Republic of Germany
ISBN 3-19-001815-4

Inhaltsverzeichnis

Bildquellenverzeichnis:

Seite 108: ASTERIX, Band XV, S. 29, 43
Seite 109: ASTERIX, Band XV, S. 46, Band XIV, S. 45; EHAPA-Verlag, Stuttgart; Presse- und Lizenzagentur Stuttgart.
Seite 133/134: Mit freundlicher Genehmigung der Deutschen Verlags-Anstalt GmbH, Stuttgart; Bernd Weidenmann, Diskussionstraining.
Seite 153: The Associated Press GmbH, Frankfurt.
Seite 169/178: Bonnfinanz, Bonn.

Vorwort

Ein wesentlicher Gradmesser für die Qualität der politischen und gesellschaftlichen Kultur ist der repräsentative Standard freien Sprechens. Eine funktionierende Demokratie ist ohne gesellschaftliche Einübung in Rede, Gespräch und Diskussion kaum vorstellbar. Deshalb verstehen wir unser Buch als einen Beitrag zur sozialen und politischen Bildung Erwachsener und nicht als billiges Rezeptbuch für rhetorische Tricks, Kniffe und Winkelzüge.

Der *Grundkurs Rhetorik* soll dem Teilnehmer klarmachen, daß frei und überzeugend sprechen zunächst einmal miteinander sprechen bedeutet: Sprecher und Zuhörer beeinflussen sich wechselseitig und tauschen dabei ständig ihre Positionen; reden bedeutet, etwas miteinander teilen.

Partnerschaft im Gespräch vollzieht sich jedoch nicht ohne Konflikte: Kontroverse Sachverhalte müssen dargestellt, eigene Standpunkte überzeugend vertreten werden können. Deshalb bietet dieser Kurs Hilfen an, wie man eine Diskussion vorantreiben, selber besser argumentieren und Entscheidungen beeinflussen kann. Dazu gehört auch das Wissen um taktische Finessen und die Anleitung zur Reaktion auf ihre Anwendung durch das jeweilige Gegenüber.

Freies Sprechen verlangt aber auch persönliche Sicherheit. Aus diesem Grunde sind der Person des Redners und der des Gesprächsleiters Beiträge gewidmet. Die Steuerung von Verhaltensweisen anderer Menschen durch verbale Äußerungen würde ohne verantwortliche Selbstkontrolle und Selbstkritik beziehungslos und unvollständig bleiben.

Der *Grundkurs Rhetorik* eignet sich sowohl als unterrichtsbegleitendes Lehrbuch wie auch als Arbeitsbuch zum Selbststudium. Die hier angebotene Methodenvielfalt soll den Kursteilnehmer zur Mitarbeit bei der Vorbereitung und Durchführung der Lerneinheiten anregen. Der Unterrichtsablauf orientiert sich nicht zuletzt deswegen an lebensnahen Fällen und Alltagssituationen. Hierdurch wird der entscheidende Praxisbezug hergestellt: Der Teilnehmer wird aktiviert, eigene Erfahrungen zu überprüfen und in den Lernprozeß einzubringen.

Der Rhetoriklehrer hat bei Benutzung dieses Buches freie Hand, ob er z. B. die informierenden, darstellenden Teile der einzelnen Kapitel im Unterricht erarbeiten oder durch die Lernenden in häuslicher Lesearbeit erschließen lassen will, um sich dann in der Gruppe voll auf die angebotenen und zusätzlichen praktischen Übungen zu konzentrieren.

Die Abfolge der Lerneinheiten ist so angelegt, daß der Lernende schrittweise zu verallgemeinerungswürdigen Erkenntnissen findet. Zur Überprüfung des Lernfortschrittes stehen am Ende einer jeden Lektion Übungen, Kontrollfragen oder Anwendungsbeispiele zur Verfügung.

Der gesamte Lernerfolg hängt ab von dem Einsatz und der Ausdauer des Kursteilnehmers, wird aber nicht zuletzt bestimmt durch die Freude, die er an rhetorischen und argumentativen Feinheiten gewinnt. Dies vorausgesetzt kann er am Ende des Kurses

- bewußt und zielgerichtet Diskussionen und Redebeiträge gestalten;
- verschiedene Verhaltensmerkmale seiner selbst und anderer Redner treffsicher einschätzen und entsprechend reagieren;
- zweckgerichtete Argumentationspläne entwickeln und anwenden;
- Gang und Leitung einer Diskussion durchschauen;
- wesentliche Formen rhetorischer Kommunikation erkennen und deren Besonderheiten beachten;
- Grenzen und Möglichkeiten der verbalen Konfliktregelung einschätzen und ausnutzen.

Autoren und Verlag

Methodische Einführung

Mit Ausnahme des 1. und des 14. Kapitels haben alle Kapitel die gleiche Struktur: Vorangestellt ist immer eine Auflistung der *Lernziele.* Zum referierenden Lernteil führt stets eine *Situation* mit der dazugehörenden *Analyse.* Dem informierenden Teil, bisweilen von kleineren Aufgaben unterbrochen, folgt ein Abschnitt *Zur Übung:* Hier werden verschiedene Trainingsaufgaben angeboten. (Lösungsvorschläge zu vielen dieser Übungen sind im Anhang gesammelt, um dem Benutzer eine Lernkontrolle zu bieten.) Zum Schluß eines jeden Kapitels steht eine knappe *Zusammenfassung.*

Der Aufbau soll dem Lernenden einen ständigen Wechsel von Lesen, Aufnehmen und Lernen auf der einen Seite, Probieren und Selbermachen auf der anderen Seite ermöglichen.

Entscheidend für den Lesenden ist: Der Kurs soll nach und nach erarbeitet werden; wer das Buch an einem Wochenende durchliest, wird außer einigen flüchtigen Eindrücken nichts gewonnen haben. Rhetorische Ausbildung aber ist gekennzeichnet durch ein gewisses Maß an Kontinuität. Grundlegende Verbesserungen treten erfahrungsgemäß *allmählich* ein.

Dies muß nicht heißen, daß Sie jetzt nur noch jeden Abend „in Rhetorik machen". Sie sollten besser ab und zu, aber ständig etwas mit diesem Kurs und an sich selber tun. Dies kann ein gegenseitiges Zuhören beim Stammtisch genauso sein wie die Beobachtung eines Redners im Fernsehen unter rhetorischen Gesichtspunkten. So werden Sie die Freude an der Rhetorik-Ausbildung nicht verlieren. Ihre eigenen Fortschritte können Sie Kapitel für Kapitel in den Übungen selbst überprüfen. Wenn Sie ab und zu einmal Übungen aus vorangegangenen Kapiteln wiederholen, werden Sie sehen, daß Ihnen diese leichter fallen als bei der ersten Bearbeitung – auch ohne daß Sie sich noch einmal besonders darauf vorbereitet hätten. Demselben Ziel dient auch das Schlußkapitel, das wesentliche Lernphasen durch Übungen überprüfen hilft.

Denken Sie daran: Rhetorik ist wie Auto fahren – je länger und je mehr Sie fahren, desto sicherer fühlen Sie sich und desto „besser" sind Sie.

1 Rhetorik und Demokratie

1.1 Situation

„Demokratie ist die Staatsform des offenen Gesprächs"

Interview des damaligen Bundespräsidenten Walter Scheel mit der „Bunten Illustrierten" *(29. Dezember 1976)*

Frage (Burda): Herr Bundespräsident, welches ist die Frage, die Sie als Staatsoberhaupt am Jahresende am stärksten beschäftigt?

Antwort: Es ist die latente Unsicherheit gegenüber einer Fülle bisher nicht gekannter wirtschaftlicher und politischer Unwägbarkeiten. Nach dem Schock der Ölkrise von 1973 fragen die Bürger sich, was können die Politiker tun, um unsere Zukunft zu sichern?

Frage: Haben nicht gerade die Atomkraftwerke viele Menschen verunsichert?

Antwort: Die Atomenergie ist ein gutes Beispiel. Man darf nicht den Eindruck entstehen lassen, es gäbe ihre Gefahren nicht. Es kommt vielmehr darauf an, die entstehenden Gefahren genau zu beschreiben, mit den Vorteilen abzuwägen und uns dabei auch der Verantwortung zu stellen, die wir für unsere Enkel und Urenkel tragen.

Frage: Wie beurteilen Sie in diesem Zusammenhang die Bürgerinitiativen?

Antwort: Ich bin für Bürgerinitiativen. Aber man muß es ihnen erleichtern, das zu bleiben, was sie am Anfang meist auch sein wollen, nämlich etwas, was der Demokratie dient. Man muß ihnen dabei helfen, Gruppen abzuwehren, die sich an sie anhängen und ganz andere als demokratische Ziele verfolgen. Ganz falsch wäre es, sie von vornherein mit diesen zu identifizieren.

Frage: Hier stellt sich grundsätzlich die Frage, wie sich der Bürger mit seinem Staat identifizieren kann.

Antwort: Gemeinsames Staatsbewußtsein kann nur aus der Einsicht entstehen, daß diese Staatsform für alle die beste ist. Es ist deshalb Aufgabe der Politik, immer wieder mit den Mitteln der Information und mit Überzeugungskraft auf diesen Konsensus hinzuwirken. Der Politiker muß alle wichtigen Fragen mit dem Bürger diskutieren. Politiker neigen dazu, sich vorsichtig auszudrücken, um möglichst keine Angriffsflächen zu bieten und sich nach allen Seiten abzusichern. Das führt zu einer Sprache, die die Dinge nicht mehr deutlich beim Namen nennt und dem Bürger das Gefühl gibt, ihm werde nicht die volle Wahrheit gesagt. Die Demokratie ist die Staatsform des Gesprächs, und zwar eines offenen Gesprächs. Sie kann nur gedeihen, wenn sie vom Vertrauen der Bürger getragen wird. Dazu gehört auch, daß die Verantwortlichkeiten für politische Entscheidungen erkennbar sind. Es muß immer jemand da sein, der die politische Verantwortung übernimmt.

Frage: Glauben Sie, daß unsere Politiker in

den letzten Wochen diesem Anspruch gerecht geworden sind?

Antwort: Es ist nicht zu übersehen, daß politische Entwicklungen der jüngsten Vergangenheit das Vertrauen der Bürger zum Staat nicht unberührt gelassen haben. Alle politisch Verantwortlichen sollten sich deshalb um dieses Vertrauen bemühen.

Frage: Die Jugend sucht wieder nach Werten, an die sie glauben kann. Wie sehen Sie das?

Antwort: Ich bin nicht unzufrieden mit der Entwicklung des Verhältnisses der jungen Menschen zu ihrem Staat. Es ist klar, daß sich junge Menschen am allerwenigsten mit dem Formalen identifizieren. Ein Staat, der ihrem Lebensgefühl entspricht, muß von den Inhalten her entwickelt werden, die in unserer Verfassung vorgegeben sind. Unter jungen Menschen wird es immer Sehnsüchte und Illusionen geben. Die müssen sie haben – und utopische Vorstellungen sind auch immer der erste Schritt für konkretes, fortschrittliches Handeln. Die politisch Verantwortlichen haben auch die Aufgabe, die Welt von morgen und übermorgen, die sie sich vorstellen, zu beschreiben und zu erklären, wie sie sie vernünftigerweise herbeiführen wollen.

Frage: Das bedeutet aber, daß die Bundesrepublik, wie jede große Gesellschaft, eine Perspektive braucht . . .

Antwort: Das ist die Frage nach der Bestimmung des Menschen in unserem Land und der Bestimmung der Deutschen in der Welt. Ich meine, das Wichtigste ist, unseren eigenen Staat zu einem Instrument für den Frieden zu machen. So, wie die Machtstruktur der Erde nun einmal ist, müssen wir davon ausgehen, daß wir frei und für uns verbindlich nur mit diesem Staat arbeiten können. Wenn wir ihn in der rechten Weise aufbauen, können wir auch hoffen, damit etwas für die ungestillte Sehnsucht der Vereinigung der Deutschen unter einem Dache und für die europäische Einigungsbestrebung zu tun, die in der Jugend immer noch sehr stark verankert ist.

Frage: Also ein neues Nationalbewußtsein?

Antwort: Da haben wir Deutschen es schwerer als andere. Aber es kommt uns zugute, daß wir die letzten dreißig Jahre mit Anstand hinter uns gebracht haben. Das ist die eine Grundlage unseres Selbstverständnisses. Die andere ist das Grundgesetz mit der Sicherung der individuellen Freiheit, der Rechtsstaatlichkeit, der sozialen Orientierung im Inneren, aber auch nach außen.

Frage: Was kann der Bundespräsident konkret dazu tun, den Konsensus der Bürger in diesem Sinne zu vertiefen?

Antwort: Ich halte es zunächst für wichtig, den Bürger in seinem eigenen Selbstverständnis zu bestärken. Andererseits versuche ich darauf hinzuwirken, daß notwendige Konflikte mit sauberen Argumenten ausgetragen werden. Damit jede Meinung gegen die andere abgewogen werden kann. Der Bundespräsident ist als eines der fünf Verfassungsorgane in einer besonderen Rolle. Er kann sich nur um Ausgewogenheit bemühen und versuchen, sie auch durch seine Haltung und sein Handeln immer wieder herbeizuführen. Er ist dabei auf Kooperation angewiesen. Von diesem Verständnis für die Ausgewogenheit her mag ich bei aller Rücksichtnahme den anderen Verfassungsorganen gelegentlich wohl unbequem sein und bin ihnen wohl auch unbequem gewesen, ohne ihnen jedoch zu nahe zu treten. Zu dieser Ausgewogenheit gehört aber auch, daß ich den Bürgern schon einmal den Rücken stärke.

1.2 „Demokratie ist die Staatsform des Gesprächs"

... und zwar eines offenen Gesprächs. Auf diese kurze Formel bringt der damalige Bundespräsident Walter Scheel die Bedeutung von Rhetorik und Diskussion. Die Demokratie ist in erster Linie ein Kampf um konkurrierende Werte. Auch wenn es vielfältige Formen demokratischer Strukturen gibt und in jeder eine unübersehbare Anzahl von Situationen, so bleibt doch das Urmittel demokratischer Auseinandersetzungen immer das gesprochene Wort. Bis auf den heutigen Tag ist das so geblieben, ergänzt durch das geschriebene Wort, das erst auf Grund der technischen Entwicklung in den letzten Jahrhunderten seine volle Bedeutung erlangen konnte.
Der mit diesen Mitteln ausgetragene Kampf um Werte führt selbstverständlich auch zu Streit und Unruhe. Diese Unruhe – weit entfernt von sogenannten „demokratischen Prozessen" wie Gewaltaktionen gegen Menschen und Sachen – ist das Salz in der Suppe jeglicher Entwicklung. Der Streit ist ein wohltuendes Instrument jeder Demokratie und vielleicht sogar ihr eigentliches Markenzeichen. Die – meist gewalttätige – Art, in der Diktaturen aller Schattierungen auf Streit mit Worten und auf Streitende reagieren, macht deutlich, wie weit sie in diesem entscheidenden Punkt von demokratischen Grundprinzipien entfernt sind.
Aber eine Demokratie besitzt noch ein zweites Markenzeichen: die Fähigkeit zur Einigung und zum Kompromiß. Auch hier hat das gesprochene Wort eine entscheidende Bedeutung: Entgegengesetzten oder unterschiedlichen Auffassungen – wie sie demokratischer Streit offenlegt – kann und muß der Versuch folgen, zu einem mehrheitlichen Handeln zu kommen: Konflikte zu regeln, Kompromisse zu erarbeiten und Übereinstimmung zu finden sind notwendige demokratische Verhaltensweisen. Diese Verhaltensweisen schließen die Fähigkeit zu offenen Gesprächen ein, die unseren Politikern über weite Strecken fehlt. Der Unmut – besonders unter der Jugend – über die Politiker mag darin einen seiner wichtigsten Gründe haben, daß Politiker versuchen, Angriffsflächen zu vermeiden, d. h., mit seichten Formulierungen dem Streit aus dem Wege gehen. Eine echte Überzeugung führt zu überzeugendem Engagement, und dieses äußert sich in der Klarheit der Aussagen und Entschiedenheit der Ziele. Offene Worte schaden nur selten, offene Gespräche nie.

1.3 In der Staatsform des offenen Gesprächs spricht der Bürger

Gespräche sind nie etwas Abstraktes, sondern immer Teil derer, die sie führen. Darum ist die Fähigkeit zum offenen Gespräch nichts anderes als die Fähigkeit *des Bürgers,* ein solches Gespräch zu führen. Diese Fähigkeit erreicht man nur durch permanente Übungen verbunden mit praktischem Wissen um Grundregeln der Rhetorik.
Die Demokratie beginnt nicht bei der Wahl zu einem Parlament; dieser Vorgang ist lediglich das Zwischenziel eines demokratischen Prozesses. Dieser selbst beginnt in der

kleinsten Gruppe: der Familie. Hier liegt die große Verantwortung der Erwachsenen bei der Erziehung eines jungen Menschen begründet. Mit zunehmenden Fähigkeiten muß das heranwachsende Kind in die demokratischen Freiheiten entlassen werden. Dazu gehört selbstverständlich die Befähigung, offene Gespräche zu führen. Welches „Übungsfeld“ wäre dafür besser geeignet als die Familie?
Die Schule kann oder will diese Erziehung nicht leisten, obwohl gerade hier die ersten Möglichkeiten zu öffentlichem Reden bestehen. Beschämend ist die Tatsache, daß die Schule den Schüler lehrt, Aufsätze zu schreiben, Geschriebenes zu interpretieren – und daß dies meist das einzige ist, was die Schule im Bereich der sprachlichen Übung bietet. Wie viele Lehrer bestehen schon darauf, daß die Schüler ihre Referate frei halten; und welcher Bruchteil dieser Lehrer vermittelt den jungen Menschen die dazu nötigen rhetorischen Techniken?
An jedem Tag ist jeder einzelne gefordert, sich vor Publikum zu äußern. Dabei ist gar nicht an große Reden gedacht. Der Alltag entscheidet. Was für wirre Auskünfte erhält man etwa, wenn man nach dem Weg fragt! Reden muß man immer: Ob man im Betrieb etwas erklären möchte, in der Familie den Urlaub plant, Freunde von einem gemeinsamen Projekt zu überzeugen sucht – der Alltag fordert vom einzelnen laufend, daß er sich artikulieren kann.
Die große Nachfrage nach Rhetorik-Kursen ist Ergebnis eines weithin aufgetretenen Nachholbedürfnisses bei Menschen aller Altersgruppen. Die Tatsache, daß der Einzelne in der Demokratie eben nicht gleichgeschaltet ist, fördert sein Wissen, sein Bedürfnis danach, sich ständig zu entwickeln. Der Mensch ist nie fertig, seine Persönlichkeit verändert sich laufend. So ist Platz für eine rhetorische Ausbildung in jeder Lebensphase, auch wenn der lernende Redner schon ein „gesetztes Alter“ erreicht hat.
Anders als in vielen anderen Lebensbereichen kann man den Nachholbedarf in der Rhetorik tatsächlich befriedigen. Die Voraussetzungen dafür sind deswegen so gut, weil der Lernende nie ein Neuling im Fach ist. Jeder Leser möge von seinem Lebensalter zwei Jahre abziehen. Danach hat er die Mindestdauer seiner rhetorischen Praxis bereits ermittelt. Diese Behauptung mag den „Anfänger“ zunächst verblüffen. Sie wird aber einleuchtend aus der Tatsache, daß man sich sprachlich täglich neu übt. Rhetorik ist eben keine Geheimwissenschaft, sondern etwas ganz Alltägliches.

1.4 Bewußtes Reden

Es kommt daher in einem Rhetorik-Kurs „nur“ darauf an, dem Lernenden sein Reden bewußter zu machen und durch gezielte Übungen seine Fähigkeiten zu vertiefen. Manche Gesichtspunkte, die in diesem Kurs erklärt und erarbeitet werden, mag der Lernende auch sonst beherzigt haben, nur eben meist ohne bewußte Überlegung. Hier der Aufbau des *„Grundkurses Rhetorik“:*

Um sich anderen mitzuteilen, muß der Redner Mittel beherrschen, die ihn befähigen, *verständlich* zu *sprechen* und seine Rede *klar* zu *gliedern.* Dazu gehört besonders, daß der Redner weiß, wie er einen Gedanken, ein *Argument* aufbaut und mit welchen Stilmitteln er seine *Sätze gestaltet.* Nach Aneignung dieser Grundlagen weiß der Lernende, wie er sich vorbereiten und wie er in der jeweiligen Situation mit seinen Gedanken zurechtkommen kann.
Wesentlich ist die Einbettung der Rede und des Redners in Alltagssituationen. Dazu gehört u. a. das Wissen, wie man eine *Versammlung leiten* kann; und die Kenntnis der verschiedenen *Grundformen der Kommunikation* mit ihren lebendigsten Typen: den *Zwischenrufen* und *Zwischenfragen.* Die *Konfliktregelung durch Gesprächsführung* ist eine der anfangs genannten demokratischen Grundfertigkeiten. Der wichtigste Weg dazu ist die *Diskussion.* Gute Information über diese Gesprächsform und über die Rollen der Teilnehmer, über Ziele und Inhalte sowie die verschiedenen Methoden des *Argumentierens* sind wichtige Voraussetzungen für offene Diskussionen.
Die *Körpersprache* hat ihren Stellenwert in der Rhetorik durch die Verbindung des gesprochenen Wortes mit den bedeutungstragenden Signalen des beim Reden agierenden Körpers. Am Ende dieses Buches stehen *Abschlußübungen* zu den wichtigsten Kursteilen.
All diese Lernabschnitte sollen den Kursbenutzer befähigen, seine Reden und Diskussionsbeiträge bewußter und zielgerichteter zu gestalten, als dies bisher der Fall war. Dazu aber ein ganz entscheidender Hinweis für das Erreichen der verschiedenen Lernziele: Jeder muß aktiv und passiv lernen: lernen durch Selbermachen und lernen durch Beobachten. Beide Wege sind gleich wichtig, sie ergänzen sich. Treffsichere Beobachtung verbessert die eigenen Fähigkeiten; mit eigenen Fähigkeiten steigt die Beobachtungskraft usw. Ein ständiges Wechselspiel mit einem Ziel. Auf befriedigende Wirkung ausgerichtetes Wissen für die bewußte Gestaltung eigener Rede- und Diskussionsbeiträge.

Zusammenfassung

Die Demokratie ist die Staatsform des offenen Gesprächs. Streit, Unruhe, aber auch die Fähigkeit zum Kompromiß sind Markenzeichen einer funktionierenden Demokratie. Das Urmittel ist das gesprochene und geschriebene Wort.
Offene Gespräche führt aber der Bürger. Dieser muß in allen Lebenslagen, beginnend in der Familie, sich im freien Sprechen üben. Das Nachholbedürfnis für eine rhetorische Ausbildung ist in allen Altersstufen vorhanden und zu befriedigen.
Dazu muß der Lernende Grundsätze zum Aufbau einer Rede oder eines Diskussionsbeitrages genauso kennen wie Diskussionsformen und mögliche Redesituationen, um in der Lage zu sein, seine Beiträge bewußt, zielgerichtet und angemessen zu gestalten.

2 Verständlichkeit

Lernziele

1. Erkennen, daß Verständlichkeit die Voraussetzung wirksamen Sprechens ist.
2. Wissen, daß die Verständlichkeit von Texten gemessen werden kann.
3. Die Verständlichkeit von Texten mit Hilfe von vier „Verständlichmachern" selbst beurteilen und verbessern lernen.

2.1 Situation

In einer Konferenz: Mitarbeiter eines Betriebes beraten über anstehende Neuerungen. Herr Meier nimmt zu einem Verbesserungsvorschlag von Herrn Scholz Stellung: *„Wenn ich meine Meinung dazu äußern darf, möchte ich sagen, daß ich den Vorschlag von Herrn Scholz im großen und ganzen für durchaus praktikabel halte. Meine Idee ging fast in dieselbe Richtung."*

2.2 Analyse

Herr Meier holt weit aus, um seine Zustimmung zu bekunden: Zwei Sätze, davon eine umwegige Haupt-/Nebensatzkonstruktion. Indirekte Rede statt direkter Rede. Im zweiten Satz Vergangenheit statt Gegenwart. Dazu Floskeln *„Wenn ich meine Meinung äußern darf . . ."* und Leerformeln wie *„im großen und ganzen"*, *„durchaus"*, *„fast"*. Alles Elemente, die das Verständnis eines Beitrages erschweren und damit seine Wirksamkeit verringern. Statt dessen hätte Herr Meier seine Zustimmung kurz und klar formulieren können: *„Ich bin derselben Meinung wie Herr Scholz."* oder *„Ich stimme Herrn Scholz zu."* Dies wäre für die Zuhörer sicherlich verständlicher und der Sache – dem Verbesserungsvorschlag von Herrn Scholz – dienlicher gewesen.

2.3 „Der Satz soll rote Backen haben."

Der Journalist W. Schneider hat in seinem Buch *Wörter machen Leute*[1] zwölf Regeln aufgestellt. Mit ihrer Hilfe lassen sich geschriebene wie (frei) gesprochene Texte verständlicher gestalten.

1. Treffende Redundanz:
   Die meisten Leute reden und schreiben zuviel, manche zuwenig, gemessen am Erfahrungs- oder Erwartungshorizont des Adressaten.
2. Transparente Sätze,
   möglichst linear, wie ein Pfeil geformt und wie ein Pfeil das Ziel auf dem kürzesten Weg verfolgend. Im Durchschnitt, aber keineswegs regelmäßig, sind kurze Sätze verständlicher als lange und Hauptsätze günstiger als Nebensätze.
3. Keine exotischen Wörter,
   wo sie entbehrlich sind. Man liege auf der Lauer, einen Mangel an Mitteilungswillen in jedem zu entlarven, der vorgibt, sich nur griechisch, lateinisch, englisch oder sonstwie zünftlerisch ausdrücken zu können. Zu diesen Generalregeln tritt eine Reihe weniger elementarer, in ihrer Summe aber gewichtiger Empfehlungen.
4. Kurze Wörter
   sind im Durchschnitt leichter, mindestens rascher verständlich als lange Wörter: *Auto* gegen *Automobil* und *Kraftfahrzeug, Ziele* gegen *Zielprojektionen, kriegen* gegen *in Empfang nehmen, dumm* gegen *geistig zurückgeblieben.* Eine hohe Zahl von Silben je Wort kann als Indiz für Wortschwulst gelten.
5. Geläufige Wörter
   sind leichter verständlich als seltene Wörter: *Motorrad* gegen *Kraftrad, Briefmarke* gegen *Postwertzeichen, Telefonzelle* gegen *öffentlichen Münzfernsprecher.* Sogar Abkürzungen können bekannter sein als das, was sie abkürzen, zum Beispiel *NATO* gegen *North Atlantic Treaty Organization,* ja selbst gegen *Nordatlantikpakt.*
6. Konkrete und bildhafte Wörter
   sind leichter verständlich als abstrakte Wörter: *Haus* gegen *Eigenheim, Wohnung* gegen *Wohneinheit, Stadtpark* gegen *städtische Grünanlage, Dauerregen* gegen *ergiebige Niederschläge:* „Der Satz soll rote Backen haben."
7. Keine Polyseme:
   Wörter mit verschiedenen Bedeutungen oder schillerndem Sinn erschweren die Verständlichkeit. *Sollen* z. B. kann eine Aufforderung oder Ungewißheit ausdrücken (Er *soll* Dirigent werden: „Ich wünsche, daß er es wird."/„Ich habe gehört, daß er es wird.").

---

[1] W. Schneider, *Wörter machen Leute. Magie und Macht der Sprache,* München/Zürich 1976, S. 285 ff.

8. Keine Synonyme:
   Der Wechsel im Ausdruck, in der Schule ein eisernes Gebot, belebt den „Stil" – und erschwert die Verständlichkeit.
   Das Schulgesetz, wonach die Verwendung etwa eines dreimaligen *machen* schlechthin zu vermeiden ist, sollte auf eine Regel reduziert werden, die Ausnahmen zuläßt: „Der *Herr* hat's gegeben, der *Herr* hat's genommen, der Name des *Herrn* sei gelobt" (Hiob 1,21).
9. Verben sind besser als Substantive:
   Verben im Aktiv besser als im Passiv (Passivsätze werden von Kindern spät verstanden und verlangen auch von Erwachsenen eine Umsetzung, die häufig eine meßbare Zeit beansprucht); die aktiven Verben möglichst nicht im Plusquamperfekt: „Das Unglück ereignete sich, als der Pilot vom Sessel *gefallen war,* nachdem der Gangster ihm ins Ohr *geschossen hatte."* – ebenso korrekt wie unerträglich, eine Springprozession der Tempora.
10. Keine imaginären Subjekte:
    Wo Menschen handeln oder leiden, soll man sie nicht hinter Sachen verstecken, schon gar nicht hinter erdachten Sachen. *„Die Eskalation der Gewalt in Spanien hat erneut fünf Todesopfer gefordert."* An diesem Zeitungssatz ist alles schief: Todesopfer einzufordern, war eine Spezialität des Gottes Baal in Karthago; *„die Eskalation"* ist niemand und nichts, dem irgendeine Forderung zuzutrauen wäre; und schließlich sind die fünf Toten eben die Eskalation und können daher nicht von der Eskalation getötet worden sein – so wenig wie der Ruf *„Maul halten, Vorsitzender!"* von dem „Zwischenfall" verursacht worden ist, den eben dieser Ruf und nur er darstellt.
11. Möglichst wenige Verneinungen:
    Sie erschweren die Verständlichkeit, gleichgültig, ob sie durch *nicht, nein, kein, kaum, außer, un-* oder andere sprachliche Mittel ausgedrückt werden.
12. Abwechslungsreiche Sprache:
    Die Gebrauchsanweisung für den Feuerlöscher kann sich sechs kurzgehackte Sätze leisten, weil jeder sie ohnehin interessant findet, sobald es brennt; und nur die höchste Einfachheit darf den Maßstab liefern. Je länger der Text jedoch, desto mehr gilt die Warnung: „Eine Häufung kurzer Hauptsätze gleicht der Wüste, in welcher der Wanderer alsbald Himmelsrichtung und Weg verliert"; und nichts ermüdet nachhaltiger als der „Ochsentrott von Hauptwörtern, die sich stoßen und treten, weil sie viel zu dicht aufgeschlossen marschieren".

Zur Übung:

Prägen Sie sich diese zwölf Regeln ein. Beobachten und bewerten Sie mit ihrer Hilfe geschriebene und gesprochene Aussagen in Ihrem Alltag. Sprechen Sie mit Bekannten über Ihre Eindrücke.

2.4 Zur Messung von Verständlichkeit

Die von W. Schneider vorgelegten Regeln sind zum einen Erfahrungswerte von Leuten, die viel mit dem geschriebenen und gesprochenen Wort zu tun haben.
Des weiteren sind sie z. T. durch empirische Untersuchungen abgesichert, die mit Hilfe mathematischer Formeln den Verständlichkeitsgrad eines Textes zu bestimmen suchen. Allerdings gilt die so berechnete Verständlichkeit nicht für einen speziellen Personenkreis, sondern allgemein für die Bevölkerung. Diese Formeln berücksichtigen zum Beispiel die Satzlänge (S = Wortzahl pro Satz) und den Prozentsatz geläufiger Wörter (= W): Verständlichkeit berechnet sich dann etwa als

$$5 \cdot W - S$$

Daß solch ein Wort nicht absolut, sondern im Vergleich zu Verständlichkeitswerten anderer Texte Sinn hat, versteht sich.

Wie P. Teigeler[2] zeigt, ist es verläßlicher, die Verständlichkeit eines Textes mit Hilfe des Anteils der ein- und zweisilbigen Wörter abzuschätzen.
Weiterhin gibt er den Rat, mit Rücksicht auf die Verständlichkeit folgende Arten von Wörtern zu bevorzugen[3]:

1. Häufig vorkommende Wörter, die daher allgemein sehr bekannt sind (dazu gehören besonders die Wörter, die in der individuellen (Sprach-)Entwicklung sehr früh gelernt werden),
2. Wörter der jeweiligen Muttersprache,
3. Wörter der Umgangssprache,
4. konkrete Wörter,
5. kurze Wörter.

Wie abstrakt oder konkret ein Text im Vergleich zu anderen ist, kann der „Abstraktionsindex" angeben. V. Günther und N. Groeben haben auf der Basis von amerikanischen Meßversuchen ein einfaches Verfahren vorgeschlagen[4], mit dem sich die Abstraktheit von Texten quantitativ erfassen läßt. Das Verfahren basiert auf einer Stichprobe von Substantiven (Hauptwörtern) eines Textes. Als „Rohmaterial" für die Erfassung des Abstraktionsgrades wird die Häufigkeit der Substantive mit den folgenden Endungen bestimmt[5]:

---

[2] Zitiert nach H. J. Hoffmann, „Leserpsychologie", in: *Psychologie heute,* 12/1977, S. 42

[3] P. Teigeler, *Verständlichkeit und Wirksamkeit von Sprache und Text,* Stuttgart 1968, S. 40

[4] V. Günther/N. Groeben, Abstraktheitssuffix-Verfahren: Vorschlag einer objektiven ökonomischen Messung der Abstraktheit/Konkretheit von Texten", in: *Zeitschrift für experimentelle und angewandte Psychologe,* 1/1978, S. 55–74

[5] Zitiert nach: *Psychologie heute,* 6/1978, S. 13

1. *-heit* (wie in Gewohnheit)
2. *-ie* (wie in Philosophie)
3. *-ik* (wie in Rhythmik)
4. *-ion* (wie in Konzentration)
5. *-ismus* (wie in Dogmatismus)
6. *-tät* (wie in Rationalität)
7. *-keit* (wie in Häufigkeit)
8. *-enz* (wie in Potenz)
9. *-tur* (wie in Kandidatur)
10. *-ung* (wie in Bewegung)

Der Abstraktionsindex (= AI, ausgedrückt in Prozent) läßt sich nun so berechnen: Man teilt die Anzahl der Abstraktions-Suffix-Substantive (ΣS_A) durch die Gesamtzahl der Substantive (N) und multipliziert das Ergebnis mit 100.

$$\text{AI-Prozent} = \frac{\Sigma S_A \cdot 100}{N}$$

Die Vergleichsnormen für das Abstraktionsmaß beziehen sich auf eine Stichprobe von 400 Substantiven:
Null bis 25 abstrakte Substantive (AI = 0 bis 6,25 Prozent): sehr konkret;
26 bis 50 (7 bis 12,5 Prozent): konkret;
51 bis 100 (12,8 bis 25 Prozent): mittelmäßig abstrakt bzw. konkret;
101 bis 125 (25,25 bis 31,25 Prozent): abstrakt;
über 125 (über 31,25 Prozent): sehr abstrakt.

Aus einer solchen Berechnung können wir also ableiten, daß der Anteil an Substantiven, vor allem solchen mit den 10 aufgelisteten Endungen, in Vorträgen und Diskussionsbeiträgen möglichst klein gehalten werden sollte.

2.5 Die vier „Verständlichmacher"

Eine Gruppe Hamburger Psychologen hatte sich die Frage gestellt: In welchen Merkmalen unterscheiden sich gut verstandene von schlecht verstandenen Texten?
Gesucht waren solche Merkmale, die nicht nur bei einem ganz bestimmten Inhalt, sondern möglichst bei beliebigen Inhalten von Bedeutung sind.
Nach einigen Untersuchungen stand die Antwort fest. Dazu Schulz von Thun, einer der Hamburger Wissenschaftler:[6]
„Texte unterscheiden sich voneinander vor allem in vier ‚Dimensionen der sprachlichen Gestaltung':
1. Einfachheit (Gegenteil: Kompliziertheit);
2. Gliederung-Ordnung (Gegenteil: Unübersichtlichkeit, Zusammenhanglosigkeit);
3. Kürze-Prägnanz (Gegenteil: Weitschweifigkeit) und
4. Zusätzliche Stimulanz (Gegenteil: Keine zusätzliche Stimulanz)."

[6] Die folgende Darstellung der vier „Verständlichmacher" folgt in geraffter Form dem Beitrag von Schulz v. Thun, „Verständlich informieren", in: *Psychologie heute,* 5/1975, S. 42 ff.

Was diese vier Hauptmerkmale bedeuten? Ein bißchen sagt es der Name schon. Aber wir wollen sie etwas genauer vorstellen, oder besser: Sie stellen sich selber vor (wörtlich nach Schulz v. Thun):

1. Einfachheit	**Kompliziertheit**
„Bei mir kann man alles gut verstehen. Ich mache kurze Sätze und verwende bekannte Wörter. Fachwörter werden erklärt. Und ich bringe die Sachen anschaulich, so daß sich jeder was darunter vorstellen kann. Ich rede wie ein normaler Mensch, nicht wie ein Gelehrter."	„Mein Name, welcher sich als kontradiktorischer Gegensatz zu dem soeben vorgestellten Gegenpol ergibt, subsumiert all jene stilistischen Charakteristika, die die Rezeption auf der Wort- und Satzebene behindern, wobei extrem verschachtelte Satzkonstruktionen ebenso wie die multiple Verwendung von Fremd-, Fach- und sonstwie esoterischen Wörtern zu einem (nicht selten auch Prestigezwecken dienenden) hochelaborierten Sprachmuster auf meist hohem Abstraktionsniveau beitragen."

Dieser erste „Verständlichmacher" ist vor allem gemeint, wenn im allgemeinen Sprachgebrauch von „Verständlichkeit" die Rede ist. Etwa, wenn sich immer mehr Bürger bei den Verbraucherorganisationen über unverständliche Behördenschreiben beschweren. Oder wenn – gemäß einer EMNID-Umfrage – jeder Zweite die geringe Verständlichkeit bei der Wissenschaftsberichterstattung im Fernsehen beklagt.

2. Gliederung, Ordnung	**Unübersichtlichkeit, Zusammenhanglosigkeit**
„Ich tue alles, damit der Leser sich zurechtfindet und die Übersicht behält. Wie erreiche ich das? Indem ich sowohl für *äußere Übersichtlichkeit* als auch für innere Folgerichtigkeit sorge: **Äußere Übersichtlichkeit („Gliederung"):** Dazu gehört die Ankündigung, wie der Text aufgebaut ist; dazu gehören Absätze, Überschriften, strukturierende Bemerkungen und die *Hervorhebung* wichtiger Stellen. **Innere Folgerichtigkeit („Ordnung"):** Dazu gehört, daß alles logisch aufeinander aufbaut, daß alles schön der Reihe nach kommt. Auf gedankliche Beziehungen und Querverbindungen wird deutlich hingewiesen."	„Bei mir kommt alles hintereinanderweg, so wie es gerade kommt. Wichtige Wörter oder Sätze werden nicht hervorgehoben, und vieles geht durcheinander. Ich mache kaum Absätze, und der Leser weiß nicht, wohin die Reise geht. Ich heiße auch noch so, weil die Übersichtlichkeit nicht gegeben ist, aber am Anfang lege ich gleich los, ohne zu sagen, worauf ich eingehen will. Der Leser weiß nicht, wie alles zusammengehört. Manche Sätze stehen beziehungslos nebeneinander."

Dieser zweite „Verständlichmacher" betrifft nicht die Art der Formulierung (Einfachheit), sondern den Aufbau des Gesamttextes. Seine Bedeutung wächst mit der Länge des Textes. Bei kurzen Mitteilungen kann es der Empfänger leichter „verschmerzen", wenn keine Bemühungen vorliegen, den Bauplan der Nachricht sichtbar zu machen.

3. Kürze-Prägnanz	Weitschweifigkeit
„Viel Informationen mit wenig Worten, kurz und bündig, auf's Wesentliche beschränkt. Manchmal zu gedrängt."	„Gestatten, daß ich mich Ihnen vorstelle: Mein Name ist „Weitschweifigkeit". Mit meinem Namen sind meine Eigenschaften, also diejenigen Merkmale, an denen man mich erkennen kann, schon angedeutet: Ich liebe es, viele Worte zu machen, oder andersherum ausgedrückt: Ich hasse es, mich kurz zu fassen und mich auf das Allerwichtigste zu beschränken. Oft hole ich weit aus und erkläre die Sache überaus ausführlich und umständlich. Obwohl man mit wenigen Sätzen alles Wichtige hätte sagen können. Manchmal schweife ich auch vom Thema ab oder berühre viele Nebensächlichkeiten. Wenn ich erst einmal richtig in Fahrt komme, dann gerate ich „vom Hundertsten ins Tausendste". Ich benutze also zwei Möglichkeiten, weitschweifig zu sein: Einmal die sprachliche Weitschweifigkeit (ein- und dasselbe mit verschiedenen Worten wiederholen und „breittreten"), und zum anderen die inhaltliche Weitschweifigkeit (auf Nebensächliches kommen, weit ausholen und alles sehr ausführlich bringen). Während ein bißchen Weitschweifigkeit dem Leser durchaus hilft, tue ich des Guten zuviel."

Obwohl ein „Telegrammstil" nach den Ergebnissen einiger Untersuchungen durchaus günstig abschneidet, dürfte das Optimum mehr in der Mitte liegen. Weitschweifige Texte überfordern vor allem jüngere Hörer bzw. Leser: Sie verlieren den Blick für das Wesentliche, und ihre Aufmerksamkeit sinkt schnell ab. Weitschweifigkeit ist seltener bei gedruckten Texten anzutreffen, häufig dagegen bei freier Rede in Diskussionen, Berichterstattungen usw. – sehr zum Leidwesen der Empfänger (sie werden „kribbelig")!

4. Zusätzliche Stimulanz

„Gestatten: ‚zusätzliche Stimulanz', aber Sie können ruhig ‚Anregung' zu mir sagen (da freut sich mein Kollege ‚Einfachheit'). Ich tue alles, damit ein bißchen Leben in die Bude kommt. Bin sozusagen das Salz in der Informationssuppe: Ohne mich hätte sie denselben ‚Nährwert', aber mit mir ist sie schmackhafter. Und das fördert ja bekanntlich die Verdauung. Ich höre förmlich, wie Sie als Leser sagen: ‚Anregung, Du bist mir zwar ganz sympathisch, aber zuviel von Dir würde die Suppe versalzen!' Ich sage: ‚Gut, aber vergessen Sie mich nicht ganz, wenn Sie selber mal kochen.' "

Keine Zusätzliche Stimulanz

„Mein Name: Keine Zusätzliche Stimulanz. Ich verzichte auf alles, was einen Text durch die Art der Darstellung interessant und anregend machen könnte, wie z. B. direkte Anrede des Lesers, lebensnahe oder heitere Beispiele und Vergleiche, Verwendung von wörtlicher Rede, Fragesätze usw. Ich vertraue darauf, daß der Inhalt von sich aus anregend wirkt und nehme es in Kauf, langweilig und unpersönlich zu wirken."

Unter diesem vierten „Verständlichmacher" sind alle Darstellungsmittel zusammengefaßt, die geeignet sind, den Leser anzuregen und persönliche Anteilnahme bei ihm hervorzurufen. Damit dürfte die Wirkung vor allem die Motivation betreffen. Viele Journalisten benutzen Stimulanz, um die Mitteilung „interessant" zu machen. Auch hier kann des Guten zuviel getan werden. Zusätzliche Stimulanz ist in Behördentexten und wissenschaftlichen Texten zumindest unüblich.

Wie läßt sich nun feststellen, in welchem Maße die vier „Verständlichmacher" in einem Text verwirklicht sind? Dafür ist eine Skala mit fünf Abstufungen für jeden „Verständlichmacher" vorgesehen (wörtlich nach Schulz v. Thun):

Einfachheit	+ +	+	0	–	– –	Kompliziertheit
Gliederung-Ordnung	+ +	+	0	–	– –	Ungegliedertheit Zusammenhanglosigkeit
Kürze-Prägnanz	+ +	+	0	–	– –	Weitschweifigkeit
Zusätzliche Stimulanz	+ +	+	0	–	– –	Keine Zusätzliche Stimulanz

Die „Messung" geht so vor sich: Wir bilden uns beim Lesen eines Textes oder beim Hören einer Rede ein Schätzurteil für jeden „Verständlichmacher"; dann vergeben wir vier Werte – einen Wert für jede Skala. Das Ergebnis dieses „Warentests“ wird in ein vierteiliges „Verständlichkeitsfenster“ eingetragen, z. B. (wörtlich nach Schulz v. Thun):

Einfachheit	Gliederung-Ordnung
Kürze-Prägnanz	Zusätzliche Stimulanz

+	–
0	+ +

Das linke Fenster gibt an, wie die Werte anzuordnen sind. Im rechten ist das Meßergebnis für einen (gedachten) Text eingetragen. Die Verständlichkeitsdiagnose lautet hier in Worten: „Der Text ist recht einfach in der Formulierung (wenn auch nicht extrem einfach, d. h., man könnte denselben Sachverhalt noch etwas einfacher erklären). Dagegen fehlt es an Übersichtlichkeit und Klarheit der Zusammenhänge. Der Inhalt wird weder besonders gedrängt und kurz noch besonders weitschweifig erklärt. Die Darstellungsweise enthält sehr viele Anregungselemente.“
Aufgrund eines solchen Fensters können wir nun auf Anhieb sagen, wie es um die Verständlichkeit eines Textes oder Vortrages bestellt ist. Und wir können angeben, wo es noch hapert, wo etwas verbessert werden muß. Im obigen Fall würden wir sagen: „Die Sache ist generell in Ordnung; bemühen Sie sich jedoch mehr um Gliederung, Übersichtlichkeit und Klarheit der Zusammenhänge. Sagen Sie am Anfang, wie der Text aufgebaut ist, teilen Sie ihn in Unterabschnitte ein, die jeweils eine Überschrift enthalten und heben Sie das Wichtige hervor. Was dagegen Stimulanz betrifft, kann es ruhig etwas weniger sein.“

Das Prinzip der vier „Verständlichmacher“ sei im folgenden am Beispiel „Einfachheit“ verdeutlicht. Die Frage „Was ist Raub?“ ist einmal „sehr einfach“, ein anderes Mal „sehr kompliziert“ beantwortet.

Beispiel (wörtlich nach Schulz v. Thun):

Was ist Raub?

Jemand nimmt einem anderen etwas weg. Er will es behalten. Aber es gehört ihm nicht. Beim Wegnehmen wendet er Gewalt an oder droht dem anderen, daß er ihm etwas Schlimmes antun werde. Dieses Verbrechen heißt Raub.

Was ist Raub?

Raub ist dasjenige Delikt, das jemand durch Entwendung eines ihm nicht gehörenden Gegenstandes unter Anwendung von Gewalt oder von Drohung gegenüber einer anderen Person begeht, sofern die Intention der rechtswidrigen Aneignung besteht.

Einfachheit	+ +	+	0	–	– –	Kompliziertheit

Entsprechend lassen sich auch die anderen drei Verständlichkeitsskalen bewerten.

Aufgabe (wörtlich nach Schulz v. Thun):

Schätzen Sie die Verständlichkeit des nachfolgenden juristischen Originaltextes und des verbesserten Textes mit Hilfe der vier „Verständlichmacher" ein. Decken Sie dabei den Lösungsvorschlag auf der rechten Seitenhälfte zunächst ab.

Originaltext § 57 StVZO (= Straßen-Verkehrszulassungsordnung)

„Die Anzeige der Geschwindigkeitsmesser darf vom Sollwert abweichen in den letzten beiden Dritteln des Anzeigebereiches – jedoch mindestens von der 50 km/st-Anzeige ab, wenn die letzten beiden Drittel des Anzeigebereiches oberhalb der 50 km/st-Grenze liegen – 0 bis + 7 von Hundert des Skalenendwertes; bei Geschwindigkeiten von 20 km/st und darüber darf die Anzeige den Sollwert nicht unterschreiten."

„Verständlichmacher"

Einfachheit	Gliederung-Ordnung
Kürze-Prägnanz	Zusätzliche Stimulanz

Lösung

– –	+ +
–	– –

Verbesserter Text § 57 StVZO

Die Tachometeranzeige im Auto: Um wieviel darf sie abweichen von der tatsächlichen Geschwindigkeit?

- Bis 20 km/st gibt es keine Vorschrift.
- Ab 20 km/st darf der Tacho **auf keinen Fall zuwenig** anzeigen.
- **Etwas mehr ist erlaubt.** Wieviel? **7% von der Höchstgeschwindigkeit,** die auf dem Tacho eingezeichnet ist. Angenommen, er reicht bis 120, dann darf er 7% von 120 (= 8,4) zuviel anzeigen. Höchstens!

  Diese Regel gilt für die beiden oberen Drittel des Tachos; also z. B. beim 120er-Tacho zwischen 40 und 120 km/st.
- Reicht der Tacho über 150 km/st, dann beginnt die 7%-Regelung schon ab 50 km/st.

„Verständlichmacher"

Einfachheit	Gliederung-Ordnung
Kürze-Prägnanz	Zusätzliche Stimulanz

Lösung

–	0
+ +	+

Die Gliederung des verbesserten Textes wird auch drucktechnisch deutlich: Punktierung, halbfett hervorgehobene Textteile, Absätze. Diese schrift-/drucktypischen Mittel werden durch rhetorische Ausdrucksmittel wie numerische Aufzählung („Erstens ... Zweitens ... Drittens), Pausen, Variation in Lautstärke, Sprechtempo und Tonhöhe beim Sprechen ersetzt.

2.6 Zur Übung:

Schreiben Sie eigene kurze Redetexte; machen Sie sich dabei jeweils bestimmte unterschiedliche Qualitäten der „Verständlichmacher“ zur Auflage. Lassen Sie Ihre Texte dann durch außenstehende Beurteiler auf Verständlichkeit kontrollieren.

Zusammenfassung

„Der Satz soll rote Backen haben.“ Mit diesem Ausspruch von W. Schneider haben wir Verständlichkeit von gesprochenen und geschriebenen Texten gefordert. Was informieren, Meinungen bilden, Entscheidungen beeinflussen soll, muß erst vom Adressaten verstanden werden. Verständlichkeit ist die Voraussetzung von Wirksamkeit. Verständlichkeit läßt sich mit Hilfe mathematischer Formeln wissenschaftlich annähernd bestimmen. Laien können mit Hilfe von vier „Verständlichmachern“ die Verständlichkeit von Texten bestimmen und verbessern:

1. Einfachheit:
   kurze, einfache Sätze; geläufige Wörter; Fachwörter nur mit Erläuterung; Anschaulichkeit.
2. Gliederung-Ordnung:
   folgerichtige und übersichtliche Texte; gute Unterscheidung von Wesentlichem und Unwesentlichem; der rote Faden bleibt sichtbar; alles kommt schön der Reihe nach.
3. Kürze-Prägnanz:
   aufs Wesentliche beschränkt; gedrängt aufs Text- oder Redeziel konzentriert; knapp; jedes Wort ist notwendig.
4. Zusätzliche Stimulanz:
   direkte Rede; rhetorische Fragen zum Mitdenken; lebensnahe Beispiele; Auftreten von Menschen; Reizwörter; witzige Formulierungen.

Literatur

Langer, Inghard/Schulz v. Thun, Friedemann/Tausch, Reinhard, *Verständlichkeit in Schule, Verwaltung, Politik und Wissenschaft mit einem Selbsttrainingsprogramm,* München 1974

Schneider, Wolf, *Wörter machen Leute. Magie und Macht der Sprache,* München/Zürich 1976

Teigeler, Peter, *Verständlichkeit und Wirksamkeit von Sprache und Text,* Stuttgart 1968

3 Gestaltung von Sätzen

Lernziele

1. Erkennen, daß die inhaltliche Stoßrichtung jeder Äußerung durch eine Vielzahl rhetorischer Stilmittel unterstützt werden kann.
2. Kennenlernen eines Stilmittel-Kataloges und Einprägen der einzelnen Begriffe und ihrer rhetorischen Inhalte.
3. Eigenes Erarbeiten des Wissensstoffes am praktischen Beispiel mit selbständiger Lernkontrolle.

3.1 Situation

Karl Theodor Freiherr zu Guttenberg am 27. Mai 1970 vor dem Deutschen Bundestag (Debatte über die Ostpolitik):

„Ich sage hier für meine Freunde und für mich mit allem Nachdruck, mit allem Ernst und leider auch mit der heute nötigen Sorge:

Wir, die CDU/CSU, wir sind nicht bereit, sogenannte Realitäten zu achten, zu respektieren oder gar anzuerkennen, die den Namen Unrecht tragen. Wer immer dieser Debatte zuhört, hier oder im Lande oder draußen in der Welt, der muß wissen, daß dies das letzte, das entscheidende und nicht aufhebbare Motiv für die Deutschlandpolitik der christlich-demokratischen und christlich-sozialen Union ist. Und ich setze die Frage hinzu: Ist hier einer, einer, der ernsthaft vorbringen wollte, daß Unrecht dadurch Recht würde, daß es Jahre, ja Jahrzehnte dauert? Meine Damen und Herren, ich bitte jeden in diesem Hause, sich zu prüfen – und, meine Damen und Herren von der SPD, dies gilt besonders für Sie, weil Sie als Partei die Ehre für sich in Anspruch nehmen dürfen, unter Hitler Tausende von Märtyrern gestellt zu haben. – Meine Frage lautet: Ist einer hier bereit, wäre einer hier bereit, seinen Frieden mit Adolf Hitler zu machen, wenn es diesem Mann gelungen wäre, 37 Jahre durchzuhalten? Ich sage nein! Ich sage dreimal nein! Und aus dem gleichen Grunde kann es keine Anerkennung für neues Unrecht auf deutschem Boden, für Herrn Ulbricht geben.

Meine Damen und Herren, die Wahrheit ist doch die, daß Sie, meine Damen und Herren von der SPD, und Sie von der F.D.P. mit uns zusammen zwei Jahrzehnte lang die Grundposition dieser Politik getragen und geteilt haben.

Und heute, meine Damen und Herren, reden Sie, Sie selbst, und von der notwendigen Geduld und von den langen Jahren, die Sie benötigen: Und, meine Damen und Herren, damit nehmen Sie für sich in Anspruch, was Sie uns verwehrten.

Und lassen Sie mich nun, meine Damen und Herren, am Ende mit allem mir zur Verfügung stehenden Ernst ausdrücken –

– Ich verstehe, was Sie dort gerufen haben: „Gott sei Dank." Ich hätte mir an Ihrer Stelle meine Rede auch ungern angehört und deshalb habe ich sie gehalten. – Und weiter: Ist einer hier, einer, der mir widerspräche, wenn ich sage, daß keiner ein Recht hat, die Freiheitsliebe der Deutschen in der Zone geringer zu achten als jene der Tschechen und Slowaken, die im Frühjahr 1968 das Gewissen der Welt erschüttert haben?"

3.2 Analyse

Unabhängig von der individuellen politischen Meinung fällt es uns schwer, uns – auch beim bloßen Lesen – der Wirkung dieses Redeausschnitts zu entziehen. Die Rede wirkt sehr nachdrücklich und eindringlich.

Bei genauerem Textstudium werden Sie sofort einige rhetorische Mittel herausfinden, die diese geschilderte Wirkung auf das Publikum ausüben:

Häufige Unterbrechungen der Sätze, eine Fülle von Steigerungen innerhalb einzelner Sätze, Parallelismen und eindringliche Wiederholungen bestimmen über weite Strecken diese Rede. Die so vermittelte Eindringlichkeit bewirkt bei jedem Zuhörer zumindest eines: Sie überzeugt von der Ernsthaftigkeit des Anliegens und von der Redlichkeit des Redners. Unterstrichen wird dies noch durch die ruhige und ein wenig verblüffende Antwort auf den Zwischenruf, der dadurch als situationsunangemessen disqualifiziert wird.

Dieser Gesamteindruck wird am Schluß des Kapitels noch sehr viel detaillierter untersucht. Voraussetzung dafür ist aber die Auseinandersetzung mit bestimmten rhetorischen Stilmitteln, die wir nun anschließen.

3.3 Grundsätzliches

In der gesprochenen und geschriebenen Sprache gibt es interessante und einprägsame Formulierungen genauso wie unattraktive und langweilige.

Eines der Geheimnisse einer wirkungsvollen Sprache ist die bewußte – bis zu einem gewissen Grade auch unbewußte – Anwendung bewährter sprachlicher Stilmittel. Die Kenntnis der wesentlichsten „rhetorischen Figuren" bringt dem Lernenden einen doppelten Nutzen: Zum einen werden ihm viele oft benutzte Sätze als kleine rhetorische Kunstwerke bewußt, die ihm als Zuhörer oder Leser intellektuellen Genuß bereiten. Zum anderen eröffnet sich ein beinahe unerschöpfliches Reservoir für die eigene Formulierungskunst. Aus einer unreflektierten Formulierung wird dadurch eine bewußte; und man kann mit dem planvollen Einsatz rhetorischer Satzfiguren aus dem Zustand bloßer sprachlicher Reproduktion zur kontrollierten Kreativität vorstoßen.

3.4 Katalog rhetorischer Satzfiguren

Als erste Auswahl aus dem „Arsenal" rhetorischer Figuren werden im folgenden einige der markantesten Stilmittel dargestellt[1]. Unter dem griechischen oder lateinischen Fachbegriff finden Sie eine kurze Beschreibung von Form und Funktion der jeweiligen Figur. Danach folgen ein oder mehrere sprachliche Beispiele, aus denen für Ihre eigene rhetorische Übung alles praktisch Notwendige deutlich wird.

Allegorie:
bildliche, gleichnishafte Darstellung, um einen abstrakten Begriff oder einen wenig anschaulichen Vorgang zu verdeutlichen.

„Die politische Schere hat im Laufe der letzten Jahrzehnte das territoriale Kleid unserer Nation von Maxi über Midi gefährlich nah auf Supermini gekürzt." (K. G. v. Hase, dt. Botschaft in London, lt. *Spiegel* vom 26. 4. 71, S. 19)

Allusion:
Anspielung, die voraussetzt, daß jeder das Gemeinte versteht; oft mit stark suggestiver Wirkung!

„Hier dürfte wohl jeder verstehen, was das bedeutet."
Aus der Fußballsprache:
„Betzenberg" statt *1. FC Kaiserslautern;* „Bieberer Berg" statt *Kickers Offenbach;* „Leder" statt *Ball*; „Rasen" statt *Spielfeld.*

Anakoluth:
bewußte oder unbewußte Störung des Satzes durch einen Einschub; wirkt bei bewußter Anwendung fast immer eindringlich, spannungsfördernd.

„Aus diesem Grunde – und nur darauf kommt es an – möchte ich das erreichen."

---

[1] In Anlehnung an: G. Lange, *Breviarium Rhetoricum,* Bayreuth 6. Aufl. 1976. In diesem Buch ist natürlich ein sehr viel umfangreicherer Katalog rhetorischer Figuren enthalten, den der Lernende sich im Anschluß an dieses Kapitel selbst erarbeiten kann.

Anapher:
Wiederholung des Anfangswortes oder von einleitenden Satzteilen in aufeinanderfolgenden Sätzen; deutliche Betonung und Bestimmtheit des Gesagten.

„Ihr unsterblichen Seelen, Ihr, die ihr nicht von dieser Welt seid, Ihr Weltoffenen." (Peter Handke, *Publikumsbeschimpfung.*)
„Wir fordern, daß die Speicher zur Linderung der Not geöffnet werden. Wir fordern, daß alle Werkstätten und Fabriken in unsern Besitz übergehen. Wir fordern, daß in den Kirchen Schulen eingerichtet werden." (Peter Weiß, *Die Verfoglung und Ermordung Jean Paul Marats* . . . I, 19)
„Nimm's leicht – nimm Scharlachberg" (Reklame)

Antiklimax:
Übergang vom stärkeren zum schwächeren Ausdruck; eindrucksvolle Dramatisierung durch diesen häufig verblüffenden Schlußteil.

„Und um den Papst zirkulieren die Kardinäle.
Und um die Kardinäle zirkulieren die Bischöfe.
Und um die Bischöfe zirkulieren die Sekretäre.
und um die Sekretäre zirkulieren die Stadtschöffen.
Und um die Stadtschöffen zirkulieren die Handwerker.
Und um die Handwerker zirkulieren die Dienstleute.
Und um die Dienstleute zirkulieren
die Hunde, die Hühner und die Bettler."
(Bert Brecht, *Das Leben des Galilei* – „Lehre und Meinung des Galilei")

Antithese:
Gegenüberstellung, zumeist von Gegensätzen oder Gegenbehauptungen; akzentuierte Polarisierung zweier Gegenstücke.

„Feuer und Wasser"
„Wenn er aufhört, über uns Lügen zu verbreiten, werden wir aufhören, über ihn die Wahrheit zu verbreiten." (Harold Wilson über Edward Heath)
„Alle reden vom Wetter. Wir nicht." (Deutsche Bundesbahn)
„Wenn das der Fußball der Gegenwart sein soll, dann hat der Fußball keine Zukunft mehr."

Autonomasie:
Umbenennung, auf Eigennamen angewandt; bildhafte Verdeutlichung, oft Sympathiebegriff (Spitznamen).

a) Eine Eigenschaft vertritt den Namen:
„Eulenäugige" statt *Athene;* „Barbarossa" statt *Friedrich I.*

b) Ein Eigenname steht für eine Gattung: „Krösus" statt *reicher Mann.*

Asyndeton:

Aneinanderreihung von Begriffen oder Verben ohne Bindewörter; durch Schlagwortcharakter dynamische Formulierungsart.

„Veni, vidi, vici" – „Ich kam, sah und siegte."
„Elegant – korrekt – bequem – Diolen" (Reklame)

Chiasmus:

kreuzweise Stellung in der Anordnung von vier Satzgliedern (oft gekoppelt mit einer Antithese); sprachlich abwechslungsreich und lebendig.

„Er war der Guten Hort, der Schrecken der Bösen."
„Die Zeit der Not, die Not der Zeit."
„Die Kunst ist lang und kurz ist unser Leben."
(Goethe, Faust I, S. 558 f.

Contradictio in adiecto:

Widerspruch zwischen zwei zugeordneten Wörtern; Wirkung durch (verblüffenden) Kontrast.
„diskret wie ein Kanonenschuß". „beredtes Schweigen".

Ellipse:

Weglassen eines leicht betonten, jedoch leicht ergänzbaren Wortes; straffes und präzises Aussagemittel.

„Zur Sache" (= *Kommen Sie zur Sache.*)
„Je schneller, desto besser" (Je nach Sinnzusammenhang = *Je schneller die Arbeit beendet ist, desto besser für uns oder Je schneller der Läufer, desto besser ist er*).

Euphemismus:

sprachliche Milderung zur Beschönigung eines Ausdrucks.

„Zweitfrisur" statt *Perücke;*
„Anpassung" oder „Null-Wachstum" für *wirtschaftliche Stagnation;*
„ableben" statt *sterben.*

Etymologische Figur:

Kombination stammverwandter Wörter; wortspielartiger Charakter.

a) Zweierlei wird ausgedrückt durch die Verbindung eines Verbs mit einem stammverwandten Substantiv, das als Akkusativ-Objekt zum Verb hinzutritt:
„Grube graben"; „Spiele spielen".

b) Zwei Wörter gleichen Stammes werden zusammengebracht:
„Das Beste vom Besten"; „Speak the speech" (Shakespeare, *Hamlet* III, 2, 1).

Homoeoprophoron:
Gleichführung des Klangs aufeinanderfolgender Wörter, (z. B. Stabreim); wirkt sehr rhythmisch und eingängig.

„... Kaffee – der *m*agen-*m*ilde *M*unter*m*acher.“ (Reklame)
„*M*ilch *m*acht *m*üde *M*änner *m*unter.“ (Werbespruch)

Hyperbel:
sprachliche Übersteigerung in Vergrößerung oder Verkleinerung; sehr bildhafte Umschreibung.
„Das schaffe ich in 100 Jahren nicht!“
„Der Sieg hing an einem seidenem Faden.“
„Die Mannschaft wurde mit 4:0 geradezu vom Platz gefegt.“

Hysteron-Proteron:
Vorwegnahme des logisch und/oder zeitlich Nachfolgenden; überraschende Wendung des zunächst Gesagten.

„Ihr Mann ist tot und läßt Sie grüßen.“ (Goethe, *Faust I,* „Der Nachbarin Haus“)

Ironie:
versteckter Spott, bei dem genau das Gegenteil von dem gemeint ist, was gesagt wurde.

„Schönes Wetter!“ bei sehr schlechtem Wetter;
„Unseren Freunden wünschen wir ein frohes Fest und unseren Feinden eine schöne Bescherung.“

Katachrese:
Mißbrauch eines Wortes oder Ausdrucks in einem nicht dazu passenden Satz; sehr bildhaft, gelegentlich provozierend.

„einen schlauen Fuchs lahmlegen“;
„die Schwächen ausbügeln“;
„Und der Lungenkrebs reibt sich vergnügt die Scheren“ (*Westdt. Allg. Zeitung* – 1970);
„Sobald der Krach mit Fortschritt zu tun hat, drückt unser Ohr ein Auge zu.“ (*Hamburger Morgenpost* – Oktober 1970)

Kette:
der folgende Satz nimmt einen Ausdruck des vorangegangenen wieder auf; meist überzeugend konsequent wirkende Gedankenentwicklung.

„Ein Leben ohne Zigaretten ist Glück, das wir nicht kennen. Wir kennen's zwar, wir wissen's aber nicht zu schätzen. Und wissen wir's zu schätzen, so richten wir uns nicht danach.“

„Wir rühmen uns auch der Trübsale, dieweil wir wissen, daß Trübsal Geduld bringt; Geduld aber bringt Erfahrung; Erfahrung aber bringt Hoffnung; Hoffnung aber läßt nicht zuschanden werden." (Luthers Bibelübersetzung, Röm. 5, 3–5)

Klimax:
kunstvolle Steigerung vom schwächeren zum stärkeren Ausdruck hin; starke Eindringlichkeit und Dynamisierung.

„Es ist eine Schande, einen römischen Bürger zu fesseln; ihn zu geißeln, ist ein verruchtes Verbrechen; ihn zu töten, wäre fast so ungeheuerlich wie der Frevel des Elternmordes; doch ihn ans Kreuz zu schlagen – wie soll ich das nennen?" (Cicero)
„Herr Wehner, in jeder Fraktion, in jeder Partei gibt es Eifrige, Übereifrige und Allzueifrige." (K. G. Kiesinger, CDU, am 23. 1. 58 vor dem Deutschen Bundestag)

Litotes:
Vorsichtige Bejahung durch doppelte Verneinung oder Verneinung des Gegenteils; Milderung des Gesagten, wirkt oft durch die Untertreibung besonders treffend.

„Nicht unschön"
Oft ironisch gebraucht: „Er war nicht gerade ein Held." „Er ist keine Offenbarung."

Aufgabe 1:

Stellen Sie fest, um welche Stilmittel es sich bei den folgen Sätzen handelt und welche Wirkung Sie sich als Redner davon versprechen würden.

1. „im Glauben Schiffbruch erleiden."
2. „Die Botschaft hör' ich wohl, allein mir fehlt der Glaube."
3. „Der Geist ist willig, aber das Fleisch ist schwach."
4. Mitdenken, mitarbeiten, mitregieren!
5. Aus dem Weg!

Metapher:
Übertragung eines anschaulichen Ausdrucks auf etwas Abstraktes; sehr bildhafte und dadurch direkt einleuchtende, überzeugende Wirkung.

„Er war ein Löwe in der Schlacht."
„Der Torjäger schlug dreimal zu."
„Die Abwehr war keineswegs sattelfest."
„Der durchgebrochene Mittelstürmer schoß direkt."

Metonymie:
tatsächliche Umbenennung; die Bezeichnung eines Begriffes durch ein Wort, das damit logisch, räumlich etc. zusammenhängt, wirkt überzeugend, wenn sie allgemein verständlich ist.

„Bonn gibt bekannt.“: Stadt für Regierung.
„England wird Weltmeister.“: Land für Mannschaft.
„Er aß zwei Teller und trank fünf Gläser.“: Gefäße für Inhalt.

Onomatopöie:
Lautmalerei bei Wortbildern; eindrucksvolle und nachhaltige Wirkung besonders durch den sprachlichen Klang.

„Knistern und Knastern“; „Holterdipolter“; „Tippeln“; „Getrappel“.
„So heult es verworren,
  und ächzet und girrt,
Und brauset und sauset
  und krächzet und klirrt.“
(Heinrich Heine, *Buch der Lieder,* „Traumbilder 8“)

Oxymoron:
oft scharfsinnige, manchmal auch witzige Verbindung widerstreitender Begriffe.

„Alter Knabe“; „bittersüß“; „Eile mit Weile“;
„Der Rede Sinn war dunkel.“

Paradoxon:
scheinbarer Widerspruch der miteinander verbundenen Begriffe; durch Verblüffung soll der gewünschte Effekt erreicht werden.

„Es ist merkwürdig, wie wenig im ganzen die Erziehung – verdirbt.“
„Die ganz in Weiß spielenden ‚Blauen‘.“

Paronomasie:
wird durch Gleichklang oder Gleichförmigkeit von Worten bzw. Satzgliedern herbeigeführt; einprägsames Formulierungsmittel, sentenzartige Wirkung.

„betrogener Betrüger“
„Wir fürchten keine Verhandlungen, aber wir werden niemals aus Furcht verhandeln.“
(J. F. Kennedy)

Personifikation:
Übertragung von menschlichen Eigenschaften oder Fähigkeiten auf Gegenstände; sehr bildhafte und leicht eingängige Veranschaulichung.

„Ich brauch' Tapetenwechsel, sprach die Birke und macht sich in der Dämmerung auf den Weg." (Schlagertext)
„Autos lieben Shell." (Reklame)

Rhetorische Frage:
Aufwerfen einer Frage, auf die man keine freie Antwort erwartet, sondern mit deren Formulierung die Antwortrichtung festgelegt werden soll; dadurch stark suggestive, auch provozierende Wirkung.

„Was kann das denn nur bedeuten? Das kann doch wohl nur bedeuten, daß . . ."
„Ist hier etwa jemand, der noch glaubt, daß . . .?"

Umstellung:
Unübliche Satzkonstruktion, bei der durch die Umstellung die Aufmerksamkeit auf einen bestimmten Punkt gerichtet wird.

„Heiß ist es hier!"; „Sehen wird sie nie mehr können."

Vergleich:
Hervorheben einer gemeinsamen Eigenschaft von zwei Wörtern; nachhaltige Verdeutlichung des Gemeinten.

„Er ist so stark wie ein Löwe."
„Du bist ja leichter als eine Feder!"

Wiederholung:
Verdoppelung eines Wortes oder einer Wortgruppe, teilweise mit zusätzlichen Steigerungsworten; sehr eindringlich und dramatisierend (manchmal aber auch zu pathetisch).

„Keiner, aber auch keiner hat das Recht dazu."
„Niemals, niemals würde ich . . ."

Aufgabe 2:

Stellen Sie fest, um welche Stilmittel es sich bei den folgenden Sätzen handelt und welche Wirkung Sie sich als Redner davon versprechen würden.

1. „Der Menschheit ganzer Jammer faßt mich an." (Goethe, *Faust I*)
2. „ein dunkler Ehrenmann." (Goethe, *Faust I*)
3. Er kam wie ein geölter Blitz.
4. Eine Waschmittelparole wie „Stabilität, Sicherheit und Wohlstand".
5. „Was haben sie denn getan, um zu verhindern, daß in einigen Jahren Zehntausende von Abiturienten vor den wegen Überfüllung geschlossenen Toren der Universitäten stehen werden?"

3.5 Zur Übung

1. Lesen Sie nun noch einmal die diesem Kapitel vorangestellte Rede Guttenbergs. Versuchen Sie mit Hilfe der anschließenden Grobanalyse, Ihren Gesamteindruck zu vertiefen.
2. Versuchen Sie dann, mit Hilfe des „Kataloges“ einzelne rhetorische Stilelemente aus der Rede herauszuarbeiten. Für diese Arbeit sollten Sie einige Stunden Zeit aufwenden; entscheidend ist, daß Sie sich mit dem sprachlich Auffälligen intensiv auseinandersetzen, ehe Sie sich festlegen, welche Satzfiguren jeweils vorliegen.
3. Betrachten Sie jetzt den Lösungsvorschlag* und untersuchen Sie sehr sorgfältig die Abweichungen zwischen Lösungsvorschlag und Ihrer Ausarbeitung. Nehmen Sie dazu wieder den „Katalog“ zur Hand und versuchen Sie, auch diejenigen Feinheiten, die Sie evtl. beim ersten Durchgang übersehen oder anders beurteilt haben, eindeutig zu klären.

Zusammenfassung

1. Vom Ziel der Rede hängt das anzuwendende rhetorische Stilmittel ab, gleichgültig, ob es sich um ein mehr wort- oder satzbezogenes Stilmittel handelt:
   - Soll etwas Abstraktes durch ein Bild verdeutlicht werden, so kommt z. B. eine Metapher, eine Allegorie, eine Hyperbel oder ein Vergleich in Frage.
   - Der Eindringlichkeit dienen u. a. Anakoluth, Kette, Klimax, Antiklimax, Umstellung, Wiederholung.
   - Sprachliche Lebendigkeit (Etymologische Figur, Onomatopöie, Paronomasie) und satztechnische Dynamik (Asyndeton, Chiasmus, Ellipse) gehören zu den Kennzeichen jeder interessant gestalteten Rede.
   - Auch durch geschickte Anspielung (Allusion, Ironie, Litotes) kann das Redeziel nachhaltig unterstrichen werden.
   - Klanglich-ästhetisch reizvoll und von starkem emotionalem Effekt sind vor allem Homoeoprophoron, Anapher, Kette, Onomatopöie und Paronomasie.
2. Jedes rhetorische Mittel hat mehr als nur eine bestimmte, festgelegte Funktion und kann deshalb zu unterschiedlichsten Zwecken eingesetzt werden. Auch kann ein und derselbe Ausdruck oder Satz mehrere rhetorische Figuren gleichzeitig enthalten.
3. Die planvolle Verwendung rhetorischer Figuren für die formulierende Gestaltung von Sätzen ist ein wesentlicher Schritt zur bewußten und kreativen Sprachverwendung.

Literatur

Lange, G., *Breviarium Rhetoricum,* Bayreuth, 6. Aufl. 1976

4 Einige wichtige Formen der öffentlichen Kommunikation

Lernziele

1. Kennenlernen wichtiger öffentlicher Formen der Kommunikation in Struktur und Funktion.
2. Untersuchen/Anwenden der Faktoren, die bei Vorbereitung, Durchführung und Analyse der einzelnen Kommunikationsformen zu berücksichtigen sind.
3. Entwicklung eines Gespürs für unterschiedliche Redesituationen durch Beobachtungsübungen.

4.1 Situation

Zur Rolle des Bundespräsidenten bei der Kanzlerwahl

Interview des damaligen Bundespräsidenten Walter Scheel mit dem Deutschen Fernsehen (Bericht aus Bonn) (8. Oktober 1976)

Frage (Nowottny): Herr Bundespräsident, beeindrucken Sie diese Briefe, die Sie in diesen Tagen bekommen, oder fühlen Sie sich unter Druck gesetzt?

Antwort: Natürlich beeindrucken mich diese Briefe positiv, denn sie beweisen ja, daß die Mitbürger sehr lebhaft Anteil nehmen an dem Prozeß der Regierungsbildung, wie er jetzt in Gang gekommen ist. Aber ich ersehe aus den Briefen, daß viele unserer Mitbürger die Verfassungsgrundlagen dieses Vorganges doch nicht genau kennen.

Frage: Würden Sie sagen, daß diese Briefe also weniger aus einem Verfassungsverständnis heraus geschrieben worden sind, als vielmehr aus einer Parteilichkeit zugunsten einer Gruppierung?

Antwort: Nun, natürlich, diejenigen Bürger, die mir einen Brief schreiben, nehmen Partei, aber sie tun das in einer Verfassungsfrage, und hier haben die meisten den Wortlaut unserer Verfassung nicht im Kopf. Sie glauben, daß unser Grundgesetz ähnlich geartet ist wie in manchen anderen Demokratien, wo nämlich das Staatsoberhaupt jemanden mit der Bildung einer Regierung beauftragen kann, der dann seine Regierungsmitglieder zusammenstellt und sich mit einem Programm dem Parlament stellt, um entweder akzeptiert oder abgelehnt zu werden. Dies ist ja nicht der Fall in der Bundesrepublik. In der Bundesrepublik hat der Bundespräsident das Recht – und er ist der einzige, der dieses Recht hat – einen Kandidaten dem Parlament zu nennen, der dann, und zwar mit der Mehrheit der Stimmen der Mitglieder des Parlaments, ohne Aussprache gewählt wird. In diesem Verfahren liegt für den Bundespräsidenten die selbstverständliche Pflicht, dem Parlament nur einen Kandidaten zu nennen, von dem der Bundespräsident den Eindruck hat – und zwar den sicheren Eindruck –, daß er die erforderliche Mehrheit auch bekommt.

Frage: Und diesen Eindruck versuchen Sie in den Konsultationen zu festigen, die Sie in diesen Tagen hatten?

Antwort: Natürlich, es ist klar, daß ich die Parteivorsitzenden über ihre Vorstellungen höre, wie eine Mehrheit im Parlament zustande kommen soll. Das ist in der aktuellen Situation ja kein Geheimnis, und alle Parteivorsitzenden, die bei mir gewesen sind, wissen, wie man sich die Bildung einer Mehrheit vorstellt. Die Öffentlichkeit, so meine ich, sollte an diesem Vorgang Anteil nehmen. Es ist ja ein urdemokratischer Prozeß, er läßt überhaupt keinen Raum für irgendwelche Art von Beeinflussung oder Manipulation, sondern er vollzieht sich vor den Augen der Öffentlichkeit. Jeder kann daran teilnehmen, und ich lege auch Wert darauf, daß jeder daran teilnimmt.

Frage: Die Öffentlichkeit nimmt an diesem Meinungsbildungsprozeß teil. Ich habe einige dieser Briefe gelesen, und in einigen fand ich auch den Hinweis, daß Sie doch gefälligst als Bundespräsident Einfluß auf Ihre frühere Partei, auf die FDP, nehmen sollten, Helmut Kohl, den Kanzlerkandidaten von CDU/CSU, zum Bundeskanzler wählen zu lassen. Ist dies nicht zu abwegig, als daß es in Ihre Überlegung einfließen könnte?

Antwort: Zunächst einmal, es gibt solche Briefe, aber da halten sich die Ratschläge, welchen Einfluß ich nehmen sollte, die Waage. Selbstverständlich nehme ich überhaupt keinen Einfluß auf die politische Entwicklung. Als Bundespräsident bin ich darauf bedacht, ganz unparteilich zu handeln, rein in der Erfüllung der mir vom Grundgesetz gegebenen Rechte und auferlegten Pflichten. Ich werde mich hüten, in den politischen Prozeß der Meinungsbildungen in irgendeiner Form einzugreifen oder darauf Einfluß nehmen zu wollen.

Frage: Herr Bundespräsident, nun hat es bei der Bundestagswahl Gewichtsverschiebungen zugunsten von CDU/CSU gegeben. Müssen Sie die einfach ignorieren, können Sie das?

Antwort: Der Bundespräsident hat sich an nichts zu halten als an die Verfassung, und da heißt es sehr einfach in Art. 63: „Der Bundeskanzler wird auf Vorschlag des Bundespräsidenten vom Bundestag ohne Aussprache gewählt."

Ich werde dem Bundestag einen Kandidaten vorschlagen, der nach meiner Überzeugung und nach dem, was ich von meinen Gesprächspartnern erfahren habe, eine Mehrheit im Bundestage sicher ist. Damit, glaube ich, hat der Bundespräsident seine Pflicht erfüllt und die Verfassungsinstitutionen, die wir haben, haben ihrerseits jede Möglichkeit, ihre eigenen politischen Vorstellungen im Rahmen unserer Verfassung pflichtgemäß durchzusetzen oder zu erreichen.

Frage: Nun haben wir ja noch einige Tage Zeit bis zur Wahl des neuen Bundeskanzlers. Ist das letzte Wort Ihrer Meinung nach unter den Beteiligten jetzt schon gesprochen, ist die neue Mehrheit nach Ihrer Einschätzung jetzt festliegend oder nicht?

Antwort: Wir haben in der Tat eine besondere Situation. Der neue Bundestag ist gewählt, aber er kann erst zusammentreten frühestens am 14. Dezember. Bis dahin gehen noch einige Wochen ins Land. Diese Wochen werden sicherlich genutzt werden von den Parteien, nicht nur die Mehrheiten zu stellen, was ja, dies ist kein Geheimnis, in der Zwischenzeit schon geschehen ist nach den Bekundungen aller Parteivorsitzenden, sondern sie werden sich um die Erarbeitung eines Regierungsprogramms bemühen und die personellen Überlegungen anstellen, die für die Bildung einer Regierung nötig sind. Die verantwortlichen Vorsitzenden der Parteien und sicherlich der von der Mehrheit in Aussicht genommene Kandidat werden, so vermute ich, in diesen Wochen mit mir weiter Fühlung halten, um mich über die Entwicklung auf dem laufenden zu halten, damit ich in voller Kenntnis der Umstände dann am 14. dem Präsidenten des neuen Bundestages meinen Vorschlag unterbreiten kann.

4.2 Analyse

Das Interview – hier ein Beispiel mit dem damaligen Bundespräsidenten Walter Scheel – ist eine der zu besprechenden Kommunikationsformen. Das Interview ist durch Rundfunk und TV ein alltäglicher Bestandteil des Informations- und Diskussionsprozesses im öffentlichen Leben geworden.
Das hier abgedruckte Gespräch ist ein Beispiel für den Interview-Typ, bei dem der Fragesteller (Interviewer) dem Interviewten (scheinbar) um Aufklärung und Information bittet. Durch dieses Frage- und Antwortspiel wird Dritten – nämlich den Zuhörern/Zuschauern/Lesern – fehlendes Wissen auf lebendige Weise angeboten.
Wenn dieselbe Information – ohne das persönliche Reagieren und Engagement des Interviewten – z. B. in einem viel kürzeren Aufsatz dargeboten würde, könnte nur ein geringes Maß an Interesse geweckt werden.
Dieser Zusammenhang, nämlich die Abhängigkeit von Interesse nach Kommunikationsformen, muß denen bekannt sein, die in irgendeiner Form einem Publikum Informationen, aber auch Meinungen nahebringen wollen.

4.3 Einführung

Damit „Sprechveranstaltungen" nicht lediglich zu allgemeinem Geschwätz entarten, müssen jeweils vorher einige inhaltliche und formale Gesichtspunkte überdacht werden. Welche Kommunikationsform jeweils zweckmäßig ist, hängt von einer Reihe von Faktoren ab:

a) Ziel: Welches Ziel soll erreicht werden? Es liegt auf der Hand, daß es einen Unterschied macht, ob in einer Versammlung Beschlüsse gefaßt oder Informationen gegeben werden sollen. In einem Fall steht die Überzeugungsarbeit im Vordergrund, im anderen die Informationsdarbietung.

b) Thema: Nicht jedes gewählte Thema ist für jede Kommunikationsform geeignet. Dabei bietet die Beantwortung zweier Fragen die richtige Entscheidungshilfe:

1. Gibt es zu dem gewählten Thema einige oder gar viele verschiedene Standpunkte?
2. Ist das Publikum bereits mit dem Thema vertraut oder ist die Thematik neu?

Die Antworten auf diese Prüffragen werden mit den speziellen Leistungen der verschiedenen Kommunikationsformen verglichen.

c) Mitwirkende: Die Mitwirkenden an einer Sprechveranstaltung unterscheiden sich nach Rollen und dem Maß der ihnen zugedachten Aktivität, sie sind traditionell „Publikum" oder „Redner". Es gibt Kommunikationsformen, die das „Publikum" aktivieren, aber auch solche, bei denen der Zuhörer schon von der Anlage her passiv bleiben muß. Einfach gesagt: Nach dem Anteil, auch der absoluten Anzahl von Rednern bestimmt sich die Kommunikationsform.

d) Versammlungsleiter: Unterschiedliche Kommunikationsformen bedingen auch unterschiedlich orientierte Leitungsformen; diese können von aktiver Diskussionsteilnahme bis zu ausschließlich formaler Diskussionsleitung reichen. Als Grundsatz gilt dabei: Je größer der Kreis der Mitwirkenden und je umstrittener das Thema, desto neutraler und formaler muß die Versammlungsleitung sein.

4.4 Der Vortrag

Ziel: Oberstes Ziel eines jeden Vortrages ist die systematische Vermittlung von Informationen. Er dient dazu, zuerst eine Meinung oder Sache zu verdeutlichen, erst in zweiter Linie jedoch, das Wenn und Aber zu diskutieren.

Thema: Der große Vorteil (und Nachteil) liegt darin, daß es im Grunde völlig gleichgültig bleibt, welches Thema gewählt wird. Ein Vortrag kann über fast jedes denkbare Thema gehalten werden. Dabei ist es von begrenzter Bedeutung, ob das Publikum ein völlig neues Thema vorgestellt bekommt oder bereits mit ihm vertraut ist.

Mitwirkende: Die Abgrenzung der Kommunikationsrollen ist beim Vortrag ganz eindeutig: Der Redner spricht, das Publikum hört zu. Gerade darin liegt die Gefahr eines Vortrages: Die Passivität des Publikums ist nicht voll aufhebbar. Die Folgen hat jeder schon erlebt: Der Vortrag wirkt in dem Moment langweilig, wo es dem Redner nicht (mehr) gelingt, durch inhaltliche Originalität, verbalen Reiz und körpersprachliche Faszination „zu fesseln".

Versammlungsleiter: Die Versammlungsleitung ist bei einem Vortrag sehr einfach. Außer der Ankündigung des Redners und seines Themas und einem Schlußwort bleibt dem Versammlungsleiter nicht viel zu tun.

Kommunikationsform Vortrag
R = Redner, VL = Versammlungsleiter, P = Publikum

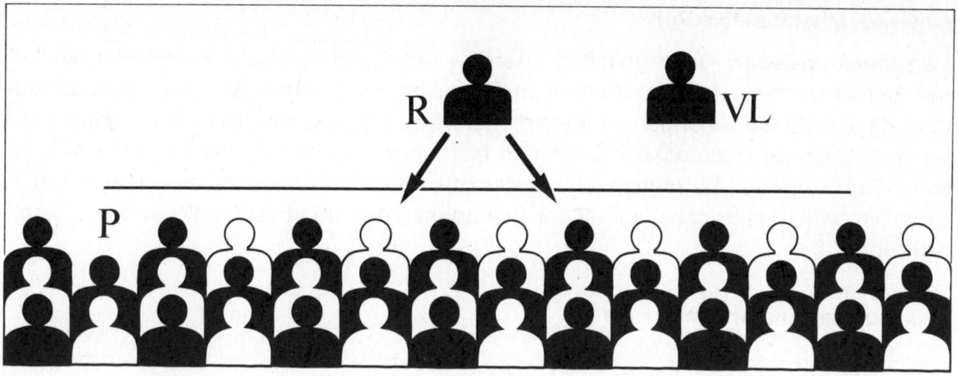

4.5 Das Interview

Ziel: Bei einem Interview ist es das Hauptziel des Interviewers, von dem Befragten ganz bestimmte Informationen zu bekommen. In dieser Hinsicht geht ein Interview über das Ziel eines Vortrags hinaus. Bei einem Vortrag gibt der Vortragende die Informationen, die er auch geben möchte; bei einem Interview müssen auch Fragen beantwortet werden, deren Beantwortung Ungelegenheiten bereitet. Das Interview kennt viele Varianten: Neben dem Interviewtyp, wie er aus Presse, Funk und Fernsehen bekannt ist, gibt es auch speziellere Typen, z. B. die Kandidaten- oder Sachverständigenbefragung. Es gelten aber in allen Fällen weitgehend dieselben Regeln: dialogische Frage-Antwort-Struktur, wobei der/die Befragte meist längere Äußerungen zu knappen Anstößen des Interviewers macht.

Thema: Das Thema eines Interviews ist beliebig. Es sollte nur darauf geachtet werden, ob die Fragen dem jeweiligen Thema angemessen und für das Publikum von Interesse sind. Gründliche Vorbereitung beider Partner tut not, will man Langeweile und Geschwätz vermeiden. Häufig werden deshalb die schriftlich formulierten Fragen dem Interviewten vorweg übergeben.

Mitwirkende: Interviewer und Interviewter müssen sachlich kompetent sein, um einerseits geschickt Fragen stellen und umgekehrt Antworten sicher geben zu können. Es ist denkbar, daß ein Interviewer gleichzeitig zwei Interviewte vor sich hat oder ein Interviewter von zwei Interviewern befragt wird. Das Publikum bleibt am eigentlichen Geschehen unbeteiligt, kann sich jedoch je nach Meinung und Stimmung wechselnd mit einer der beiden Sprecherrollen identifizieren.

Etwas anders sieht die Beteiligung des Publikums bei einer Sachverständigen- bzw. Kandidatenbefragung aus. Hier wird die eine Interviewer-Person durch eine „Fragestellerliste" abgelöst; das „Publikum" übernimmt – zumindest durch einzelne Vertreter – eine weitgehend aktive Rolle.

Versammlungsleiter: Beim üblichen Interview entfällt ein Versammlungsleiter, weil in der Regel der Interviewer das Wenige an Formalem selbst regelt. Bei Sachverständigen- bzw. Kandidatenbefragungen nehmen die formalen Aufgaben zu. Der Versammlungsleiter muß über die Redefolge wachen und fast immer eingreifen, wenn der Dialog zwischen Publikum und Befragtem jede Systematik oder Kontrolliertheit zu verlieren droht. Er selbst enthält sich dabei wertender Stellungnahmen und beschränkt sich auf Regelwahrung.

Kommunikationsform Interview

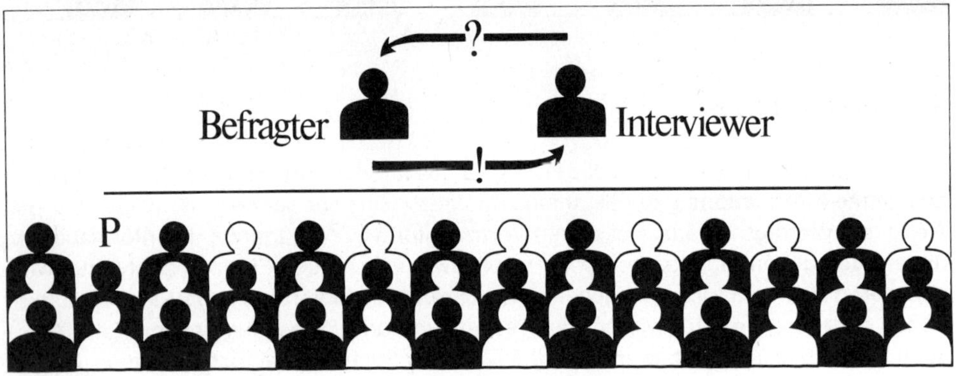

Kommunikationsform Sachverständigen-/Kandidatenbefragung

4.6 Das Rundgespräch/Die Besprechung

Ziel: Ziel von Rundgesprächen/Besprechungen ist fast immer die Ergebnisfindung. Zumeist unterliegen die Teilnehmer einem – oft selbst auferlegten und gewollten – Einigungszwang. Ein Beispiel wäre etwa der „Familienrat" zur Findung des nächsten gemeinsamen Urlaubsziels.

Thema: Aus dem angestrebten gemeinsamen Ziel ergibt sich, daß zwar fast jedes Thema Gegenstand eines Rundgesprächs einer Besprechung sein kann, aber das Thema selbst vorher weitgehend bekannt und nicht allzu umstritten sein darf. Es kommt besonders darauf an, die Ansichten anderer kennenzulernen und seinen eigenen gegenüberzustellen, um daraus eine Synthese zu entwickeln.

Mitwirkende: Bei einem Rundgespräch ist die Teilnehmerzahl sinnvollerweise beschränkt. Als günstig haben sich Teilnehmerzahlen von 5–8 erwiesen. Was darüber hinausgeht, verhindert meist einen intensiven und lockeren Gedankenaustausch. Wenn jeder sich angemessen am Gespräch beteiligen will, gibt es bei über ca. 8 Teilnehmern entweder ein heilloses Durcheinander oder das Rundgespräch sprengt zeitlich jeden Rahmen – oder es mündet ins offene Streitgespräch.

Versammlungsleiter: Aus der kleinen informellen Gesprächsgruppe ergibt sich, daß ein Versammlungsleiter nicht notwendig ist. Die Methode eines Rundgesprächs ist völlig frei und an keine Schemata gebunden. Daß es trotzdem einige formale Regeln geben muß (z. B. „ausreden lassen"), liegt auf der Hand. Diese Regeln wahrt ein Gesprächsteilnehmer als „primus inter pares", ohne daß er dadurch sein Mitwirkungsrecht als Gesprächsteilnehmer verliert.

Kommunikationsform Rundgespräch/Besprechung

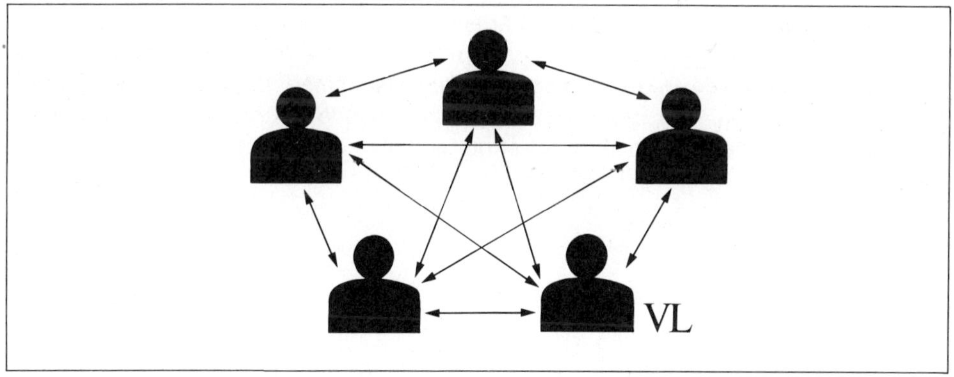

4.7 Das Streitgespräch (Pro-und-Kontra-Diskussion)

Ziel: Durch ein Streitgespräch soll eine klare Abgrenzung von Positionen erreicht werden. Darüber hinaus wird aber auch Überzeugungsarbeit beim Publikum geleistet. Neben Informationen stehen gleichrangig unterschiedliche Überzeugungsziele, die sich im Streitgespräch gut vergleichen lassen, für oder gegen eine Meinung.

Thema: Das Thema, das gewählt wird, braucht nur eine einzige Voraussetzung zu erfüllen: Es muß kontrovers sein. Nur aus dem Pro und Contra der Meinungen kann ein Streitgespräch sich entwickeln. Hinzu kommt, daß die Bewertung der vorgebrachten Argumente durch das Publikum um so treffsicherer ist, je größer dessen Wissen zu diesem Thema ist. Wenn die Zuhörer das Thema kaum kennen, besteht die Gefahr, daß derjenige Diskussionspartner den größten Überzeugungserfolg erzielt, der rein äußerlich am geschicktesten auftritt.

Mitwirkende: Das Streitgespräch läßt sich am besten mit 2 (A und B) oder 4 (zwei A und zwei B) Teilnehmern durchführen. Bei einem kontroversen Thema sind so für eine lebendige Diskussion und einen zügigen Austausch von Argumenten die besten Voraussetzungen geschaffen. Das Publikum ist am Streitgespräch selbst nicht beteiligt, indirekt durch seine Reaktionen allerdings schon: Es wird während des Streitgesprächs Stellung beziehen und dies auch durch Beifalls- oder Mißfallenskundgebungen deutlich machen. Wenn am Ende eines Streitgesprächs eine Meinungsäußerung (sprich Abstimmung) stattfindet, wird die Überzeugungs- und Informationsarbeit der Gesprächsteilnehmer sogar meßbar.

Versammlungsleiter: Die Gesprächsmethode kann vorher vereinbart werden, ist aber grundsätzlich den Teilnehmern freigestellt; sie können und sollen ihren Schlagaustausch so durchführen, wie sie wollen oder wie es sich ergibt. Trotzdem hat der Versammlungsleiter über eine unumstößliche Regel des Streitgesprächs sorgsam zu wachen: Die Gesamtredezeit der beiden „Parteien" oder aller Einzelredner muß ausgewogen sein. Redezeit ist eine Chance zur Informations- und Überzeugungsarbeit. Diese Chance müssen beide Parteien gleichermaßen bekommen. Der Versammlungsleiter muß also verhindern, daß derjenige von dieser Chance am meisten erhält, der am lautesten spricht oder der am längsten ohne Luftholen reden kann.

Kommunikationsform Streitgespräch I

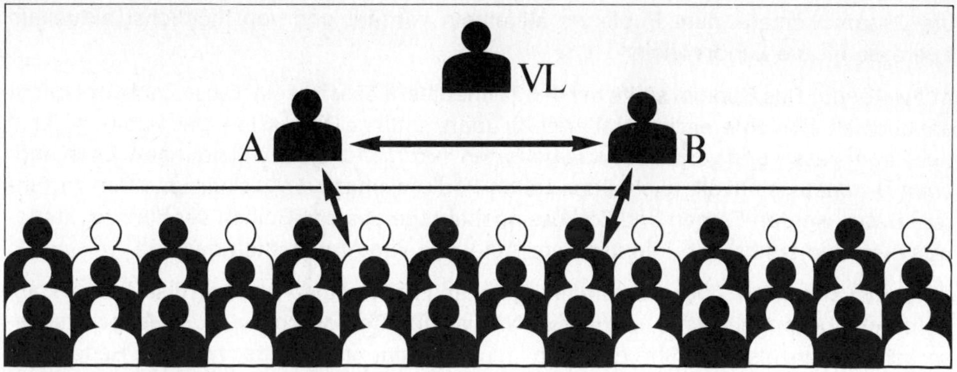

Kommunikationsform Streitgespräch II

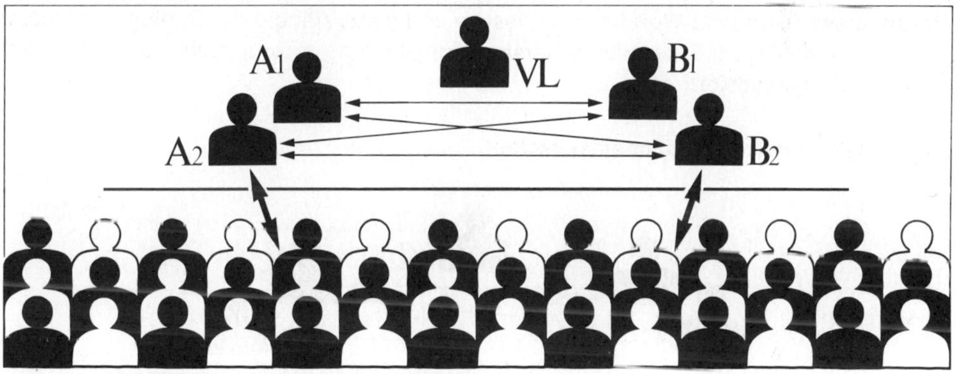

4.8 Die Podiumsdiskussion

Ziel: Bei der Podiumsdiskussion steht wieder die Information an erster Stelle. Daneben sollen unterschiedliche Ansichten klar herausgearbeitet werden. Das Wissen um genaue Details und das Verständnis für andere Meinungen kann damit wirkungsvoll vertieft werden.

Thema: Auch die Podiumsdiskussion lohnt den Aufwand nur, wenn sie vom Thema her schon kontrovers angelegt ist. Dies setzt voraus, daß es zu dem gewählten Thema auch tatsächlich mehrere Standpunkte gibt. Zum Beispiel ist das schon seit Jahren bei der

Diskussion um die Problematik des Schwangerschaftsabbruchs der Fall, weil es dazu eine Reihe unterschiedlicher Auffassungen und Forderungen gibt. Darüber hinaus muß die Gesamtthematik dem Publikum allgemein vertraut und von möglichst aktuellem Interesse für die Zuhörer sein.

Mitwirkende: Das Podium sollte mit 4–6 Teilnehmern besetzt sein. Diese Zahl ermöglicht am ehesten eine differenzierte, aber noch übersichtliche Diskussion. Das Publikum ist in der Regel passiv und verarbeitet die gehörten Informationen und Meinungen. Es ist aber auch durchaus sinnvoll, nach einer ersten Podiumsphase die Diskussion offen zu führen. Dabei werden Fragen und Diskussionsbeiträge aus den Reihen der Zuhörer aufgenommen und ein breiter, öffentlicherer Abtausch von Argumenten beginnt.

Versammlungsleiter: Der Versammlungsleiter ist bei einer Podiumsdiskussion stark gefordert, besonders dann, wenn die Diskussion offen geführt wird. Er leitet das Gespräch: Anders als beim Streitgespräch muß er nicht nur auf ausgewogene Redezeiten achten, sondern die Diskussion von der Sache her gliedern und systematisieren. Dies ist besonders dadurch erschwert, daß er selbst nicht Partei ergreifen darf. Wird die Podiumsdiskussion offen geführt, so muß er zusätzlich für das Publikum eine Rednerliste führen, diese Redner zu Wort kommen lassen und dabei ständig das Podium mit in das Gespräch integrieren. Eine solche Versammlungsleitung erfordert ein hohes Maß an Routine und Organisiertheit.

Kommunikationsform Podiumsdiskussion

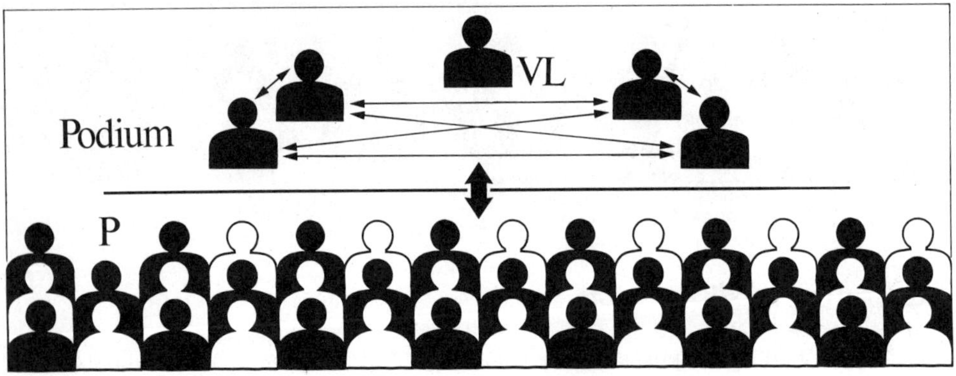

Kommunikationsform offene Podiumsdiskussion

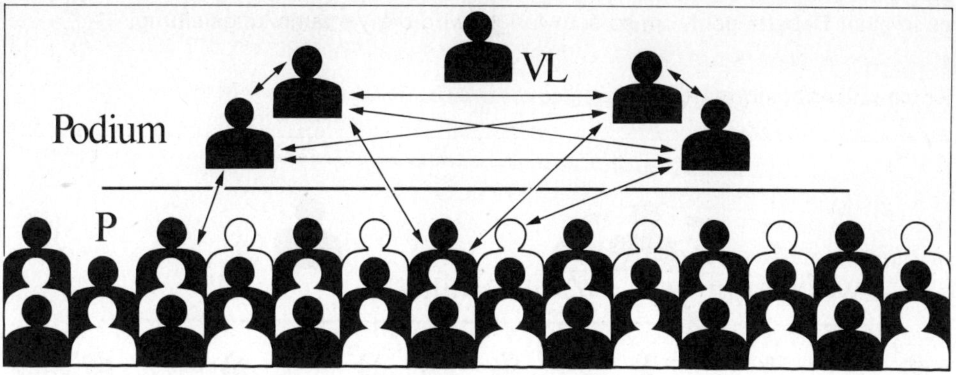

4.9 Die Debatte

Ziel: Abstimmung und Ergebnisfindung sind Hauptziele von Debatten. Debatten – aus Bundestags- und Landtagsübertragungen hinlänglich bekannt – sollen in ihrer Gesamtheit zur Meinungsbildung beitragen und die Möglichkeit eines gründlichen Vergleiches zwischen unterschiedlichen Argumentationen eröffnen. Das Überzeugen der anderen Debattierer und der passiv-zuhörenden Teilnehmer sowie die Bildung einer Mehrheit für seine Meinung sind die Redeziele jedes Debattenredners. Der Erfolg/Mißerfolg wird zumeist in einer anschließenden Abstimmung sichtbar.

Thema: Debattieren kann man über alles. Voraussetzung ist natürlich, daß das Thema kontrovers ist und eine Debatte überhaupt zuläßt. Wichtig ist weiterhin, daß allgemein ein hoher Informationsstand zu der gestellten Thematik vorhanden ist. Ansonsten wäre die Debatte nichts anderes als Bluff, die Abstimmung eine Farce.

Mitwirkende: Bei einer Debatte ist im Grunde jeder zur Mitwirkung aufgerufen. Davon ausgenommen sind Zuschauer, die weder Rede- noch Stimmrecht haben. Diese sollten sich möglichst passiv verhalten und auf laute oder störende Äußerung verzichten (z. B. Zuschauertribüne im Bundestag). Alle Rede- und Stimmberechtigten (z. B. Bundestagsabgeordnete) können sich mit Redebeiträgen, Sach- und Geschäftsordnungsanträgen aktiv an der Debatte beteiligen.

Versammlungsleiter: In Debatten ist der Versammlungsleiter deswegen sehr stark gefordert, weil der Wechsel der Redner, häufige Zwischenrufe und Zwischenfragen und sehr starkes (oft auch emotionales) Engagement der Anwesenden ein hohes Maß an Aufmerksamkeit verlangen. Um Debatten, wie sie ja in jedem Verein und nicht nur im

Bundestag stattfinden, sicher über die Runden zu bringen, muß der Versammlungsleiter sich streng an die vorhandene Satzung und/oder Geschäftsordnung halten. Um je mehr es in einer Debatte geht, um so schwieriger wird die Versammlungsleitung.

Kommunikationsform Debatte

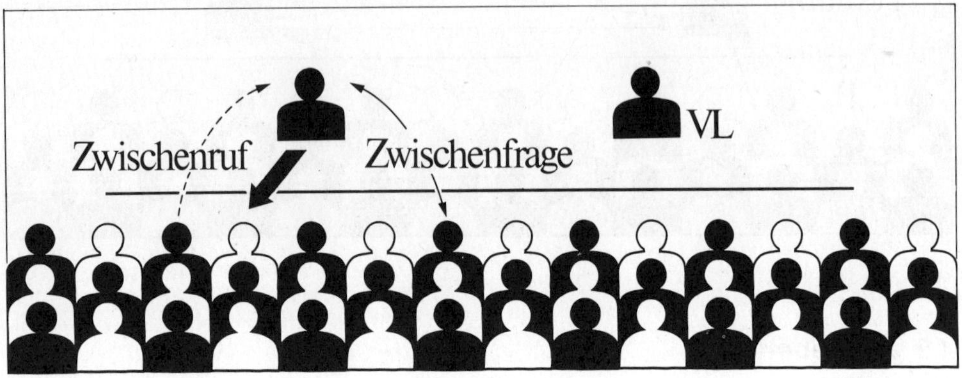

4.10 Zur Übung

Sehen Sie sich in den nächsten Wochen einmal Sendungen im Fernsehen an, in denen eine oder mehrere der beschriebenen Kommunikationsformen vorkommen. Dies sind vor allem Interviews in den Nachrichten und Magazinen (z. B. „*Panorama*", „*Monitor*", „*Kennzeichen D*") als auch Diskussionssendungen zu Zeitthemen „*Pro und Contra*", „*Besuch beim Gegner*", aber auch „*Der Internationale Frühschoppen*").

Nehmen Sie sich folgende Arbeitsschritte vor:

- Analyse der Kommunikationsform. Achten Sie besonders darauf, daß Kommunikationsformen nicht immer ganz rein vorkommen. (Ist der *Internationale Frühschoppen* von der Form her eine Podiumsdiskussion oder ein Rundgespräch?)
- Überprüfung der Faktoren Ziel, Thema, Mitwirkende und Versammlungsleiter. Dabei kommt es darauf an, daß Sie gelungene/mißlungene Elemente der ablaufenden Kommunikationsform registrieren und gleichzeitig beobachten, *wie* Sie selbst darauf reagieren und *warum*.
- Auseinandersetzung mit der Analyse: Machen Sie sich die Mühe und setzen Sie sich nach der von Ihnen analysierten Sendung noch einmal eine Stunde hin und versuchen Sie, die Ursachen positiver und negativer Phasen zu ermitteln.
  Bei negativen Phasen eine zusätzliche Aufgabe: Erarbeiten Sie anhand der vier Faktoren eine alternative Vorgehensweise = Wie kann man es besser machen?

Zusammenfassung

Wir unterscheiden Formen der öffentlichen Kommunikation nach den vier strukturbildenden Faktoren.
- Ziel
- Thema
- Mitwirkende
- Versammlungsleiter.

Diese Kommunikationsformen lassen sich wie folgt charakterisieren:

		Vortrag	Interview	Sachverständigenbefragung	Rundgespräch	Streitgespräch	Podiumsdiskussion	Debatte
Ziel		Information (Überzeugung/Beeinflussung)	Information	Information (Meinungsbildung oder -korrektur	Meinungsbildung, Entscheidungsfindung	Klärung/Abgrenzung unterschiedlicher Positionen	Information über unterschiedl. Ansichten	Darstellung von Standpunkten, Ergebnisfindung
Thema		beliebig	beliebig, aber dem Publikum zumindest bekannt	beliebig, aber grundlegend bekannt	den Teilnehmern bekannt, partiell umstritten	kontrovers, z. T. bekannt	allgemein gut bekannt, kontrovers	mehr/weniger bekannt, kontrovers
Mitwirkende	aktiv ...	Redner	Interviewer Befragter	Vers. leiter Publikum Befragter	alle	Diskussionspartner (Publikum)	Podium (Publikum)	gesamte Versammlung
	passiv ...	Publikum	Publikum	—	—	(Publikum)	(Publikum)	(Publikum als Zaungäste)
Versammlungsleiter		Begrüßung, Schlußwort	—	Kontrolle des formal korrekten Ablaufs	Erster unter Gleichen	Ausgewogenheit, Regeln wahren	formale Kontrolle, inhaltliche Systematisierung	streng formale Kontrolle nach festen Regeln

5 Standardaufbau einer Rede

Lernziele

1. Kenntnis der wichtigsten Grundsätze einer Rede
2. Problembewußtsein für grobe Fehler und daraus Ableiten von eigenen Reaktionen und Verbesserungen
3. Gewichtung und Gestaltung eines Redeaufbaus
4. Praktische Fähigkeit im Bereich der Vorbereitung mit besonderem Hinblick auf das Konzept

5.1 Situation

Kurt Tucholsky, *Ratschläge für einen schlechten Redner sowie Ratschläge für einen guten Redner*[1]

RATSCHLÄGE
FÜR EINEN SCHLECHTEN REDNER

Fang nie mit dem Anfang an, sondern immer drei Meilen vor dem Anfang! Etwa so:

„Meine Damen und meine Herren! Bevor ich zum Thema des heutigen Abends komme, lassen Sie mich Ihnen kurz . . .“

Hier hast du schon so ziemlich alles, was einen schönen Anfang ausmacht: eine steife Anrede; der Anfang vor dem Anfang; die Ankündigung, daß und was du zu sprechen beabsichtigst, und das Wörtchen kurz. So gewinnst du im Nu die Herzen und die Ohren der Zuhörer.

Denn das hat der Zuhörer gern: daß er deine Rede wie ein schweres Schulpensum aufbekommt; daß du mit dem drohst, was du sagen wirst, sagst und schon gesagt hast. Immer schön umständlich.

Sprich nicht frei – das macht einen so unruhigen Eindruck. Am besten ist es: du liest deine Rede ab. Das ist sicher, zuverlässig, auch freut es jedermann, wenn der lesende Redner nach jedem viertel Satz mißtrauisch hochblickt, ob auch noch alle da sind.

Wenn du gar nicht hören kannst, was man dir so freundlich rät, und du willst durchaus und durchum frei sprechen . . . du Laie! Du lächerlicher Cicero! Nimm dir doch ein Bei-

[1] Aus: Kurt Tucholsky, *Gesammelte Werke,* Reinbek bei Hamburg, Band 3, S. 600

spiel an unsern professionellen Rednern, an den Reichstagsabgeordneten – hast du die schon mal frei sprechen hören? Die schreiben sich sicherlich zu Hause auf, wann sie „Hört! hört!" rufen ... ja, also wenn du denn frei sprechen mußt:

Sprich, wie du schreibst. Und ich weiß, wie du schreibst.

Sprich mit langen, langen Sätzen – solchen, bei denen du, der du dich zu Hause, wo du ja die Ruhe, deren du so sehr benötigst, deiner Kinder ungeachtet, hast, vorbereitest, genau weißt, wie das Ende ist, die Nebensätze schön ineinandergeschachtelt, so daß der Hörer, ungeduldig auf seinem Sitz hin und her träumend, sich in einem Kolleg wähnend, in dem er früher so gern geschlummert hat, auf das Ende solcher Periode wartet ... nun, ich habe dir eben ein Beispiel gegeben. So mußt du sprechen.

Fang immer bei den alten Römern an und gib stets, wovon du auch sprichst, die geschichtlichen Hintergründe der Sache. Das ist nicht nur deutsch – das tun alle Brillenmenschen. Ich habe einmal in der Sorbonne einen chinesischen Studenten sprechen hören, der sprach glatt und gut französisch, aber er begann zu allgemeiner Freude so: „Lassen Sie mich Ihnen in aller Kürze die Entwicklungsgeschichte meiner chinesischen Heimat seit dem Jahre 2000 vor Christi Geburt ..." Er blickte ganz erstaunt auf, weil die Leute so lachten.

So mußt du das auch machen. Du hast ganz recht: man versteht es ja sonst nicht, wer kann denn das alles verstehn, ohne die geschichtlichen Hintergründe ... sehr richtig! Die Leute sind doch nicht in deinen Vortrag gekommen, um lebendiges Leben zu hören, sondern das, was sie auch in den Büchern nachschlagen können ... sehr richtig! Immer gib ihm Historie, immer gib ihm.

Kümmere dich nicht darum, ob die Wellen, die von dir ins Publikum laufen, auch zurückkommen – das sind Kinkerlitzchen. Sprich unbekümmert um die Wirkung, um die Leute, um die Luft im Saale; immer sprich, mein Guter. Gott wird es dir lohnen.

Du muß alles in die Nebensätze legen. Sag nie: „Die Steuern sind zu hoch." Das ist zu einfach. Sag: „Ich möchte zu dem, was ich soeben gesagt habe, noch kurz bemerken, daß mir die Steuern bei weitem ..." So heißt das.

Trink den Leuten ab und zu ein Glas Wasser vor – man sieht das gern.

Wenn du einen Witz machst, lach vorher, damit man weiß, wo die Pointe ist.

Eine Rede ist, wie könnte es anders sein, ein Monolog. Weil doch nur einer spricht. Du brauchst auch nach vierzehn Tagen öffentlicher Rednerei noch nicht zu wissen, daß eine Rede nicht nur ein Dialog, sondern ein Orchesterstück ist: eine stumme Masse spricht nämlich ununterbrochen mit. Und das mußt du hören. Nein, das brauchst du nicht zu hören. Sprich nur, lies nur, donnere nur, geschichtele nur.

Zu dem, was ich soeben über die Technik der Rede gesagt habe, möchte ich noch kurz bemerken, daß viel Statistik eine Rede immer sehr hebt. Das beruhigt ungemein, und da jeder imstande ist, zehn verschiedene Zahlen mühelos zu behalten, so macht das viel Spaß.

Kündige den Schluß deiner Rede lange vorher an, damit die Hörer vor Freude nicht einen Schlaganfall bekommen. (Paul Lindau hat einmal einen dieser gefürchteten Hochzeitstoaste so angefangen: „Ich komme zum Schluß.") Kündige den Schluß an, und dann beginne deine Rede von vorn und rede noch eine halbe Stunde. Dies kann man mehrere Male wiederholen.

Du mußt dir nicht nur eine Disposition machen, du mußt sie den Leuten auch vortragen – das würzt die Rede.

Sprich nie unter anderthalb Stunden, sonst lohnt es gar nicht erst anzufangen.

Wenn einer spricht, müssen die andern zuhören – das ist deine Gelegenheit! Mißbrauche sie.

RATSCHLÄGE
FÜR EINEN GUTEN REDNER

Hauptsätze. Hauptsätze. Hauptsätze.

Klare Disposition im Kopf – möglichst wenig auf dem Papier.

Tatsachen, oder Appell an das Gefühl. Schleuder oder Harfe. Ein Redner sei kein Lexikon. Das haben die Leute zu Hause.

Der Ton einer einzelnen Sprechstimme ermüdet; sprich nie länger als vierzig Minuten. Suche keine Effekte zu erzielen, die nicht in deinem Wesen liegen. Ein Podium ist eine unbarmherzige Sache – da steht der Mensch nackter als im Sonnenbad.

Merk Otto Brahms Spruch: Wat jestrichen is kann nich durchfalln.

5.2 Analyse

Gehen Sie die beiden heiter-ernsten Ratschläge von Kurt Tucholsky noch einmal Absatz für Absatz durch. „Testen" Sie dabei die einzelnen Verhaltensweisen des beschriebenen Redners, indem Sie sich in die Situation des Zuhörers versetzen: Wie wäre jeweils Ihre eigene Reaktion auf einen solchen Redestil?
Vergleichen Sie selbsterlebte Beispiele aus dem privaten, beruflichen und öffentlichen Bereich mit dem schlechten und guten Redner Tucholskys. Lassen Sie dabei das Fernsehen und die Politiker nicht aus!
Wenden Sie sich erst nach dieser kritischen Textauswertung dem Punkt 5.3 zu.

5.3 Vorüberlegungen

Die wesentlichen Grundsätze der Rhetorik lassen sich am Beispiel der sogenannten Kurzrede (3–5 Minuten) am deutlichsten aufzeigen. In den mannigfaltigen Formen des Dialogs und der verbalen Auseinandersetzung gelten die gleichen Grundsätze – wenn auch mit unterschiedlicher Gewichtung. Auch für die folgenden Abschnitte ist zu betonen, daß sie keine Rezeptfunktion haben. Jeder Lernende, jeder Redner muß unter Berücksichtigung der zu erwartenden Umstände seine individuellen Überlegungen anstellen und verwirklichen.
Zwei gewichtige Gesichtspunkte sind bereits Gegenstand des ersten Kapitels gewesen:
1. *Das Unterscheiden zwischen Sprech- und Schreibsprache.* Dies ist eine der ersten Voraussetzungen für das Gelingen eines gesprochenen Beitrages, also auch einer Rede.
2. *Die Einstellung des Redners zu seinem Publikum.* Nur wer als Redner seine Zielgruppe möglichst weitgehend kennt, wird in der Lage sein, Ziele in seinem Sinne zu verwirklichen.

Diese beiden Gedanken sollten Teil jeder Vorüberlegung sein, ehe man bei der Vorbereitung einer Rede in Einzelheiten einsteigt.
Aber noch ein dritter Bereich ist von Wichtigkeit: Jeder Redner muß die rhetorischen Stilmittel so anwenden, daß sie *seiner Persönlichkeit angemessen* sind. Inhalt, Wortwahl und Sprechweise, Gestik und Haltung müssen mit der Person des Redners in unbedingtem Einklang stehen; ein Auseinanderklaffen dieser Elemente macht den Redner unglaubwürdig und vermindert die Durchschlagskraft seiner Argumente. Während des Lernens und Übens muß deshalb kritische Aufmerksamkeit darauf konzentriert werden, ob dieses oder jenes Mittel mit dem Gesamtbild harmonisiert oder es stört. Um diese Redemittel beim Sprechen bewußt einsetzen und ihre Wirkung auf die Zuhörer beobachten zu können, braucht der Redner zuallererst einen inhaltlich abgesicherten Aufbau seiner Rede.

5.4 Die Kurzrede

Für die Kurzrede als Modell, an dem die Grundsätze des Redeaufbaus dargelegt werden können, sprechen in der Hauptsache zwei Gründe:
Die Kurzrede folgt in ihrer Grundstruktur zahlreichen verallgemeinerungswürdigen Regeln, die sich in viele andere denkbare Formen der rhetorischen Kommunikation übertragen lassen. Daher ist die Überschaubarkeit der Kurzrede ein Grund, sie hier anderen, komplizierteren Redeformen vorzuziehen. (Auf Besonderheiten anderer Gesprächsformen wird in Kapitel 8 ausführlich eingegangen.)
Der zweite Grund ist ein ganz praktischer. Man bedenke einmal Situationen, in denen intensiv gesprochen wird: im Verein, in einer Partei, im Betrieb, in Schulen. Alle Situationen haben eines gemeinsam: *Lange* Redebeiträge werden vom Publikum fest stets als *zu lang* empfunden – entsprechend sinkt die Aufmerksamkeit. Ein Rede- oder Diskussionsbeitrag, der eine Länge von etwa 5 Minuten übersteigt, ist der eigenen Zielvorstellung des Redners oft abträglich. Daher hat sich, insbesondere in Alltagssituationen, eine Redezeit von 3–5 Minuten gut bewährt.

5.4.1 Einleitung der Rede

Der Einleitungsphase eines Redebeitrages kommt eine ganz besondere Bedeutung zu: Sie hat nämlich insbesondere die Aufgabe, beim Publikum die bestmöglichen Voraussetzungen dafür zu schaffen, daß *Sie* möglichst optimal *Ihre* eigentliche Argumentationsphase gestalten können.
Dazu gehören verschiedene Gestaltungsmittel. Wesentlichstes Element ist die inhaltliche Aussage, die der Redner in seiner Einleitung bringt. Die Einleitung soll einen Einstieg in die zu behandelnde Problemstellung bieten, den Zuhörer aber auch nicht gleich zu stark beanspruchen.

Die Wege, auf denen sich dieses Ziel erreichen läßt, sind vielfältig. Einge sehr häufig benutzte sind:

a) Darstellung der allgemeinen Vorgeschichte: Dies empfiehlt sich in der Regel dann, wenn man zu Beginn einer Versammlung zu Wort kommt und den Rahmen deutlich abstecken möchte, in dem sich die Diskussion bewegen soll. Ein solcher Einstieg dient dazu, das Publikum auf sachliche Weise in die Thematik einer Versammlung oder Diskussion einzustimmen.

Beispiel:
„Liebe Freunde! Wir sind heute hier zusammengekommen, weil für uns alle der Straßenverkehr unerträglich geworden ist und weil sich trotz aller unserer Mahnungen an dieser Situation nichts geändert hat . . ."

b) Definition: Sehr häufig – und dies hat wohl schon jeder erlebt – kommt es vor, daß man bereits zu Beginn einer Diskussion oder aber auch noch mittendrin das Gefühl hat, es gehe um verschiedene Sachen: Die Redner „reden aneinander vorbei". Dies hat häufig die Ursache darin, daß insbesondere bei konträren Gesprächssituationen dieselben Begriffe von mehreren Sprechern verwendet werden, jedoch mit sehr unterschiedlichen Inhalten.
Dies gilt besonders für politische Diskussionen. Ein Beispiel mag genügen: das Wort *Demokratisierung.* Selbst Vertreter verwandter politischer Anschauungen füllen diesen Begriff mit unterschiedlichen Inhalten. Das Ergebnis ist zwangsläufig: Man redet aneinander vorbei; ein sinnvoller Dialog kann nicht zustandekommen und erst recht keine Einigung erzielt werden.
Darum sollte der Redner in strittigen Fällen seinen Ausführungen entweder eine allgemeingültige Definiton (unter Bezug auf Autoritäten wie große Lexika etc.) voranstellen oder sein eigenes Verständnis dieses Begriffs darlegen.
Dies wird nicht nur das Mitdenken des Publikums bei den dann folgenden Ausführungen erleichtern, eine solche Definition gebietet auch die Fairneß gegenüber Publikum, Gesprächspartnern und -gegnern.

Beispiel:
„Liebe Freunde! Bevor wir uns im einzelnen mit der Verkehrsplanung in unserer Stadt auseinandersetzen, lassen Sie mich definieren, was ich mir unter ‚Verkehrsplanung' vorstelle: Verkehrsplanung umfaßt nicht nur die rein technische Organisation des Verkehrsablaufs und die dafür nötigen Bau- und sonstigen Maßnahmen, sondern vor allem auch die vielfältigen Probleme, die der heutige Verkehr für die Umwelt allgemein und im besonderen für uns Anwohner mit sich bringt.
So gesehen, kommt es in der Diskussion besonders darauf an, daß . . ."

c) Provokative These: Die provokative These zu Beginn eines Beitrages ist ein Stilmittel, das ein noch zu erarbeitendes Ergebnis der Argumentation bereits vorwegnimmt. Die Rede wird dadurch in eine sehr strenge Logik gezwungen und darüber hinaus durch das

Weglassen von Gesichtspunkten, die nur am Rande von Bedeutung sind, sehr klar in ihrer Gliederung und Aussage. Dabei muß berücksichtigt werden, daß die Gefahr entsteht, in der Argumentation sorglos zu werden.
Mit der Provokation zu Beginn erzielt ein Diskussionsredner in der Regel einen deutlichen Anfangsvorteil durch den Überraschungseffekt. Das Publikum wird auch bei schon länger andauernden Debatten noch einmal interessiert und dadurch bereit sein, sich die eigentliche Argumentation anzuhören.

d) Inhalts- oder personenbezogener Witz: Weniger sachlich, aber durchaus wirkungsvoll ist die Möglichkeit, eine Rede mit einem Witz, einem Bonmot zu beginnen. Wenn es nicht zu plump geschieht, kann dies ein äußerst wirkungsvolles Stilmittel sein. Dies gilt vor allem dann, wenn es dem Redner gelingt, einen Sachverhalt oder ein Problem auf knappe Weise zu karikieren. Die Aufmerksamkeit, die der Redner bei seinem nunmehr heiter gestimmten Publikum erzielt, kann er dann für seine eigentliche Argumentation nutzen.
Problematisch und schwierig ist der Angriff auf Personen durch eine witzige Bemerkung. Dies ist ein Mittel, das etwa für debattenartige Diskussionen geeignet ist, wo ja ein Redner auf den anderen folgt. Hierbei sollte man auf die Grenzen des guten Anstandes und der Fairneß achten. Grundsätzlich aber würzt ein Witz die Rede; und wenn der Witz gut ist, wird auch das „Opfer" darüber lachen.

Beispiel:
„Herr X. von der städtischen Verkehrsplanung hat eben auf unsere Straßenbauvorschläge unter anderem mit der Bemerkung reagiert, er wolle ‚nicht unter dem Namen des chinesischen Verkehrsministers *Um-Lei-Tung* in die Stadtgeschichte eingehen'. Er sollte sich ernsthaft prüfen, ob dieser Beiname ihm nicht angenehmer wäre als der schon jetzt wegen der Autoabgase wohlverdiente Beiname *Gas-Mas-Ke!*
Die Abgase sind es doch, die . . ."

e) Einen ähnlichen Effekt erzielt man auch, wenn es gelingt, seiner Argumentation einen *treffenden Vergleich* oder ein *passendes Sprichwort* voranzustellen. Das Publikum wird dadurch wiederum angesprochen und interessiert. Darauf kommt es an; die nachfolgende Argumentation wird psychologisch vorbereitet.
Entscheidend für die Vorbereitung einer Rede ist bei all diesen Einstiegen – und natürlich auch bei anderen Methoden der Einleitung –, daß das Publikum inhaltlich noch nicht gefordert wird; darauf kommt es auch zunächst gar nicht an. Die Einleitung hat vielmehr das Ziel, daß es Ihnen als Redner gelingt, *Ihr* Publikum zum Zuhören zu bringen, *Aufmerksamkeit für Ihre eigentlichen Aussagen zu erregen.*
Im Gegensatz zum inhaltlichen Gewicht erreicht die Spannungskurve, die Dynamik gleich zu Beginn der Rede einen Höhepunkt: *Es muß hier dem Redner gelingen, sein Publikum emotional an sich zu fesseln.* Wenn dies zu Beginn einer Rede nicht gelingt, wird die eigentliche Argumentation nur unter sehr erschwerten Bedingungen vom Publikum angenommen werden.

Die *Person des Redners* bestimmt schon in den ersten Augenblicken die Wirkung einer Rede; dies gilt von dem Zeitpunkt an, wo er sich von seinem Platz erhebt und zum Rednerpult geht. Jeder prüfe sich selbst: Wie oft wurde ein *Vorab-Urteil* über einen Redner schon gefällt, noch ehe er mit seiner Rede überhaupt begonnen hatte! Der Gang, die äußere Erscheinung, die Kleidung, der Typ – all dies sind die ersten Beurteilungshilfen für das Publikum. Formulierungen wie „bißchen schlapp" oder „Der scheint's zu bringen" hat wohl jeder in dieser oder jener Art schon einmal gedacht. Gegen diesen ersten Eindruck muß der Redner in der Einleitungsphase seiner Rede angehen – oder er muß ihn ausnutzen. Darum sollte man als Redner *seinen Eindruck auf ein Publikum einschätzen lernen.*
Besonders erschwert wird der positive erste Eindruck bei einem Publikum dann, wenn in einer Debatte ein Vorredner einen starken Eindruck hinterlassen hat, den es zu verwischen gilt. Es kommt häufig vor, daß ein Vorredner – aus was für Gründen auch immer – nachwirkt und das Publikum noch unter diesem Eindruck steht. Ziel muß dann sein, diesen Eindruck durch einen anderen, stärkeren zu ersetzen. Dies kann auf verschiedene Weisen geschehen. Ein Mittel kann z. B. das Übertrumpfen des Vorredners sein. Vielleicht wirkt sogar der Kontrast, der Gegensatz besser – etwa wenn man nach einem sehr engagierten und leidenschaftlichen Redner mit seinen Ausführungen betont verhalten und ruhig beginnt.
Das Publikum wird also nicht nur inhaltlich und sachlich angesprochen, sondern auch auf der emotionalen Ebene. Auf jeden Fall muß erreicht werden, daß das Publikum reagiert. Entweder lacht es über den Witz, horcht es bei einer überraschenden Einführung erstaunt auf, oder es wird von einer provokativen These aus seiner „Zuhörerroutine" gerissen. Was für einen Weg man auch immer beschreiten mag, Ziel der Einleitung bleibt das An-sich-ziehen, das Fesseln der Zuhörer und dadurch die Möglichkeit, voll in die Argumentation einzusteigen.
Gelingt der Einstieg nicht, dann besteht die Gefahr, daß die Rede unbeachtet bleibt, die Argumente nicht ankommen und das Ziel der Rede nicht erreicht wird.

5.4.2 Argumentationsphase

Für die Argumentationsphase werden hier einige wesentliche Grundsätze herausgearbeitet, die den Gesamtzusammenhang einer Argumentation und ihrer Regeln innerhalb einer Rede darstellen. In späteren Kapiteln wird die Darstellung des Argumentierens noch vertieft: zum einen, nach welchen Kriterien man sich einen *Argumentationsplan* macht (Kapitel 6); und zum anderen, wie ein *einzelnes Argument* gestaltet werden kann (Kapitel 12).
Wesentlichster Grundsatz der Argumentationsphase: *Weniger kann mehr sein!* Für einen Redner, der von der Sache, um die es geht, viel weiß, besteht die Gefahr, zu viel auf einmal von der Fülle seines Wissens mitteilen zu wollen. In einer Kurzrede von 3–5 Minuten ist es so gut wie nie möglich, zu einem Thema alle wichtigen Gesichtspunkte zu

durchleuchten. Bestenfalls kann dabei ein Katalog von Behauptungen herauskommen, wie man ihn z. B. in Wahlkampfreden zur Genüge zu hören bekommt. Eine derartige Rede wird beim kritischen Hörer ohne Überzeugungswirkung bleiben. In Wahlkampfreden ist dies auch nicht das Ziel: Hier wird gerade vorausgesetzt, daß das Parteivolk bereits überzeugt ist, hinter den einzelnen Behauptungen steht und sich auf Abruf des Behauptungssatzes in der gewünschten Weise (mit Beifall) bemerkbar macht.
Dies kann sicher nicht Methode und Ziel einer Kurzrede sein. Entscheidend ist vielmehr, daß Sie innerhalb einer kurzen Zeit *Argumente* bringen, die das Publikum von einem Redeziel überzeugen soll, das Sie verfolgen.
Was ist ein „Argument“ eigentlich? Das zugrundeliegende lateinische Wort *argumentum* bedeutet soviel wie „Beweisgrund, Beweismittel, Begründung für eine Aussage“. Auf eine knappe Formel gebracht besteht also die Redeeinheit Argument aus zwei Bausteinen:

1. einer *Behauptung,* die die Meinung/Überzeugung einer Person/Gruppe wiedergibt, und
2. einer *Begründung,* die die geäußerte Behauptung so weit wie möglich sachlich und logisch untermauert.

Ziel der Redeeinheit Argument ist: die Zuhörer auf rationale Weise von der Richtigkeit der Behauptung zu überzeugen und sie damit zu Anhängern der vertretenen Meinung zu machen.

Beispiel:
(1. Behauptung:) „Die Bürgerinitiative ‚Umgehungsstraße' ist der Überzeugung, daß der Durchgangsverkehr aus dem Stadtzentrum heraus verlagert werden muß.
(2. Begründung:) Dafür sprechen die folgenden Gründe:

1. Die Lärmbelästigung bei Tag und Nacht hat ein – auch nach den gesetzlichen Bestimmungen – unzumutbares Maß für Wohnanlieger, Arbeitende, Passanten und Kranke erreicht.
2. Entsprechend liegen die Werte für die Luftverschmutzung durch Abgase und Staub weit über den zulässigen Werten.
3. Und schließlich – um nur noch den wichtigsten Punkt zu nennen – werden immer mehr spielende oder Schulkinder bei Verkehrsunfällen verletzt oder getötet.“

Das Argument sollte also den Vorgang der rationalen Meinungsbildung (= Behauptung) aus einem sammelnden und wertenden Informationsprozeß (= Begründung) konzentriert und nachvollziehbar wiedergeben.
Für die sachlich fundierte Vorbereitung und befriedigende Formulierung eines Arguments braucht man schlichtweg Zeit. Folge: In einer Kurzrede sollten Sie sich nach Möglichkeit auf drei oder vier zentrale Gesichtspunkte beschränken, diese in Argumentform aufbauen und unmißverständlich formulieren. Damit kann ein hoher Überzeugungsgrad beim Zuhörer erreicht werden.

Gibt es noch „unbenutzte" Argumente, auf die man nicht verzichten möchte, so bleibt der Weg der „Partnersuche": Sie suchen sich einen Gleichgesinnten, der eine eigene Rede hält und unter Bezug auf Ihre Rede ergänzende und neue Argumente bringt. So wird aus mehreren „kooperativen" Kurzreden eine taktisch geplante Debatte.
Wenn Sie bei der Vorbereitung auf eine Kurzrede mehr als 3–4 Argumente finden – und das sollten Sie auf jeden Fall versuchen – stehen Sie vor dem Problem, die wichtigsten auszuwählen. Für diese „Endauswahl" bieten sich zwei Kriterien an:
Erstens gibt es *die objektive, sachliche Wichtigkeit* eines Arguments innerhalb eines Gesamtproblems; andere Gesichtspunkte passen zwar in den Zusammenhang, spielen aber keine wesentliche Rolle.
Zweitens gibt es auch eine *zielgerichtete Wichtigkeit.* Damit ist gemeint, daß man als Redner innerhalb eines Gesamtproblems möglicherweise auf einen ganz speziellen Zweck hinaus will oder aber innerhalb einer ganz besonderen Situation steht. Im Rahmen einer solchen Zielvorstellung kann ein – unter objektiven Gesichtspunkten – nebensächliches Argument eine neue Bedeutung und Qualität gewinnen. So wäre etwa das oben gewählte Formulierungsbeispiel für ein Argument in der Abfolge der Begründungselemente richtig für eine Elternversammlung. Vor Umweltschutzexperten könnten aber auch die Punkte 1. und 2. am Ende der Äußerung stehen.
Für die Auswahl und gleichermaßen für die Reihenfolge der Argumente spielt noch ein weiterer Faktor eine Rolle: das Publikum. Mit Blick auf die Zuhörer ist es in der Regel zweckmäßig, mit etwas „schwächeren" Argumenten zu beginnen und das vermeintlich „stärkste" an den Schluß zu stellen, da man sich von ihm die höchste Überzeugungskraft verspricht. Die Beurteilung der relativen „Stärke" von Argumenten orientiert sich an der zu erwartenden Publikumswirkung. Oft ist für ein bestimmtes Publikum ein vielleicht vordergründiger oder ein praktischer Aspekt wichtiger als bedeutende Zusammenhänge oder theoretische Gesichtspunkte. Dies muß der Redner zumindest wissen und einkalkulieren. Beachtet er dies nicht, so läuft er Gefahr, am Publikum vorbeizureden: Das Ziel seiner Rede bleibt unerreicht.
Noch ein psychologischer Hinweis zur Inhaltsabfolge: Wenn eine Argumentation aufgebaut wird, kommt man als Redner zumeist von Bekanntem, Einfachem über Neues, Problematisches hin zum „Aha-Erlebnis" des Hörers, dem angestrebten Überzeugungsmoment. Dies ist in der Grafik auf S. 59 (oben) durch die ansteigende Wellenbewegung der Inhaltskurve veranschaulicht:
Die Spannungskurve läuft in etwa parallel; sie schlägt nur etwas weiter aus. (Diese Parallelität hängt natürlich vom „ansteigenden" Aufbau ab. Sie kann ganz oder teilweise entfallen, wenn die Redeplanung des Redners nicht ankommt oder völlig anders angelegt ist: etwa, wenn die Rede mit einem „Schocker" eröffnet wird.
Zwischen den einzelnen Argumenten sollten Sie klare Pausen machen und dann neu ansetzen. Inhaltliche Steigerung sollten Sie durch zunehmendes Engagement erkennen lassen. Dies geschieht durch lebhafter werdende Gestik, intensivere Sprache und engagierteren Tonfall.

Standardaufbau und -verlauf einer Kurzrede

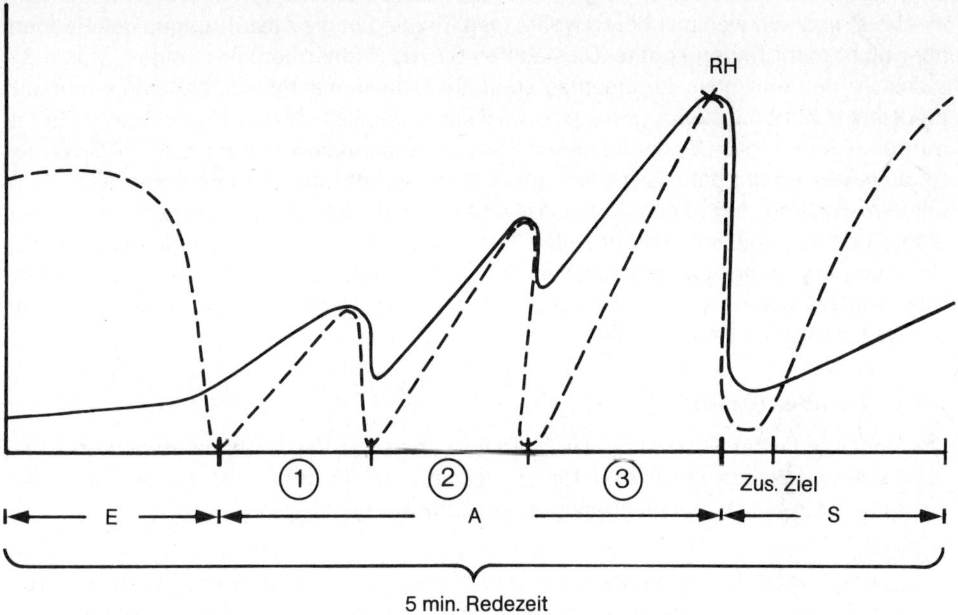

E	Einleitung	RH	Rhetorischer Höhepunkt (= stärkstes Argument mit intensivster Überzeugungswirkung)
A	Argumentationsphase	——	Inhaltskurve
S	Schlußteil	- - -	Spannungskurve
Zus	Zusammenfassung		
Ziel	Zielsatz		

Es wird sehr leicht vergessen, daß mit dem Erreichen des „Zündpunktes" eines Arguments dieses auch zu Ende ist (symbolisiert durch den starken Abfall der Kurve). Machen Sie deshalb nicht den Fehler, noch auf einem Argument herumzureiten, das bereits „gezündet" hat. Die gute Wirkung ist dann schnell totgeschwätzt!

Beispiel:

„. . . und daher bleiben unsere Kinder trotz aller städtischen Maßnahmen auf ihrem Schulweg stark gefährdet!" *(Ende des „zündenden" Arguments. – Weiterreden ist rhetorischer Fehler:)* „Diese Gefährdung bleibt also. Und die getroffenen Maßnahmen können daran nichts ändern. Deswegen bleiben die Kinder ständig in Gefahr, ohne daß sich etwas ändert . . ."

Die beschriebene Zäsur zwischen einzelnen Argumenten hat auch noch einen nicht zu unterschätzenden Nebeneffekt, der sich aus der Situation des Zuhörers ergibt. Es ist

kein Geheimnis, daß *Zuhörer* häufig und leicht abgelenkt bzw. unaufmerksam werden. Wem ist es nicht schon so ergangen, daß man nach einem Plausch mit seinem Nachbarn wieder einmal ein wenig zuhören wollte, den Einstieg in die Ausführungen des Redners aber nicht mehr finden konnte. Dies sollten Sie als Redner berücksichtigen, indem Sie zwischen den einzelnen Argumenten spürbare Pausen machen, damit auch ein unaufmerksamer Zuhörer merkt: „Aha, jetzt wird ein neuer Gesichtspunkt entwickelt!" Er hat nun die Chance des Wiedereinstiegs in die Argumentation und ist aus der Sicht des Redners noch nicht ganz „verloren" im Hinblick auf das angestrebte Redeziel.
Mit dem Ende der Argumentationsphase ist der inhaltliche, überzeugungsorientierte Teil einer Rede beendet. Im nachfolgenden Teil kann mit neuen Gesichtspunkten keine neue Überzeugung mehr vermittelt werden. Die Vorbereitung auf das Redeziel ist beendet. Alles weitere dient – psychologisch betrachtet – der zielgerichteten Aufbereitung des bereits Gehörten für das Publikum.

5.4.3 Schlußteil der Rede

Der Schlußteil einer Rede ist für das Gelingen von ganz entscheidender Bedeutung. Dies ist insbesondere deswegen zu betonen, weil sehr häufig der Fehler gemacht wird, den Schluß als ein abrundendes Anhängsel, als *„Ausklang"* zu gestalten.

Beispiel:
„. . . Zum Schluß: Um noch größeren Schaden von uns und unserer Umwelt abzuwenden, bleibt nur eins: Unsere Stadt braucht eine Umgehungsstraße!" (*Richtig:* hier Redeschluß und Abgang. – *Falsch:* weiterreden, einen „schönen" Schluß zu finden versuchen:) „Darum ist uns die Umgehungsstraße so wichtig: wegen der Kinder, des Lärms und der Abgase. Lassen Sie mich abschließend noch folgendes sagen: Ich bin auch froh, daß wir uns hier einmal zusammengefunden haben, um über alles zu reden. Das war wichtig, und ich bin Ihnen allen dankbar, daß Sie erschienen sind und damit Ihr Interesse bekundet haben. Die Gefahren sind groß, und die Probleme müssen gelöst werden. Lassen Sie mich deshalb am Ende meiner Ausführungen . . ."
Der Redeschluß ist alles andere als ein „schöner Ausklang": Alles, was ein Redner bis zum Ende der Argumentationsphase gesagt hat, dient ausschließlich der Vorbereitung des Schlußteils. Dieser Grundsatz gilt in jeder Form von zielgerichteter Rede, sei es in einer politischen Debatte, in einer familiären Diskussion, bei einem Sachgespräch am Arbeitsplatz oder beim „Meckern" über den Schiedsrichter am Fußballplatz. Gerade beim letzten Beispiel sammelt der Sprecher – wenn auch nicht in der Form einer Rede – laufend Argumente gegen den Schiedsrichter, um dann zum Schluß, sozusagen im Schlußteil seiner „Rede", die Schuld an der knappen Niederlage seines Vereins dem Schiedsrichter andichten zu können. Genau wie dieses „Redeziel" während des gesamten Spiels vorsorglich vorbereitet wird, soll auch der Redner sein Zielergebnis vorbereiten. Die Funktion der Vorbereitung hat die Argumentationsphase; das Ergebnis formuliert der Schlußteil, und zwar häufig in zwei Teilschritten:

5.4.3.1 Zusammenfassung

Die Zusammenfassung ist in der Regel völlig unproblematisch. Man „bündelt" noch einmal – ähnlich wie in der beschriebenen Wahlkampfrede, aber viel knapper – die bereits einzeln dargelegten Argumente; man zeigt also lediglich, daß man diese Argumente hatte – mehr nicht.

Beispiel:

„... Ich fasse zusammen: Aus der Kindergefährdung, der Lärmbelästigung und den Abgasgefahren ergibt sich unsere klare Forderung: Die Stadt muß ..."

Auf gar keinen Fall sollte der Redner dann noch einmal zu einem großen Rundumschlag ausholen, wie man es immer wieder erlebt, wenn ein Redner mehrere Male (und mehrere Minuten lang) „zum Schluß kommt." (Vgl. Beispiel S. 60)

Wie lange sollte eine solche Zusammenfassung sein? Als Daumenregel könnte man angeben: höchstens ein Zehntel der Zeitdauer der Argumentation.

Die Zusammenfassung folgt in der Regel dem rhetorischen Höhepunkt der Rede (vgl. Grafik, S. 59). In den meisten Fällen bietet sich also für den Redner hier eine bewußt ruhig-gesammelte Körperhaltung und Sprechweise an, die die Sicherheit und sachliche Überzeugtheit des Sprechenden in bezug auf das Redeergebnis auf die Zuhörer übertragen soll.

Die Zusammenfassung kann aber auch noch eine „Reparaturfunktion" hinsichtlich der Argumentation haben: Wenn nicht – wie vom Redner geplant – das *letzte* Argument die erkennbar stärkste Wirkung auf das Publikum ausgeübt hat, sondern etwa das *vorletzte*, ist folgende Situation eingetreten (vgl. Grafik, S. 59): Der rhetorische Höhepunkt (Rh) ist nicht bei Argument 3, sondern schon bei Argument 2 gewesen. Die inhaltliche Wirkung und gleichzeitig die emotionale Spannung des Publikums läßt vorzeitig nach. Die Rede ist jetzt „nicht mehr so interessant", die Überzeugungskraft sinkt. Dies kann immer wieder einmal auch einem geübten Redner passieren.

In der Zusammenfassung hat nun der selbstkritische Redner die Möglichkeit, seinen Fehler aufzufangen, indem er zunächst in knappster Form die Argumente 1 und 3 nennt und *erst danach* das zweite, wirkungsvolle unter besonderer Betonung seiner Bedeutung. Dabei darf man aber auf keinen Fall ausschweifen und das Argument in seinen Einzelheiten wiederholen!

Beispiel:

So wäre vor einem Eltern-Publikum die Abfolge der Hauptpunkte Kindergefährdung – Lärm – Abgase im Schluß ungünstig, weil die für *Eltern* zweitrangigen Punkte in der Argumentation zu hohes Gewicht hätten. Wenn dieser Fehler passiert wäre, könnte die „Reparatur-Zusammenfassung" etwa so lauten:

„... Zusammengefaßt bleiben folgende Gründe für unsere Forderung nach einer Umgehungsstraße: 1. die Belästigung der Anwohner durch Lärm und 2. die überaus starke Gefährdung durch Abgase. Für uns als Eltern und Großeltern aber ist der dritte Grund der entscheidendste: Der Schulweg unserer Kinder ist lebensgefährlich. Deswegen ..."

5.4.3.2 Zielsatz

Der Schluß einer zielgerichteten Rede sollte grundsätzlich auch auslösende Funktion haben: Das Publikum soll mit Denken und/oder Handeln reagieren. Je nach „Vorstellung" des Redners kann dies von einsichtigem Kopfnicken über lebhaften Beifall bis hin zu lautstarker Empörung führen. Die Form der Reaktion hängt davon ab, was der Redner eigentlich erreichen wollte und wie weit er dieses Ziel realisiert. Sie ist jedoch weniger abhängig von Redesituation und -inhalt: gleich, ob eine Frau ihrem Göttergatten den langersehnten Pelzmantel abringt, ob man im Wahlkampf einen Kandidaten propagiert oder in einer wissenschaftlichen Diskussion vom Sinn oder Unsinn einer These überzeugen will.

Wie wird die gewünschte Reaktion ausgelöst? Das Ergebnis der Rede wird in klaren Schlagsätzen präzisiert, und zwar im Hinblick auf das eigentliche Ziel, den „Zielsatz". Diese Zielaussage muß präzise und klar herauskommen und als zweiter Höhepunkt am absoluten Schluß der Rede stehen. Auf gar keinen Fall dann noch weitersprechen und die Wirkung eines griffigen und überzeugenden Schlußsatzes zerreden!

Beispiel:

„. . . Und deswegen meine Aufforderung an Sie, an uns alle: Lassen Sie uns gegen die Zerstörung unserer Stadt und ihrer Lebensqualität kämpfen, mit allen legalen Mitteln! Raus aus der Stadt mit dem Fernverkehr!"

Der Redner sollte nach der betont ruhigen Phase der Zusammenfassung jetzt engagiert und offensiv wirken, lebhaftere Körpersprache zeigen und sein eigenes Überzeugtsein deutlich zum Ausdruck bringen.

5.5 Stichwortkonzept

Das Stichwortkonzept ist sowohl für die Vorbereitung einer Rede als auch für die praktische Durchführung von größter Bedeutung. Jeder Redner sollte sich ein solches Konzept machen, gleichgültig ob er Anfänger ist oder routiniert. Dem Anfänger dient es als Stütze gegen die Redeangst und als Formulierungsbasis, dem routinierten Redner zur eigenen Disziplinierung. Letzteres gilt, weil viele Redner mit zunehmender Übung und Sicherheit dazu neigen, sich gehenzulassen. Sie halten dann zwar eine „schöne Rede", nur zielgerichtet ist sie oft nicht mehr.

Beim Konzept wird – vor allem von Anfängern – einiges falschgemacht. Betrachten wir deshalb hier einige häufige Fehler als abschreckende Beispiele:

5.5.1 Inhaltliche Ausgestaltung (Fehlerquellen)

Immer wieder begegnet einem im Alltagsleben oder in komischen Filmszenen ein Redner, der mitten im schönsten Redefluß steckenbleibt und sich verzweifelt auf einem winzigen „Spickzettel" zurechtzufinden sucht. Das Ergebnis ist vorhersehbar: Der nun durch sein Stocken aufgeregte Redner wird noch aufgeregter, die unfreiwillige Pause –

vielleicht noch bereichert durch den altgermanischen Urlaut *äh* – wird allmählich peinlich, und die Fortsetzung der Rede ähnelt dem Gestammel eines Schülers beim Aufsagen eines schlecht gelernten Gedichts.
Dieses Steckenbleiben ist der Alptraum der meisten Redeanfänger (wobei „Anfänger" nur heißen soll, daß der Redner auf dem Gebiet des öffentlichen Redens noch unerfahren ist). Am Biertisch kann (fast) jeder große Reden schwingen; das Stehen am Rednerpult hingegen verschlägt so manchem sonst fröhlichen „Redner" die Sprache.
Aus Angst vor dem Steckenbleiben greifen viele Redner zu Gegenmitteln, die ebenso anstrengend wie nutzlos sind:
(1) Sie schreiben sich alles wortwörtlich auf, was sie sagen wollen. Sie feilen jede einzelne Formulierung aus und schreiben die „Rede" mehrere Male um. – Am Tag X lesen sie nun diese „Rede" vom Manuskript ab. Das Ergebnis: Die Zuhörer langweilen sich, sind überfordert, „schlafen ein". Nicht also perfekte schriftliche Formulierungen machen eine Rede interessant und verhindern Langeweile, sondern ein intensives körperliches und sprachliches Verhältnis zwischen Redner und Publikum. Genau dies wird aber durch die Konzentration aufs Manuskript mit Sicherheit verhindert. Eine Rede, die sich als Manuskript gut liest, ist vielleicht als Aufsatz oder Artikel für eine Druckschrift geeignet, nicht aber als Vortrag!

(2) Andere Redner können vor dem Tag X nächtelang nicht mehr schlafen, weil sie sich ständig die erwartete Redesituation ausmalen und sie durchdenken, bis hin zu möglichen Zwischenrufen und anderen Zufällen. Sie planen im Kopf den gesamten Ablauf mit allen Varianten vor, bis sie alles auswendig können – und dann wirft sie im Ernstfall der erste unerwartete Umstand total aus dem Konzept.

Diese beiden „Sicherheitsmaßnahmen" werden so häufig angewandt, daß wir uns noch etwas damit beschäftigen müssen. Sie sind gefährlich falsche Verhaltensweisen, die praktisch immer zum Mißerfolg führen; warum ist das so?

Zu (1): Selbst wenn ein „Redner" es schafft, seinen Aufsatz fehlerfrei vorzulesen, (obwohl das laute Vorlesen in Streßsituationen viel schwerer ist als man so glaubt), ist noch keineswegs eine befriedigende Publikumswirkung garantiert. Im Gegenteil: Zwischen dem Redner und seinen Zuhörern klafft eine enorme *Kommunikationslücke,* gleich ob seine Rede nun ein beruflicher Sachvortrag, ein Ausbildungsreferat oder eine Diskussionseröffnung war. Denn er hat sich mit dem Inhalt seiner Ausführungen in allen Richtungen lange und gründlich auseinandergesetzt – die Zuhörer jedoch nicht (jedenfalls in den meisten Fällen!). Nach diesem intensiven Prozeß der Meinungsbildung hat sich der Redner eingehend mit jeder Formulierung seiner Mitteilungen befaßt, sie niedergeschrieben, verworfen, korrigiert, schließlich als bestmögliche akzeptiert. Diese ganze Arbeitsphase fehlt dem Publikum, dem die ausgefeilten Formulierungen nun meist viel zu schnell vorgelesen werden. Es gibt wenig Pausen zum „Nach-Denken", und vor allem fehlt der körpersprachliche Kontakt zum Redner: Die Zuhörer fühlen sich förmlich „abwesend", so sehr klebt der Redner mit den Augen am Papier, ohne Blickkontakte aufbauen zu können. Dazu kommt: Reden vom perfekten Manuskript sind entweder tatsächlich zu lang oder erscheinen dem Publikum als viel zu lang. Ob aus Protest oder Ermüdung – die meisten Zuhörer schalten schnell ab, auch wenn der Inhalt noch so interessant wäre. Eine gute Faustregel hilft: *Weniger kann mehr sein.* Weniger komplette Behandlung eines Themas und weniger perfekte Formulierung der Inhalte erlauben mehr Publikumskontakt des Redners und damit eine intensivere Überzeugungswirkung seiner Rede.

Zu (2): Die meisten Nachteile der Technik (1) treten auch hier auf; dazu kommt aber noch ein weiterer: das „Leiern". Beim Vorlesen eines Manuskriptes findet der Redner-Leser häufig noch Zeit für eine angemessene Lautstärke, Betonung und Sprechmelodie. Dies gelingt beim Reproduzieren der auswendig gelernten Rede meist nicht mehr. (Erinnern wir uns nur an auswendig aufgesagte Schulgedichte, etwa Schillers „Glocke": eine Qual für Sprecher und Hörer!) Der Grund liegt in der fast hundertprozentigen Introvertiertheit des Redners, der eine innere „Aufzeichnung" abruft und gleichsam wieder in akustisch hörbare Äußerungen überträgt. Auch hier fehlt das vitale Element der lebendigen, überzeugenden Rede: der dynamische Kontakt zwischen Redner und Zuhörern.

5.5.2 Inhaltliche Ausgestaltung (Lösungsvorschlag)

Will man die typischen Mängel abgelesener oder auswendig hergesagter Reden vermeiden – nämlich schlechten oder mangelhaften Publikumskontakt, steife Körperhaltung, Monotonie in der Stimme oder zu hohe Sprechgeschwindigkeit, fehlende Flexibilität im Reagieren auf die Zuhörer –, dann hilft nur das *Stichwortkonzept.* Dieses hat die zweifache Funktion, Ihnen den roten Faden und damit Sicherheit für Ihre Rede zu liefern, zum anderen bietet es in der geplanten, zielorientierten Reihenfolge Inhaltsstichwörter als „Kerne" der kurzen Sprecheinheiten, aus denen die Rede besteht.

Zunächst zum optischen und formalen Aufbau des Stichwortkonzepts. Man nimmt dafür ein, notfalls mehrere, Blatt Papier des größtmöglichen Formats, das man in der jeweiligen Situation bequem und ohne Störung der Zuschauer verwenden kann. Beispiel: Steht man hinter einem breitflächigen Rednerpult, so bietet sich das Format DIN A 4 an; man kann sein Konzept bequem auf der schrägen Ablage in Sehweite „aufbauen". Muß man dagegen völlig „ungeschützt" vor dem Publikum stehen und reden, bieten sich postkartengroße Karteikarten an, die man leicht in einer Hand halten und in den Sprechpausen kurz in Sehweite heben und konsultieren kann. Bitte schreiben Sie grundsätzlich nur auf die Vorderseite(n) des Papiers; das Umdrehen führt meist zum Verlieren des roten Fadens, zu Verwirrung und Steckenbleiben. Beachten Sie vor allem die Grundregel: *So wenig Text wie möglich, so groß geschrieben wie möglich und so übersichtlich angeordnet wie möglich.* Auf S. 65 ein Beispiel, wie ein Stichwortkonzept für eine Kurzrede auf einem DIN A4-Blatt gut gegliedert und angeordnet werden kann.

In der Textspalte links stehen die Gliederungselemente entsprechend dem ausführlich dargestellten Redeaufbau. Neben bzw. zu jedem Gliederungselement sind einzelne Stichwörter notiert, symbolisiert durch je einen Strich.

Stichwortkonzept

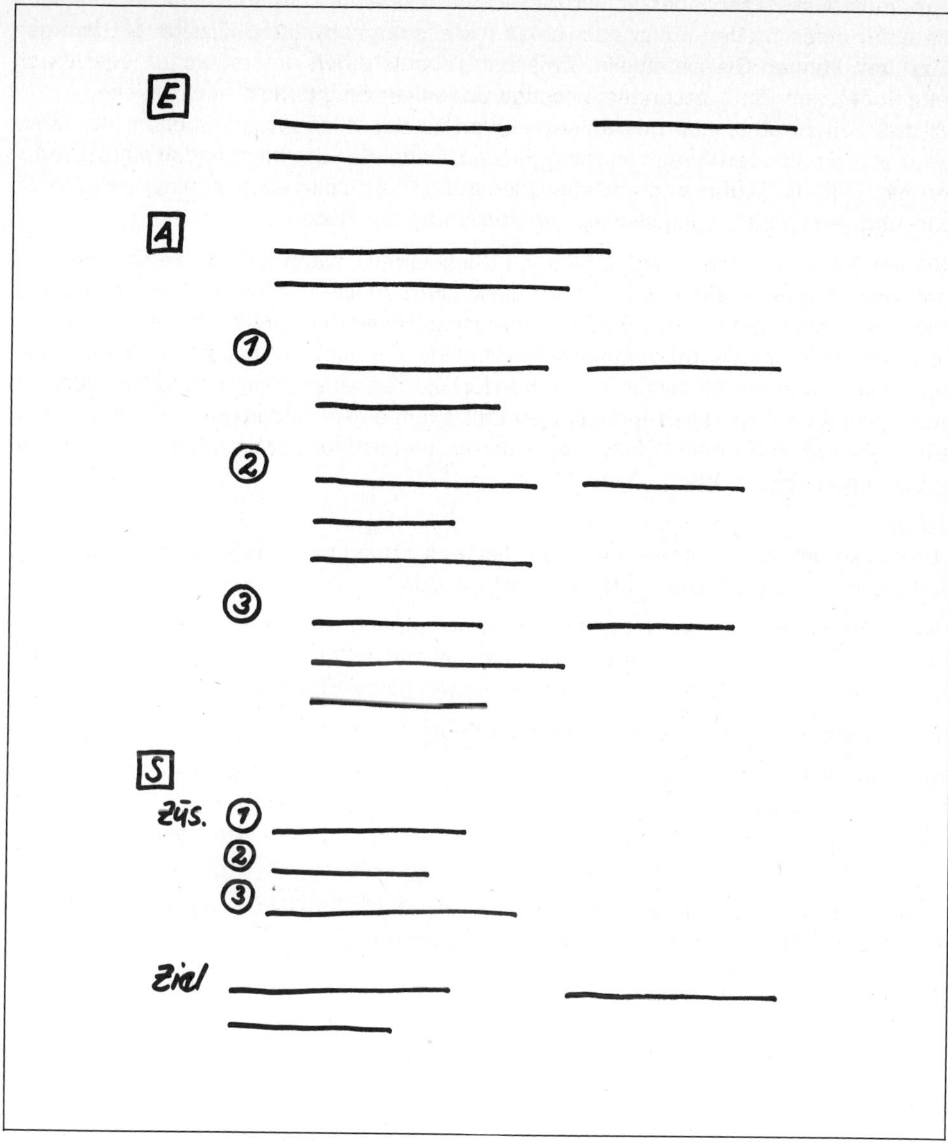

E = Einleitung, A = Argumentation, ① ② ③ = Argumente 1–3, S = Schlußteil, Zus = Zusammenfassung, Ziel = Zielsatz

Wenn Ihre Schreibschrift sehr klein oder undeutlich ist, schreiben Sie Stichwortkonzepte in Druckbuchstaben (aber nicht in den schwer leserlichen *Groß*buchstaben!); nehmen Sie dafür einen breiten Füller oder einen mittelfetten schwarzen Filzstift. Mit farbigen Filzstiften können Sie eventuelle (Zwischen-)Überschriften unterstreichen oder durch fette Punkte am Rand besonders wichtige Gedanken-Stichpunkte hervorheben.
All dies soll zu einer fast übertriebenen Klarheit der Gliederung verhelfen; nur diese garantiert ein Wiederfinden des roten Fadens, wenn man ihn beim Reden einmal verloren hat. Und die saubere schriftliche Gliederung führt meist auch zu einer prägnanten hör- und verstehbaren akustischen Strukturierung der Rede.

Wie kommt man zu den wenigen kurzen Stichwörtern, wenn einem der Kopf voll von ,,fertigen'' Formulierungen ist? Gegen diese ,,Fertigteile'' der Rede gilt es anzugehen: Man sollte nicht einmal in Gedanken die ganze Rede voll durchformulieren, sondern konzentriert üben, die Informationsschwerpunkte aus noch ungesagten Gedanken herauszufiltern und als Stichwörter aufs Konzept zu schreiben. Das funktioniert über ein geistiges ,,Streichen'' alles sprachlichen Ballasts in einem Gedanken/Satz; diese Technik kann und sollte man – falls einem dieses Herausfiltern schwerfällt – zunächst an schriftlichen Texten üben.

Beispiel:
,,Darum kommt es besonders darauf an, daß wir Verbraucher in Zukunft noch weniger Öl verbrauchen, also mit allen Mitteln Energie sparen.''

Hier könnte man also zwei mögliche Stichwortgruppen wählen, aber eine davon reicht, um vor dem geistigen Auge beim Reden den gesamten Zusammenhang und damit auch das Formulierungsmuster ,,aufblitzen'' zu lassen (,,Aha-Effekt''):

Verbraucher weniger Öl oder Verbraucher Energie sparen.

Wie alles beim Reden ist auch dieses Finden der Formulierungskerne in Form von Stichwörtern Übungssache. Sicher ist, daß diese Technik eine der wesentlichen Grundlagen für das sichere, publikumsorientierte und wirkungsvolle – das eigentlich ,,freie'' – Reden ist.

Hier nun noch ein Beispiel (S. 67), wie ein inhaltlich gefülltes Stichwortkonzept zum Redethema ,,Fernverkehr in der Stadt'' aussehen könnte.

E – Unsere Stadt 1910
– Dia/Zeitungsartikel "Rundschau"
– Verkehr zerstört Stadtzentrum

A Zerstörung: Gründe – Wirkungen

① – Tempo, Staus, Aggressivität
– Hohes Tempo, Unübersichtlichkeit
– Risiko: Unfälle
– Fußgänger: Schulkinder, Senioren

② – Tempo, Bremsen, Beschleunigen
– Lärmverschmutzung: Tag + Nacht
– Schlafstörungen, Nervosität, Krankheiten
– Kleinkinder, Ältere, Anwohner

③ – Dichte, Kolonne, enge Straßen
– CO, Blei, Stickoxide
– Grenzüberschreitung: Lebensgefahr!

S Zus: ① Unfälle: mehr Verletzte/Tote
② Lärm: Gesundheitsschäden, Stimmung leidet
③ Luftverschmutzung: schleichende Vergiftung

Ziel: Fernverkehr raus! – Umgehungsstraße!

5.6 Zur Übung

1. Erarbeiten Sie zu jedem der drei folgenden Redethemen eine Stoffsammlung und entwickeln Sie daraus eine Gliederung der gefundenen Argumente nach ihrer objektiven Wichtigkeit:
   - „Sollen die Verbraucher Energie sparen?"
   - „Gleichbehandlung von Männern und Frauen in allen Lebensbereichen"
   - „Sollen Gastarbeiterfamilien im Gastland bleiben oder wieder in ihre Heimatländer zurückkehren?"
2. Stellen Sie sich vor, Sie würden diese Reden a) vor Vereinsfreunden, b) auf einer Elternversammlung, c) vor Arbeitskollegen, d) auf einer öffentlichen Kundgebung halten. Prüfen Sie, welchen Einfluß die Redesituation jeweils auf Reihenfolge und Gewichtung Ihrer Argumente hätte.
3. Wählen Sie zu jedem Thema einen überzeugenden Zielsatz und prüfen Sie die Argumentfolge darauf hin erneut.
4. Schreiben Sie zu mindestens einer der Reden ein Stichwortkonzept; kürzen und präzisieren Sie nach 1–2 Tagen die Stichwörter, überprüfen Sie die Folgerichtigkeit.
5. Lassen Sie einen unvorbereiteten Partner mit Ihrem Stichwortkonzept die geplante Rede halten. Notieren Sie alle Mißverständnisse und sonstige Abweichungen von Ihrem geplanten Gedankenablauf und verbessern Sie danach Ihren Stichwort-Zettel in Gliederung und Formulierung.

Zusammenfassung

1. Die Einleitung einer Rede dient dazu, die Argumentationsphase vorzubereiten. Diese wiederum arbeitet zielgerichtet auf den Schlußteil, auf das angestrebte Redeziel hin.
2. Dazu ist es notwendig, neben überzeugenden und zielgerichteten Inhaltsaussagen auch die Erwartungshaltung des Publikums aufzufinden und zu berücksichtigen.
3. Für das Gelingen einer Rede ist die Gestaltung eines Stichwortkonzepts als Ergebnis aller inhaltlichen Vorbereitungen von Bedeutung. Jedes Stichwort soll „Aha-Effekt" haben, dem Redner also – auch nach Verlieren des roten Fadens – eine sichere Hilfe für das Finden der geplanten nächsten Formulierung bieten.

6 Argumentationspläne

Lernziele

1. Lernen, daß bei überzeugungsorientiertem Argumentieren auch in sehr kurzen Zeiteinheiten zielgerichtet gesprochen werden kann.
2. Argumentationspläne als gedankliche Korsettstützen erkennen und benutzen lernen.
3. Unwesentliches aus der Rede herauszuhalten und nur Zielgerichtetes einzusetzen lernen.

6.1 Situation

Eine Eisenbahn ist ein Unternehmen, gerichtet auf wiederholte Fortbewegung von Personen oder Sachen über nicht ganz unbedeutende Raumstrekken auf metallener Grundlage, welche durch ihre Konsistenz, Konstruktion und Glätte den Transport großer Gewichtsmassen, beziehungsweise die Erzielung einer verhältnismäßig sehr bedeutenden Schnelligkeit der Transportbewegung zu ermöglichen bestimmt ist, und durch diese Eigenart in Verbindung mit den außerdem zur Erzeugung der Transportbewegung benutzten Naturkräften (Dampf, Elektricität, thierischer oder menschlicher Muskeltätigkeit, bei geneigter Ebene der Bahn auch schon der eigenen Schwere der Transportgefäße und deren Ladung, usw.) bei dem Betriebe des Unternehmens auf derselben eine verhältnismäßig gewaltige (je nach den Umständen nur in bezweckter Weise nützliche oder auch Menschenleben vernichtende und die menschliche Gesundheit verletzende) Wirkung zu erzeugen fähig ist.

Aus einem Urteil des 1. Zivilsenats des Reichsgerichts vom 17. März 1879.

6.2 Analyse

Nehmen Sie bitte ein Blatt Papier und versuchen Sie, die wichtigsten Aussagen des vorstehenden Satzes noch einmal zu notieren, *ohne* daß sie während dieser Arbeit den Satz noch einmal lesen.

Sie werden bei einem Vergleich feststellen, daß es Ihnen nicht gelingt, auch nur annähernd alle wesentlichen Gesichtspunkte zu erfassen. Warum?
Dieser Satz hat 116 Wörter; 116 Wörter in dem Bemühen, damit eine inhaltlich abgerundete und vollständige Formulierung zu schaffen. Das Geheimnis seiner Untauglichkeit liegt im inhaltlichen Perfektionismus, der die Verstehensstruktur nicht berücksichtigt. Ein solcher Satz ist durch Zuhören überhaupt nicht zu verstehen und durch Lesen auch nur nach mehrfachem Durchdenken.
Hier wird übersehen, daß jeder Satz für ein Publikum gesprochen oder geschrieben wird. Dieses muß seine Argumentation ohne große Anstrengung verstehen können. Dazu müssen die inhaltlichen Aussagen und Argumente in eine logisch aufbauende Reihenfolge, eine verstehbare Struktur gebracht werden. Wird dies nicht getan – siehe oben!

Die folgenden Abschnitte 6.3–6.4 entsprechen weitgehend der Darstellung des „Fünfsatzes" als des wirkungsvollsten Planungsinstruments für die Kurzrede nach Hellmut Geißner[1].

6.3 Der „Fünfsatz" als Grundlage von Argumentationsplänen

Der Fünfsatz ist ein Planungs- und Formulierungsmodell für den Aufbau zielgerichteter und überzeugend geschlossener Redeäußerungen. Seine Stärke liegt darin, daß durch zwingende Argumentfolge die Argumentation einer Rede oder eines Diskussionsbeitrags den angestrebten Zielsatz konsequent vorbereitet. Der Fünfsatz läßt sich in verschiedenen Argumentationsstrukturen realisieren:

6.3.1 Der Aufsatzplan

„Einleitung"

„Hauptteil"

„Schluß"

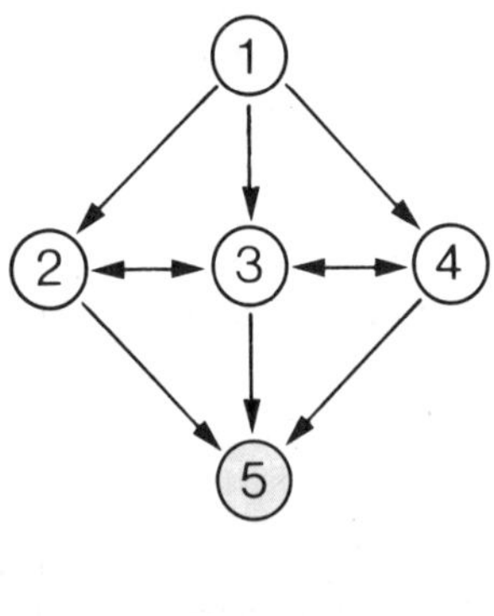

① Einleitende Äußerung

Aus den Argumenten . . .
② erstens . . .,
③ zweitens . . .
④ und – am wichtigsten – drittens . . .

folgt zwingend . . .
⑤ der Zielsatz

[1] Geißner, H., *Rhetorik,* München 2. Aufl. 1974, S. 121–130

Formulierungsbeispiel:

① Die Verkehrssituation in unserer Stadt ist durch den starken Durchgangsverkehr auf der Hauptstraße nahezu unhaltbar geworden.

② Zum einen sind die Kinder auf dem Schulweg ständig stark unfallgefährdet.

③ Zum anderen ist besonders nachts die Lärmbelästigung für die Anwohner unerträglich geworden.

④ Zum dritten und am entscheidensten: Die Belastung durch Autoabgase haben zu kaum noch zu beseitigenden Schäden an den Gebäuden und zu einer gefährlichen Vergiftung der Luft geführt.

⑤ Um noch größeren Schaden von uns und unserer Umwelt abzuwenden, bleibt nur eines: Unsere Stadt braucht eine Umgehungsstraße!

Ein „räumliches" *Stichwortkonzept,* das die Fünfsatz-Struktur deutlich macht, könnte zu unserem Beispiel so aussehen:

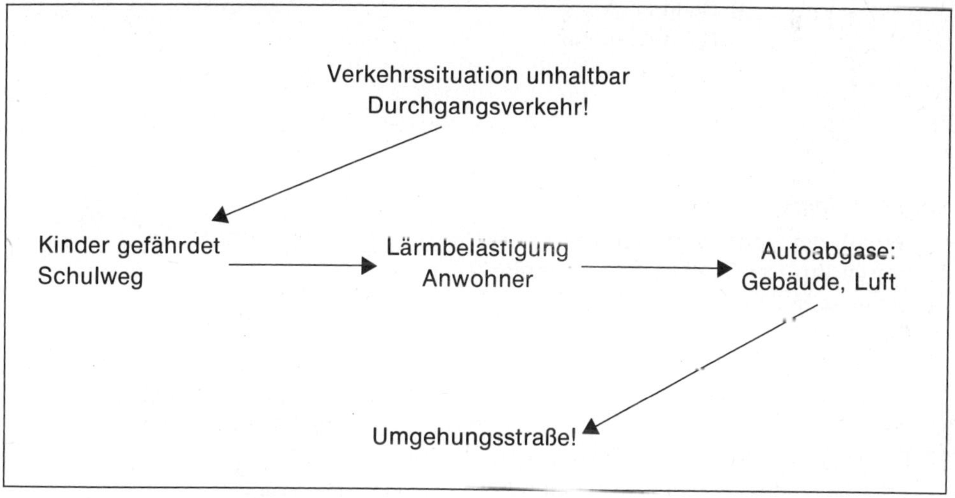

6.3.2 Die Kette

Die Kette entwickelt im Gegensatz zum Aufsatzplan ihren Zielsatz nicht aus mehr oder weniger parallel nebeneinander stehenden Argumenten, sondern aus der streng logischen oder zeitlichen Entwicklung eines bestimmten Gedankenablaufs (sog. „Wenn-Dann-Beziehung"):

a) Entweder logisch ...

① Dies und jenes ist so und so ...
② Das aber führt dazu ...
③ Und wenn es so ist, daß ...
④ dann folgt daraus ...
⑤ Deshalb müssen wir ...

b) ... oder zeitlich

① Ich kann mir nur folgenden Ablauf vorstellen ...
② Zunächst ...
③ Dann ...
④ Nach Abschluß ...
⑤ Damit ist schließlich ...

Formulierungsbeispiel zu a):

① Gegen die unhaltbare Verkehrssituation in unserer Stadt wird noch immer nichts getan.
② Das führt dazu, daß die Gesamtumweltbelastungen zu Schäden führen, die später nicht mehr beseitigt werden können.
③ Deswegen müssen wir schnell und gründlich das Problem des Durchgangsverkehrs in unserer Stadt angehen.
④ Voraussetzung für eine umweltgerechte Lösung wäre die Entfernung des Durchgangsverkehrs aus unserer Stadt.
⑤ Darum gibt es nur eine Lösung: Wir brauchen eine Umgehungsstraße!

Stichwortkonzept:

Tatenlos
Verkehrsdilemma
↓
Umweltbelastung:
Schäden
↓
Ursache:
Durchgangsverkehr
↓
Durchgangsverkehr
entfernen!
↓
Umgehungsstraße!

6.3.3 Vom Allgemeinen zum Besonderen

Beim Argumentationsplan des Typs „Vom Allgemeinen zum Besonderen“ wird das Ziel in der Regel im Widerspruch zu dem allgemeinen Grundsatz stehen, von dem die Argumentation ausgeht. Dieser Widerspruch wird begründet über eine besondere Person, Situation usw., die eben eine Ausnahmelösung erforderlich macht.

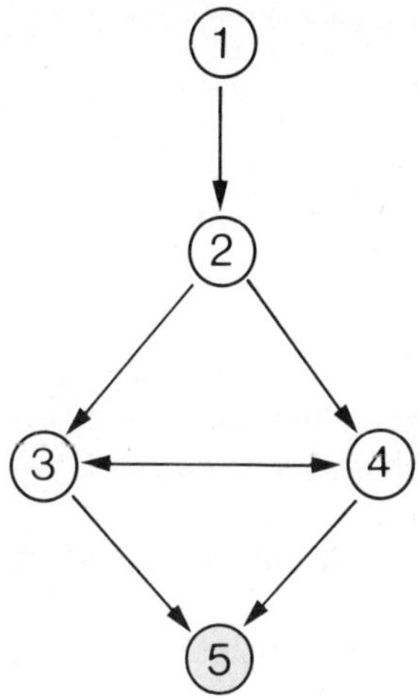

① Gewöhnlich sieht man die Sache so ...
② In dieser besonderen Situation aber ...
③ Erstens nämlich ...
④ und zweitens ...
⑤ Darum ...

Formulierungsbeispiel:

① In Anbetracht der Wirtschaftslage mag der Bundesminister für Verkehr rechthaben, wenn er keine neuen Bauvorhaben mehr finanziell unterstützt.
② Die Lage in unserer Stadt ist aber besonders schwerwiegend belastet durch den enormen Durchgangsverkehr:
③ Zum einen wird die wirtschaftliche Entwicklung der Stadt auf Jahre hinaus entscheidend behindert.
④ Zum anderen führen die Umweltbelastungen auf Dauer gesehen zu Schäden, die auch mit hohem finanziellen Aufwand nicht mehr beseitigt werden können.
⑤ Darum bleibt trotz finanzieller Bedenken nur eine Lösung: Unsere Stadt braucht eine Umgehungsstraße!

Stichwortkonzept

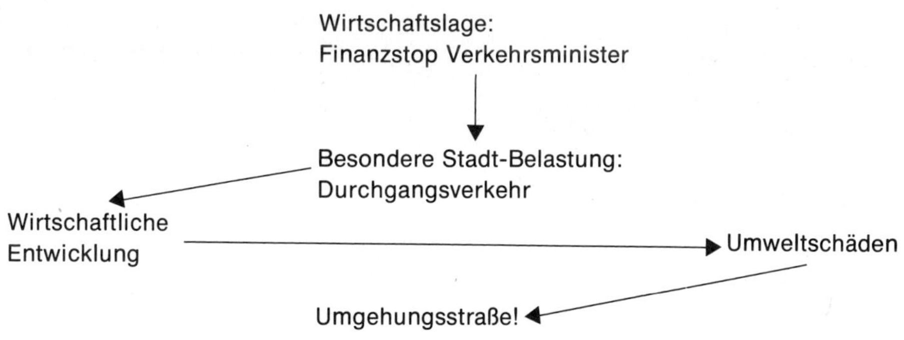

6.3.4 Der Vergleich

Der Vergleich entwickelt sein Ziel aus der Gegenüberstellung zweier gegensätzlicher Ansichten, wobei die wesentlichen Begründungen für die unterschiedlichen Auffassungen möglichst unparteiisch referiert werden. Die eigene Ansicht soll erst nach der Darstellung der beiden Positionen zum Ausdruck kommen.

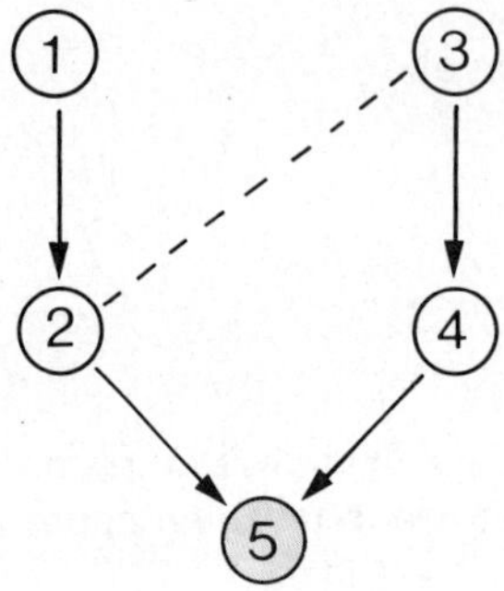

① A meint . . .
② Dies wird begründet mit . . .
③ B hält dagegen . . .
④ mit der Begründung . . .
⑤ Beide Auffassungen überzeugen nicht, weil . . .
Ich fordere stattdessen . . .

Formulierungsbeispiel:

① Die A-Partei will das Verkehrsproblem in unserer Stadt durch ein System von Einbahnstraßen in den Griff bekommen.
② Sie begründet das damit, daß dies die schnellste, billigste und unbürokratischste Lösung wäre.
③ Die B-Partei möchte dem Verkehrschaos dagegen durch den Ausbau der alten Durchgangsstraße beikommen.
④ Nach ihrer Ansicht sei das eine umfassende und verkehrsgerechte Lösung.
⑤ Da beide Vorschläge nichts dazu beitragen, die Umweltbelastung unserer Bürger zu verringern, bin ich der Meinung: Unsere Stadt braucht eine Umgehungsstraße!

Stichwortkonzept

A-Partei:
Einbahnstraßen

schnell, billig,
unbürokratisch

B-Partei:
Ausbau Durchgangsstraße

umfassend,
verkehrsgerecht

Umweltbelastung bleibt:
Umgehungsstraße

6.3.5 Der Kompromiß

Beim Kompromiß werden wieder zwei Positionen gegenübergestellt. Diesmal kommt es darauf an, die Gemeinsamkeiten zwischen beiden Positionen herauszuarbeiten und darauf aufbauend den eigenen Zielsatz zu entwickeln.

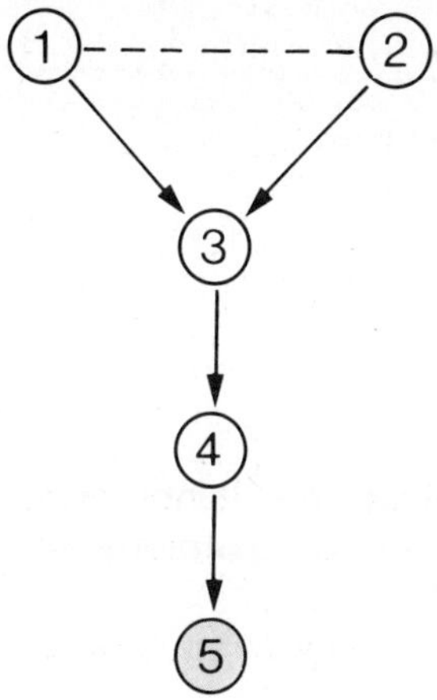

① A meint . . .
② B hält dagegen . . .
③ Beide sind sich darin einig: . . .
④ Gerade dort sollte man ansetzen, denn . . .
⑤ Daraus ergibt sich also die Forderung . . .

Formulierungsbeispiel:

① Die A-Partei will das Verkehrsproblem in unserer Stadt durch ein System von Einbahnstraßen in den Griff bekommen.
② Die B-Partei möchte dagegen dem Verkehrschaos durch den Ausbau der alten Durchgangsstraße beikommen.
③ Beide sind sich darin einig, daß die Verkehrssituation unhaltbar geworden ist und eine schnelle Lösung notwendig ist.
④ Von dieser Übereinstimmung ausgehend kommt man sehr schnell zu der Einsicht, daß wir den Durchgangsverkehr ganz aus unserer Stadt herausnehmen müssen.
⑤ Bedenken wir diesen Gesichtspunkt, müßten wir alle darin einig sein: Unsere Stadt braucht eine Umgehungsstraße!

Stichwortkonzept

A-Partei:
Einbahnstraßen - - - → B-Partei:
Ausbau alte Straße

→ einig: unhaltbar,
schnelle Lösung

↓

Durchgangsverkehr raus!

↓

Konsequenz:
Umgehungsstraße!

6.3.6 Die Ausklammerung

Die Ausklammerung erreicht ihr Ziel, indem sie darstellt, daß eine geäußerte Ansicht abwegig ist. Hier wird ohne große Begründung eine Ansicht, gleichgültig ob sie richtig oder falsch ist, als nicht passend oder untergeordnet hingestellt.

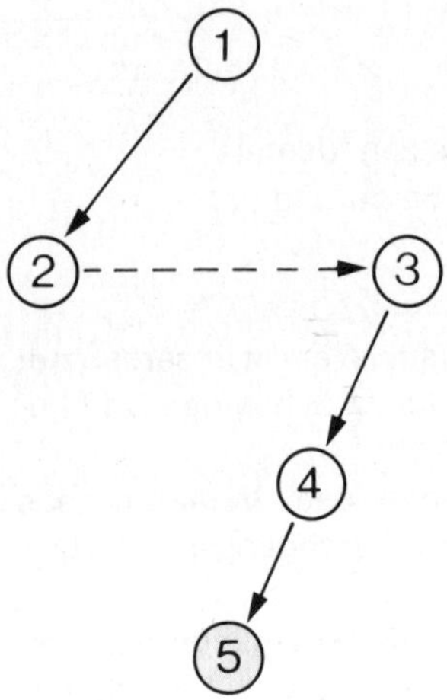

① Wir reden dauernd über . . .
② Dabei geht es um . . .
③ Darauf aber kommt es gar nicht an . . .
④ Vielmehr geht es um . . .
⑤ Daher muß . . .

Formulierungsbeispiel:

① Die ganze Zeit reden wir darüber, ob wir Einbahnstraßen einrichten oder die alte Durchgangsstraße erweitern sollen.
② Es dreht sich alles nur um den reibungsloseren technischen Ablauf des Verkehrs.
③ Dabei wird übersehen, daß es in der Hauptsache auf die Gesamtumweltbelastung ankommt.
④ Diese aber erfordert eine grundsätzlichere und umfassendere Lösung, die den Durchgangsverkehr aus unserer Stadt herausnimmt.
⑤ Deswegen ist klar: Unsere Stadt braucht eine Umgehungsstraße!

Stichwortkonzept

Dauernd:
Einbahnstraßen/Ausbau alte Straßen

nur Verkehrsablauf – – – – – – – – – – – – – → wichtiger:
Gesamtumweltbelastung

Lösung:
Durchgangsverkehr raus!

Umgehungsstraße!

6.4 Offensiver und defensiver Argumentationsplan

Für den Diskussionserfolg ist die Frage einer offensiv beziehungsweise defensiv geführten Argumentation sehr bedeutsam. Besonders wichtig ist dies unter dem Gesichtspunkt der weiteren Verbreitung eigener Argumente (= offensiv). Diese Strategie steht im Gegensatz zur reagierenden Argumentation, die sich lediglich mit den Argumenten des Gegners auseinandersetzt (= defensiv). Die dargestellten Argumentationspläne 6.3.1–6.3.6 sind darin sehr unterschiedlich, wie die Skizzen unten verdeutlichen. Gleichgültig, wie eine Argumentation aufgebaut ist, es gilt eine Grundregel: *Der Zielsatz* (die ⑤) *muß immer offensiver Argumentationsteil werden!* Es muß immer gelingen, zum Schluß die eigene Position unmißverständlich deutlich zu machen, und sei es nur durch das – wenn auch entschiedene – Andeuten einer Alternative. Ansonsten hat es der Diskussionsgegner leicht, einen zum bloßen „Nein-Sager" abzustempeln!

Anteile eigener/fremder Positionen in 6 Argumentationsplänen

= eigene Position

= fremde Position

Der Aufsatzplan

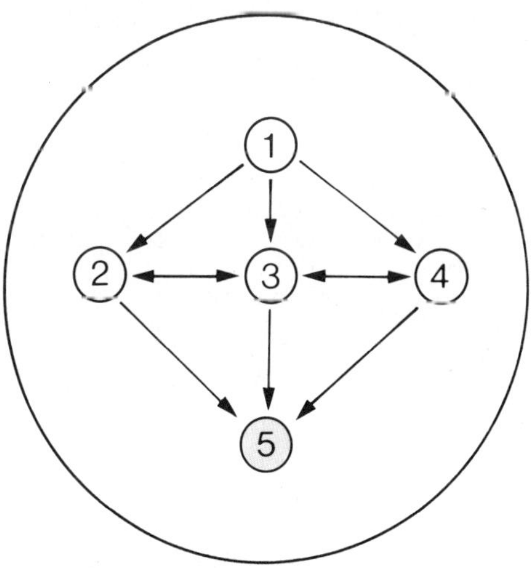

Die Kette

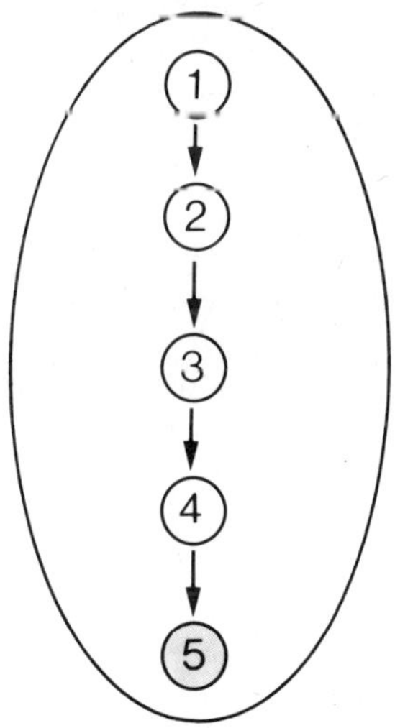

Vom Allgemeinen zum Besonderen

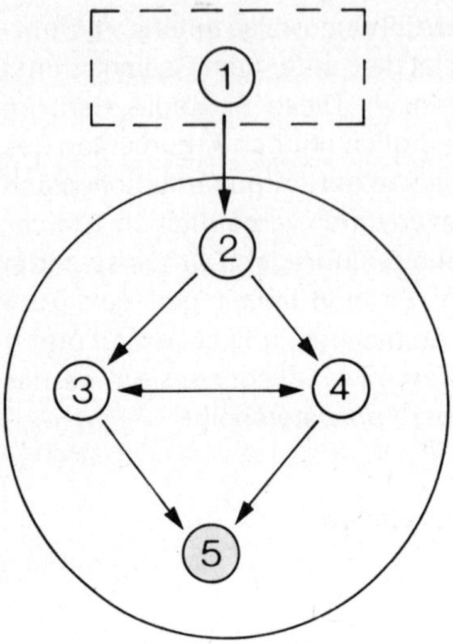

Der Vergleich

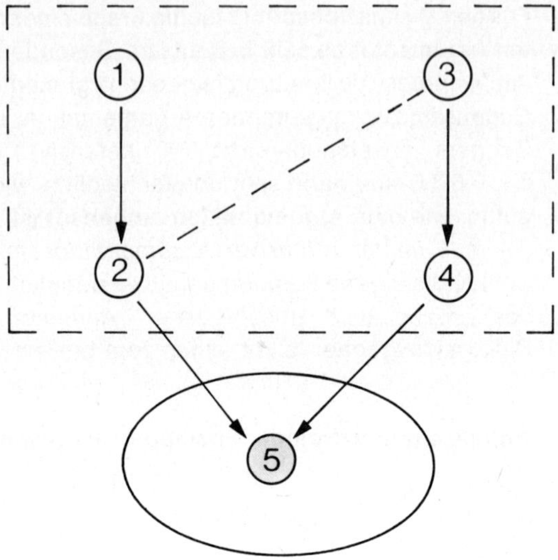

Der Kompromiß

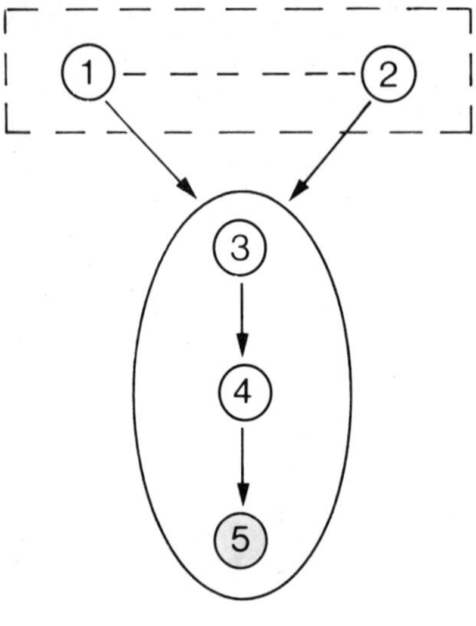

Die Ausklammerung

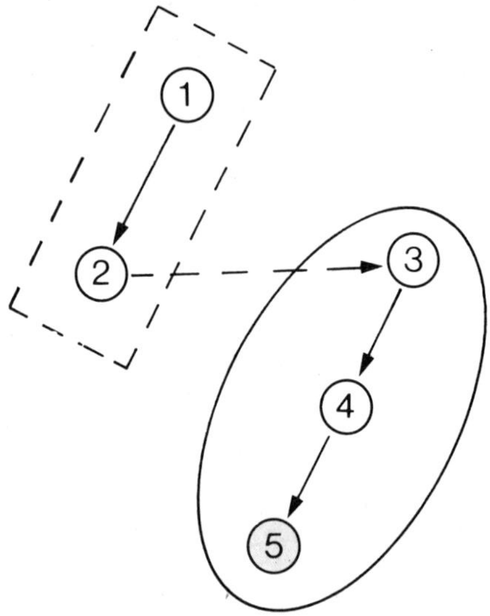

6.5 Zur Übung:

1. Nehmen Sie eins der Stichwortkonzepte vor, die Sie in Kapitel 5 („Standardaufbau einer Rede") erarbeitet haben. Schreiben Sie die dort gewählte Argumentation in der Form des Argumentationsplanes „Aufsatzplan" auf.
2. Bearbeiten Sie Ihre Argumentation für die übrigen fünf Argumentationspläne jeweils ganz neu.
3. Versuchen Sie mit Hilfe von Partnern eine Kontrollübung: Geben Sie jedem Partner einen der sechs angefertigten schlagwortartigen Argumentationspläne. Jeder soll nun – ohne Vorbereitung – mit „seinem" Stichwortkonzept eine Kurzrede versuchen.
4. Ist die Rede so gelaufen, wie Sie sich das vorgestellt hatten, herzlichen Glückwunsch. Ist sie es nicht, prüfen Sie folgende Fehlerquellen:
   - Der „gescheiterte" Argumentationsplan wurde nicht richtig verstanden. – Bitte wiederholen Sie das zurückliegende Kapitel 6 gründlich und bearbeiten Sie dann die Übungen 1.–3. nochmals.
   - Die Stichwörter waren nicht geeignet, bei dem unvorbereiteten Leser/Redner die richtigen Assoziationen hervorzurufen. – Lassen Sie den gedanklichen Ablauf bestehen; suchen Sie neue Stichwörter, die den Kern der Aussagen voll treffen.

Zusammenfassung

1. Argumentationspläne ermöglichen es einem Redner, seine Gedanken auf ein Ziel hin zu orientieren und es ohne störende Abweichungen vom Thema zu erreichen.
2. Eine Stärke von Argumentationsplänen liegt auch darin, daß eine Rede zeitlich ungebunden vorbereitet und auf Abruf blitzschnell gehalten werden kann.
3. Zu beachten ist besonders die den einzelnen Argumentationsplänen eigene unterschiedliche Gewichtung von offensiv bzw. defensiv geführter Redestrategie.

Empfohlene Literatur

Geißner, H., *Rhetorik,* München, 2. Aufl. 1974

7 Zwischenrufe und Zwischenfragen

Lernziele

1. Verständnis für Zwischenrufe und Zwischenfragen als lebendige und notwendige Diskussionsmittel entwickeln lernen.
2. Die Scheu vor der Anwendung dieses Diskussionsmittels abbauen lernen.
3. Angemessene Verhaltensweisen bei Zwischenrufen/-fragen in der Rolle des Redners und des Rufers/Fragers kennenlernen und üben.

7.1 Situation

Stellungnahme der Gewerkschaften

Diskussionsbeitrag zum Petersberg-Abkommen in der gleichen Sitzung

Meine Damen und Herren! Mit Rücksicht auf die vorgerückte Zeit will ich mich auf möglichst wenige Worte beschränken. Ich möchte zunächst gegenüber Herrn Professor Baade feststellen, daß Oppau nicht demontiert wird, sondern 40 Prozent von Oppau.

Ich möchte weiter feststellen, daß in dem Abkommen die Stahlquote nicht neu festgesetzt wird. Es wird vielmehr lediglich gesagt, daß sich durch die Absetzung der Demontage an der Festsetzung der Stahlquote nichts ändert. Das ist ein großer Unterschied.

Ich möchte ferner die Herren, die mich so kritisiert haben, fragen, ob sie sich darüber klar sind, daß, wenn nicht gehandelt worden wäre – und daß in dem Handeln wie in jedem Handeln eine gewisse Gefahr liegt, darüber war ich mir vollständig klar –, in spätestens drei Monaten die Demontagefrage erledigt worden wäre, weil dann nichts mehr dagewesen wäre.

Starker Beifall in der Mitte und rechts.

Wenn der Herr Kollege Baade meine Ausführungen aus dem Landtag von Nordrhein-Westfalen zitiert hat, so bitte ich ihn, auch zu zitieren, was ich im Dezember des vergangenen Jahres zu dem Ruhrabkommen gesagt habe. Ich habe damals gesagt: „Auf den Geist, mit dem das Ruhrabkommen ausgeführt wird, wird es ankommen.“

Ich hoffe, daß wir dafür sorgen können, daß es mit dem richtigen Geist ausgeführt wird. Herr Kollege Baade hat ferner gesagt: Wenn die Ruhrbehörde nur aus Arbeitnehmern bestünde, dann würde er den Beitritt Deutschlands zu der Ruhrbehörde zugestehen.

Widerspruch bei der SPD. – Zuruf: Das ist nicht gesagt worden!

– Es wurde soeben von diesem Platz aus gesagt, Ich dachte, ich hätte nicht zugehört.

Heiterkeit.

Aber, meine Damen und Herren, es bleibt ja bestehen, daß mir der Vorwurf gemacht worden ist, ich hätte einen zu teuren Preis durch Zugeständnisse bezahlt. Ich stelle fest: es ist ein einziges Zugeständnis gemacht worden, indem erklärt worden ist: Wir sind bereit, mit dem Sicherheitsamt zusammenzuarbeiten. Also genau das, was auch die Herren von der Opposition erklärt haben. Es ist weiter erklärt worden, daß wir entschlossen sind, die deutschen Stimmen in der Ruhrbehörde wahrzunehmen, damit die Ruhrbehörde im richtigen Geiste arbeitet.

Sehr gut! in der Mitte.

Nun kann ich doch nicht umhin, Ihnen, meine Damen und Herren, Mitteilung von einer Depesche zu machen, die ich soeben bekommen habe. Sie werden aus diesere Depesche ersehen, daß es, Gott sei Dank, auch in Deutschland noch• große und einflußreiche Organisationen gibt, die anders denken als die Vertreter der Opposition. Ich erhalte soeben folgendes Telegramm aus Düsseldorf, und zwar eine Stellungnahme des Deutschen Gewerkschaftsbundes zum deutsch-alliierten Abkommen.

In dem soeben veröffentlichten deutsch-alliierten Protokoll sei ein ernsthaftes Bemühen der Alliierten zu erkennen, den deutschen Bedürfnissen entgegenzukommen, heißt es in einer ersten Stellungnahme des Deutschen Gewerkschaftsbundes.

Hört! Hört! bei den Regierungsparteien. – Zuruf von der SPD: Was sagt das? – Abg. Dr. Schumacher: Na und?

Eine Reihe von Problemen bleibe jedoch leider nach wie vor bestehen. Es würde deshalb die vornehmste Aufgabe aller berufenen Stellen sein müssen, den arbeitenden Menschen, die weiterhin durch die Demontage bedroht seien, die Sorge um ihre Existenz zu nehmen.

Sehr richtig! links. – Abg. Dr. Schumacher: Na und?

– Einen Augenblick! Es fragt sich, ob Sie gleich auch noch „Sehr richtig!" sagen. Die Hauptsache kommt nämlich.

Heiterkeit.

Obwohl das deutsch-alliierte Abkommen nicht in allen Teilen befriedige, sei nach Ansicht der Gewerkschaften eine Mitarbeit der Bundesregierung in der internationalen Ruhrbehörde richtig.

Anhaltender lebhafter Beifall rechts und in der Mitte. – Abg. Dr. Schumacher: Das ist doch nicht richtig! – Unruhe.

– Ich werde Ihnen den Satz nochmals vorlesen.

Abg. Dr. Schumacher: Wer hat das unterzeichnet?

Obwohl das deutsch-alliierte Abkommen nicht in allen Teilen befriedige, sei nach Ansicht der Gewerkschaften eine Mitarbeit der Bundesregierung in der internationalen Ruhrbehörde richtig. Dies vor allem, weil es scheine, als seien die Befürchtungen in bezug auf Artikel 31 des Ruhrstatuts gegenstandslos geworden. An den Beitritt der Bundesregierung knüpfen die Gewerkschaften die Erwartung, daß in der Folge die Schwerindustrie Europas in den Arbeitsbereich der Ruhrbehörde einbezogen werde.

Beifall in der Mitte und rechts. – Abg. Dr. Schumacher: Wer hat das Telegramm unterzeichnet?

– Zuruf links: Gezeichnet „Adenauer"! – Heiterkeit bei der SPD und bei der KPD. – Abg.

Dr. Schumacher: Ein Telegramm in indirekter Rede! Morgen bekommen Sie die Antwort! – Abg. Dr. Wuermeling: Die Diktatur der SPD über die Gewerkschaften – Weitere Zurufe. – Unruhe. – Glocke des Präsidenten.

Dieses Telegramm ist eine Meldung der „United Press" aus Düsseldorf.

Lachen links – Zurufe links: Aha! – Bestellt! – Von Adenauer! – Abg. Dr. Schumacher: In indirekter Rede! – Unruhe. – Glocke des Präsidenten.

– Ich weiß nicht, warum man sich da so ereifert.

Unruhe. – Glocke des Präsidenten.

Ich habe Ihnen ein Telegramm der „United Press" vorgelesen.

Abg. Dr. Schumacher: Sie haben doch gesagt, Sie hätten ein Telegramm der Gewerkschaften bekommen!

– Ich habe das Telegramm wörtlich vorgelesen, Herr Dr. Schumacher.

Zuruf von der SPD: Das ist ja kein Telegramm; das ist eine Agenturmeldung! – Weitere Zurufe. – Unruhe. – Glocke des Präsidenten.

Präsident Dr. Köhler: Herr Abgeordneter Dr. Schumacher, darf ich einmal folgendes feststellen: Nach meiner Erinnerung hat der Herr Bundeskanzler gesagt, er hätte folgendes Telegramm bekommen.

Sehr richtig!

Von wem, hat er nicht gesagt.

Abg. Dr. Schumacher: Morgen lese ich Ihnen das Telegramm im Wortlaut vor! – Weitere Zurufe. – Unruhe – Glocke des Präsidenten.

Ich bitte, den Herrn Bundeskanzler weitersprechen zu lassen.

Dr. Adenauer, Bundeskanzler: Meine Damen und Herren! Ich stelle nochmals fest, daß dieses Telegramm von der „United Press" allgemein verbreitet worden ist.

Abg. Dr. Schumacher: Na und? – weiterer Zuruf: Es sind schon viele Fälschungen verbreitet worden!

Ich möchte den Herrn Kollegen Schumacher bitten, sich nicht an mich zu wenden, sondern an Herrn Dr. Böckler.

Abg. Dr. Schumacher: Nein, diese Meldung der „United Press" ist objektiv und subjektiv unwahr! – Lachen und Widerspruch bei den Regierungsparteien. – Abg. Wuermeling: Woher wissen Sie das? Bevormunden Sie die Gewerkschaften? – Abg. Strauss: Da sieht man die wahre Gesinnung! – Unruhe. – Glocke des Präsidenten.

7.2 Analyse

Es wird während dieser Rede Adenauers deutlich, daß die Echtheit der von ihm zitierten „Stellungnahme der Gewerkschaften" von seiten der SPD stark angezweifelt wird. Da die Gewerkschaften – wäre das Telegramm korrekt – der Politik der SPD in den Rücken gefallen wären, sieht sich die SPD gezwungen, die Rede Adenauers massiv mit Zwischenrufen zu stören.
Ziel dieser Zwischenrufe ist zunächst einmal das Bestreben, den Absender namentlich festzustellen. Als das nicht gelingt, wird Adenauer selbst als Absender verdächtigt („Gezeichnet ‚Adenauer'!").

Die Zwischenrufe nehmen immer mehr an Heftigkeit zu, Abgeordnete der Regierungsparteien schalten sich ein – die Sitzung droht aus den Fugen zu geraten.
Der Sitzungspräsident muß klärend eingreifen, um eine weitere Eskalation zu verhindern. Da aber auch dies keinen Erfolg bringt, tut Adenauer das Beste, was für ihn in einer solchen Situation möglich ist: Er beendet seine Rede zügig und überläßt den Rest dem Tumult im Saale. –
Auch wenn hier ein etwas extremes Beispiel für Zwischenrufe gewählt wurde, so ist es doch typisch für eine Redesituation, in der sich ein oder mehrere Zuhörer stark angegriffen fühlen. Sie können aus der Situation heraus nichts anderes tun als sich unmittelbar zur Wehr zu setzen, und das vehement und engagiert: in der Parlamentsrede eben mit Zwischenrufen bzw. -fragen.

7.3 Grundsätzliches

Zwischenrufe und Zwischenfragen sind die lebendigsten Elemente der Diskussion: Ein oder mehrere Diskussionsteilnehmer versuchen, sich außerhalb der regulären Rednerliste zur Sache zu äußern. Dies kann aus verschiedenen Gründen notwendig und zweckmäßig sein. In ihrem *Ziel* und *taktischen Zweck* sind Zwischenrufe und Zwischenfragen nahezu gleich, wichtige Unterschiede liegen in der *sprachlichen Form.*
Alle drei Gesichtspunkte (Ziel, taktischer Zweck und sprachliche Form) ergänzen einander, teilweise überschneiden sie sich. Der Zwischenrufer bzw. Zwischenfrager muß in jedem Einzelfall diese inhaltliche und formale Struktur kontrolliert realisieren, um die Diskussionsmittel erfolgreich einsetzen zu können.
Zwischenruf und Zwischenfrage sind rhetorische Probleme im *aktiven* wie im *reaktiven Verhalten.* Es bereitet uns in der Regel wenig praktische Probleme, in einer Diskussion einen Zwischenruf zu machen. Sorge bereitet uns eher der Gedanke daran, daß wir selber als Redner von einem Zwischenruf gestört werden könnten: „Wie reagieren? Was ist, wenn ich keine Entgegnung weiß?" Diese Fragen beantworten sich am besten, wenn klar getrennt wird zwischen dem aktiven Verhalten eines Zwischenrufers oder Zwischenfragers und dem reaktiven Verhalten eines Redners. Das Wort *„reaktiv"* ist in diesem Zusammenhang mit Bedacht gewählt. Beim aktiven Verhalten dürfte es keine Probleme geben. Aber im Zusammenhang mit Zwischenrufen/-fragen, die an den Redner unerwartet gerichtet werden, wird oft von *„reagieren"* gesprochen. Dieser Begriff ist für rhetorisch angemessenes Verhalten bei Zwischenrufen und Zwischenfragen nicht geeignet. Es geht dabei gerade *nicht* darum, nur *passiv* zu reagieren und auf einen Diskussionsteilnehmer einzugehen. Vielmehr wird der selbstbewußte Redner Zwischenrufe und Zwischenfragen zum Anlaß nehmen, im Rahmen der eigenen argumentativen Stoßrichtung zusätzliche Aussagen und Wirkungen einzubauen, seine Beweisführung damit abzusichern und die Gesamtrede lebendiger zu gestalten.

7.4 Aktives Verhalten

Wer als Diskussionsteilnehmer außerhalb der regulären Rednerliste in die Diskussion oder als Zuhörer in eine laufende Rede eingreifen möchte, kann dies mit Hilfe eines Zwischenrufes oder einer Zwischenfrage tun.

Das *Ziel* eines solchen Eingreifens kann viele Variationen haben. Fast immer aber möchte man damit den Redner in seiner Argumentation beeinflussen. Das kann – wie im eingangs angeführten parlamentarischen Beispiel – der Versuch sein, einem Redner eine bestimmte Information zu entlocken bzw. ihn auf eine präzise Formulierung festzulegen. Genauso kann aber auch die demonstrative Kundgabe der abweichenden eigenen Meinung oder die Erwiderung eines vom Redner geäußerten Angriffes gegen die eigene Argumentation Ziel eines Zwischenrufers bzw. -fragers sein.

Beispiele:

(1) „Da sind Sie der einzige, der so denkt!"

(2) „Diese völlig unhaltbare Darstellung meiner Position kann ich nicht unwidersprochen lassen: . . ."

Diese Ziele sind durchaus „sauber", gerade aus ihnen heraus entwickelt sich eine lebendige Diskussion. Sie dienen einer ernsthaften und zweckgerichteten Auseinandersetzung.

Daneben gibt es noch zwei typische Ziele, die häufig mit Zwischenrufen, weniger mit Zwischenfragen verfolgt werden: Eines ist der persönliche Angriff, das andere schlichtes Stören.

Ein persönlicher Angriff muß nicht unbedingt ein „unsauberes" Diskussionsmittel sein. Es kommt sehr darauf an, *wie* er geführt wird. Besteht er etwa aus einer Beschimpfung des Redners, ist er einer Diskussion nicht würdig. Anders aber, wenn er z. B. die Fähigkeiten eines Kandidaten „testet":

Geschieht dies in sachlich begründeter Weise, so ist dagegen gar nichts einzuwenden.

Beispiel:

„Sie reden hier dauernd vom ‚preiswerten' Atomstrom! Ich habe Zweifel, ob Sie ausreichend Sachkenntnis haben, um diese kühne Behauptung selbst zu überprüfen. Das sollten Sie erst einmal von den Zahlen und Tatsachen her tun, bevor Sie uns mit diesem schönen Märchen einschläfern können!"

Viele Zwischenrufe haben aber nur einen Zweck: Sie sollen den Redefluß stören. Diese (nur) störenden Zwischenrufe sollte jeder Versammlungsleiter zu unterbinden suchen. Besonders häufige, nur störende Zwischenrufe sind *„Hört! Hört", „Sieh da!", „Aha!", „Toll!"* u. ä. – plumpe akustisch-emotionale „Unterbrecher" ohne jeden Diskussionswert.

In der *Form* unterscheiden sich Zwischenruf und Zwischenfrage erheblich.

Der Zwischenruf erfolgt zwanglos, d. h., ein Diskussionsteilnehmer ruft während der Rede einfach ein paar Worte, oft nicht einmal in Satzform, in den Saal.

Beispiele:
„Ist ja nicht zu fassen!" „Olle Kamellen!" „Das müssen Sie aber auch nachweisen!" „Woher haben Sie denn Ihre Informationen?" „Ganz meiner Meinung!" „Das mußte mal gesagt werden!"

Dabei ist lediglich eine quantitative Grenze einzuhalten: Der Deutsche Bundestag z. B. hat für sich die zulässige Länge eines Zwischenrufes auf sieben Wörter beschränkt. Neben der Tatsache, daß für viele versammlungstechnische Fragen die Geschäftsordnung des Deutschen Bundestages praxiserprobte Regelungen enthält, ergibt sich eine solche Begrenzung schon daraus, daß ein Zwischenruf keinen Dialog oder gar eine längere Diskussion eröffnen soll. Der Redner hat sein Rederecht; dies soll er nach seinem Gutdünken nutzen können. Eine kurze Zwischenbemerkung: ja; ein nachhaltiges Stören des Redners: nein!

Form und „organisatorischer" Ablauf von Zwischenfragen sind komplizierter. Dies hat einen ganz einfachen Grund: Eine Zwischenfrage sowie die Antwort darauf werden außerhalb der Redezeit behandelt, die Uhr wird so lange „angehalten". Es kann also vorkommen, daß eine fünfminütige (Netto-)Redezeit im Endeffekt durch zwei, drei Zwischenfragen und deren Beantwortung auf 15 Minuten anschwillt. Die Gefahr des Mißbrauchs der Zwischenfrage zur unzulässigen Verlängerung der Redezeit besteht.

Daher gibt es für Zwischenfragen bei formellen Debatten ein doppeltes Genehmigungsverfahren: Ein Diskussionsteilnehmer meldet beim Versammlungsleiter (meist durch Zuruf) an, daß er eine Zwischenfrage zu stellen wünscht. Nun entscheidet zuerst der Versammlungsleiter. Er wägt ab, ob aus zeitlichen oder grundsätzlichen Gründen eine Zwischenfrage zugelassen werden kann oder nicht. Entscheidet er sich z. B. wegen der fortgeschrittenen Zeit und der noch langen Rednerliste dagegen, so teilt er dem Fragesteller mit, daß er die Zwischenfrage nicht zuläßt.

Läßt er die Zwischenfrage zu, dann unterbricht er an geeigneter Stelle den Redner, um ihn zu fragen, ob er bereit ist, eine Zwischenfrage zuzulassen oder nicht. Es ist selbstverständlich, daß neben der formalen Zulassung durch den Versammlungsleiter die inhaltliche Zulassung durch den Redner erfolgen muß. Kein Redner soll durch eine Zwischenfrage z. B. an der Entwicklung eines komplizierten Arguments gehindert werden. Darum kann jeder Redner selbst entscheiden, ob er eine Zwischenfrage zulassen will oder nicht. Dies ist die zweite Hürde für einen Zwischenfrager. (Vgl. *7.5.1 Praktische Übungen.)*

Taktischer Zweck: Sicher bestimmen auch Taktik und jeweilige Situation die Anwendung von Zwischenrufen und Zwischenfragen: Man möchte den Redner in Schwierigkeiten bringen, seine Argumentation angreifen, ihn zu einer bestimmten Stellungnahme zwingen. Um den angestrebten taktischen Zweck zu erreichen, muß man sich vorbereiten. Zunächst sollte sich ein Diskussionsteilnehmer Rechenschaft darüber ablegen, welche Qualitäten der Redner hat. Schon hier entscheidet es sich oft, ob Zwischenrufe/Zwischenfragen den gewünschten Erfolg haben können. Es liegt auf der Hand: Ein engagierter und erfahrener Redner wird bei Zwischenrufen und Zwischenfragen (fast) immer den Spieß umdrehen können. Er wird Freude an der „Reaktion" haben und den

Zwischenrufer oder -frager schlecht aussehen lassen. In ernstliche Schwierigkeiten wird er sich wohl kaum bringen lassen. – Anders bei einem unsicheren, wenig engagierten Redner. Die Chance ist ungleich größer, daß dieser im Streß überhastet die falsche Entgegnung macht. Trotzdem sollte nicht nur ein vermeintlich „schwächerer" Redner Ziel von Zwischenrufen und Zwischenfragen sein. Anzustreben ist vielmehr der treffende Zwischenruf und die zündende Zwischenfrage an den starken Redner. So verschafft man der Diskussion Lebendigkeit und sich selbst Erfolgserlebnisse.
Auf einen anderen Faktor ist noch zu achten: den Zeitpunkt. Entscheidend für überzeugende Wirkung von Zwischenrufen und Zwischenfragen ist der richtige Zeitpunkt. Ein zu früher, ungeduldiger Einsatz ist genauso schädlich wie der zu späte, zögernde. Ist die Gelegenheit einmal verpaßt, ist Schweigen besser als Nachholen.

7.5 Reaktives Verhalten

Die Frage, wie man richtig auf einen Zwischenruf oder eine Zwischenfrage reagieren soll, wird häufig gestellt und ist aus der Angst eines Redners zu verstehen, der im öffentlichen Sprechen noch ungeübt und unsicher ist. Die Angst vor dem Versagen ist (noch) größer als die Freude an einer lebendigen Diskussion. Mit zunehmender Übung kommt aber die Erkenntnis, daß Zwischenrufe und Zwischenfragen das beste sind, was einem Redner passieren kann: Zu einer langweilig vorgetragenen, thematisch uninteressanten Rede wird keinem Zuhörer eine Idee kommen! Die Lebhaftigkeit von Publikumsreaktionen sind ein guter Gradmesser für die Lebendigkeit des Redners und das teilnehmende Interesse an seiner Argumentation.

7.5.1 Praktische Übungen

Übung 1: Reaktion auf eine Zwischenfrage

Ein Thema, über das Sie reden, ist etwas heikel für Sie. Da meldet sich ein Diskussionsteilnehmer zu einer Zwischenfrage; der Versammlungsleiter läßt sie zu und fragt, ob Sie ebenfalls die Zwischenfrage zulassen wollen. Sie selbst sind etwas unsicher und möchten die Frage lieber nicht zulassen. Mit welchen Worten lehnen Sie die Zwischenfrage ab?

a) „Nein, ich lasse keine Zwischenfrage zu!"
b) „Ich lasse Ihre Zwischenfrage gerne zu. Lassen Sie mich aber zuerst meine begonnenen Gedanken beenden; vielleicht wird Ihre Frage dadurch schon beantwortet."
c) „Herr X., Ihre unsachlichen Zwischenfragen sind ja allgemein bekannt; stören lasse ich mich nicht!"

Übung 2: Witzige Reaktion auf einen Zwischenruf

Überlegen Sie sich in Ruhe eine schlagfertige Antwort auf folgende Zwischenrufe. Diese Zwischenrufe sind tatsächlich gemacht worden:

a) Zwischenruf einer weiblichen Abgeordneten: „Da lachen ja die Hühner, Herr Adenauer!"
b) Eine erregte Frauenrechtlerin zum damaligen englischen Premierminister: „Wenn Sie mein Mann wären, würde ich Ihnen Gift geben!"
c) Kurt Schumacher in der Wehrdebatte zu Konrad Adenauer: „Ich sehe Sie schon in der Uniform eines amerikanischen Generals!"

7.5.2 Reaktives Verhalten bei Zwischenrufen

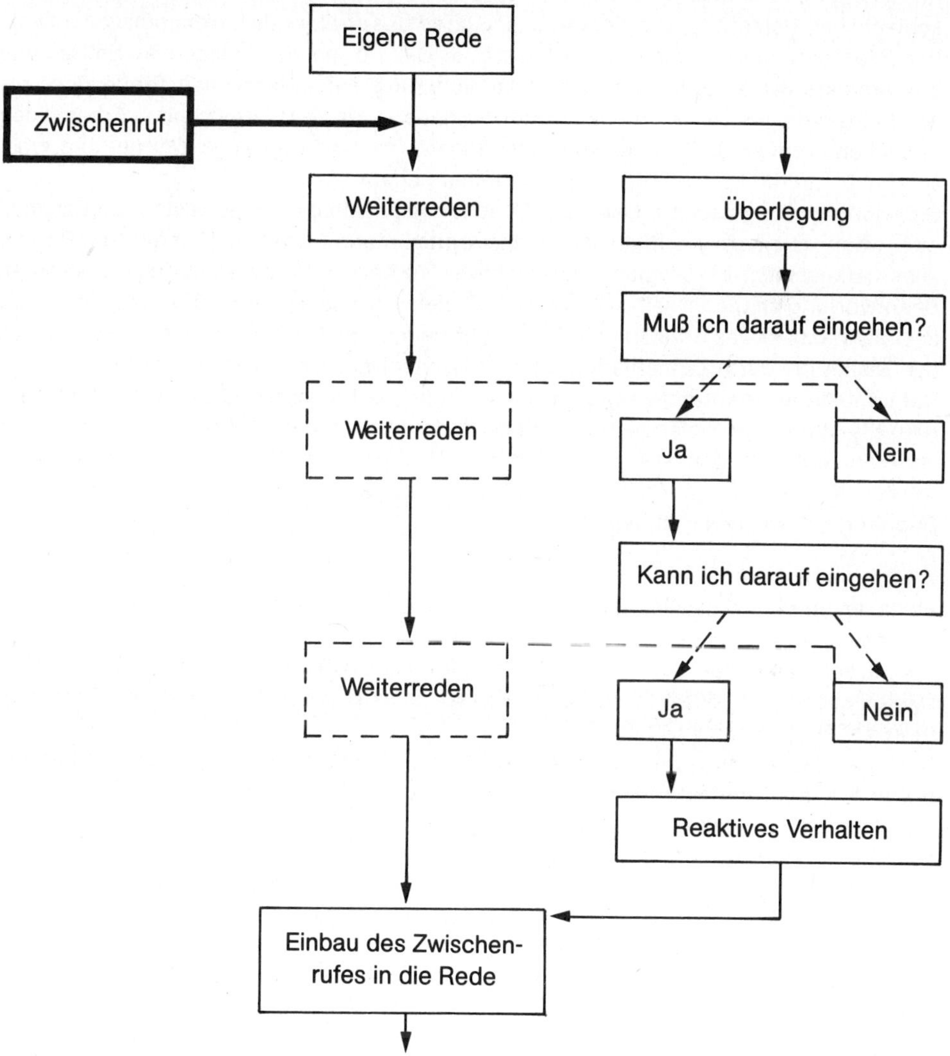

7.5.3 Beantworten von Zwischenfragen

Ein Redner, der sich in seinem Thema sicher fühlt, ist häufig geneigt, Zwischenfragen zuzulassen. Zweifelsohne ist es für ihn am günstigsten, wenn er auf eine echte Frage eine informative Antwort geben kann. Eine solche Situation birgt auch für einen ungeübten Redner keinerlei Probleme.

Beispiel:

„Gestatten Sie eine Zwischenfrage, Frau ...? Sie sprechen immer von den ‚Risiken der Kernenergie'. Was meinen Sie damit konkret?" – „Diese Risiken liegen in ganz unterschiedlichen Feldern: 1. Die sichere Beseitigung des strahlenden Atommülls oder seine Wiederaufbereitung ist nicht gewährleistet. 2. Die ‚normalen' radioaktiven Emissionen der Atomkraftwerke führen zu einer Anreicherung der gefährlichen Stoffe über die Nahrungskette bis in die menschlichen Organe – wo z. B. Krebs oder Erbschäden entstehen können. 3. Kernkraftwerke verändern über die gewaltige Wärme- und Wasserabgabe an die Umwelt das regionale Klima negativ. 4. ..."

Schwieriger wird es schon, wenn die Zwischenfrage selbst in Frage gestellt werden muß oder wenn sie einen Angriff auf die eigene Argumentation darstellt. Hier muß der Redner alles daransetzen, durch planvolles reaktives Verhalten die Zwischenfrage und deren Beantwortung im Dienst seines eigenen Redeziels einzusetzen. Schafft er das nicht, läuft er Gefahr, daß er das Konzept der Rede nicht zielgerichtet weiterverfolgen kann und daß die Gestaltung der Argumentation durch Zwischenfragen massiv verändert wird.

Daher sollte der Lernende einige grundsätzliche Techniken reaktiven Verhaltens kennen, die ihm in der Anfangsphase seines Redetrainings das Auffinden der einen oder anderen schlagfertigen Antwort erleichtern. Gleichzeitig muß aber darauf hingewiesen werden, daß es immer auch Gegenmittel zu jeder dieser Techniken gibt, mit denen er als Redner grundsätzlich rechnen muß.

7.5.3.1 Ausweichen

Es kann durchaus passieren, daß man auf eine Zwischenfrage keine Antwort weiß. Ursache dafür kann sein: eine Informationslücke, Überraschung, Aggressionsgefühl usw. In solchen Fällen ist es nicht ratsam, sofort einen Rückzieher zu machen und damit seine Überzeugungskraft zu riskieren. Besser ist es zumeist, der sofortigen Beantwortung der Frage auszuweichen.

Dies sind die beiden wohl häufigsten Techniken: Einmal die Behauptung, man habe zu dieser Frage im Verlaufe seiner Ausführungen bereits Stellung bezogen; zum zweiten das Versprechen, daß man im weiteren Verlauf seiner Rede noch genau auf den angeschnittenen Problemkreis zu sprechen kommen werde.

Die erste Möglichkeit ist aggressiver als die zweite, denn damit unterstellt man dem Fragesteller zumindest, daß er nicht aufgepaßt hat. Im zweiten Falle kann man ganz im Gegensatz dazu den Zwischenfrager sogar „streicheln", indem sein Mitdenken und die kluge Zwischenfrage gelobt wird, – nur der Zeitpunkt für die Beantwortung „ergibt sich ganz von selbst" erst später.

Gelingt ein Ausweichen, so hat der Redner zumindest Zeit zum Finden einer Antwort gewonnen. Oft kommt es aber vor, daß die Frage gänzlich in Vergessenheit gerät und man daher ungeschoren davonkommt.
Andererseits muß der ausweichende Redner damit rechnen, daß der Zwischenfrager z. B. mit Zwischenrufen konsequent auf der Beantwortung seiner Frage besteht oder nach Abschluß der Rede eiskalt feststellt, daß die versprochene Antwort ausgeblieben ist.

7.5.3.2 Angreifen der Zwischenfrage

Häufig muß ein Redner eine ihm gestellte Zwischenfrage angreifen. Dazu kann man z. B. durch rhetorische Suggestivfragen oder durch unpräzise Formulierung oder durch versteckte Unterstellungen gezwungen sein. Dabei gibt es mehrere Möglichkeiten des rhetorischen Angriffs.

a) Bestreiten der behaupteten „Tatsachen"

Hier muß der Redner die Voraussetzungen oder „Tatsachen", von denen der Zwischenfrager ausgeht, energisch angreifen. Dies wird besonders dann nötig sein, wenn der Fragesteller mit schiefen oder unbelegten Zahlen operiert. Der Fragesteller muß gezwungen werden, neue Beweise zu bringen bzw. seine Behauptung mit anderen Begründungen zu untermauern. Dazu aber wird in der aktuellen Redesituation nur selten Zeit sein, der Zwischenfrager wird unglaubwürdig, die Zielsetzung seiner Frage kehrt sich ins Gegenteil.

Beispiel:

„Was sollen wir denn in Zukunft ohne Kernkraftwerke machen, wenn schon heute die Elektrizität knapp ist? Der Verbrauch steigt außerdem auch gewaltig!" – „Herr Kollege, da muß ich leider Ihre Informationen korrigieren: Es gibt in unserem Land seit Jahren eine Strom-Überangebot von 10–20%. Und außerdem stagniert der Stromverbrauch leicht, trotz gewaltiger Verkaufsförderung durch die E-Werke."

b) Differenzierung der Frage

Ein Zwischenfrager ist häufig durch die Situation oder die Redezeit gezwungen, sehr knapp und damit pauschal zu formulieren. Manchmal kann sich ein Zwischenfrager auch nicht präzise ausdrücken. Der Redner kann dann die Frage dahingehend angreifen, daß er ihre Pauschalität aufzeigt und die notwendige Differenzierung vornimmt. Auf diese Weise kann manche Frage ad absurdum geführt werden.

Beispiel:

„Ist es nicht selbstverständlich, daß die Elektroversorgungsunternehmen versuchen, durch Werbung ihren Absatz zu steigern wie andere Unternehmen anderer Branchen auch?" – „Sie werfen da aber nicht vergleichbare Dinge in einen Topf: Während in den meisten anderen Branchen so etwas wie Wettbewerb existiert, haben die EVUs doch praktisch eine Monopolstellung in ihren jeweiligen Vertriebsbereichen, und das staatlich garantiert! Die Frage müßte also richtig lauten: Warum werben die EVUs *trotz* ihres gesicherten Absatzes so massiv? Wie paßt das mit ihren beschwörenden Warnungen zusammen, „die Lichter könnten bald ausgehen'?"

c) Gegenfrage

Ein beliebtes Mittel, einer Zwischenfrage zu begegnen, ist die Gegenfrage. Sie eignet sich bestens dafür, eine Zwischenfrage zurückzuweisen oder sonstwie zu diskreditieren. Der Redner hat dabei den Vorteil, daß der Zwischenfrager selbst keine Gelegenheit mehr zur Antwort hat. Allerdings muß der Redner sich darüber im klaren sein, daß er zur eigentlichen Frage nicht Stellung bezieht und das Publikum dies sehr wohl merken kann.

Beispiel:

„Was halten Sie für gefährlicher: Kernkraftwerke oder Kohlekraftwerke?" – „Womit würden Sie lieber spielen: mit Klapperschlangen oder mit Blindschleichen?"

7.5.4 Zur Übung

Nachstehend finden Sie einige Redesituationen aus der Rede des damaligen Bundesminister für Wirtschaft und Finanzen, Helmut Schmidt, die dieser am 22. September 1972 während der Debatte über die vorzeitige Auflösung des Deutschen Bundestages hielt. Ausgewählt sind Situationen, in denen Oppositionsabgeordnete Zwischenfragen an den Minister stellen oder stellen wollen.
Untersuchen Sie die verschiedenen Situationen danach, wie die Zwischenfrage abgelehnt oder zugelassen und beantwortet wird. Achten Sie dabei hauptsächlich darauf, welche Mittel der Redner wählt (und warum); und versuchen Sie, die Gegenmittel der Fragesteller zu identifizieren.

Situation 1:

Vizepräsident Dr. Jaeger: Herr Bundesminister, gestatten Sie eine Zwischenfrage des Abgeordneten Dr. Wörner?

Schmidt Bundesminister für Wirtschaft und Finanzen: Herr Dr. Wörner möge mir nicht böse sein.

Aha-Rufe bei der CDU/DSU.

Ich müßte mich sonst mit ihm anlegen. Denn er ist doch einer von denen, die entgegen der Sparaufforderung des Vorsitzenden der CSU öffentlich verlangen, es solle mehr Geld ausgegeben werden. Das haben wir doch alle gelesen, Herr Kollege Wörner.

Beifall bei den Regierungsparteien. – Abg. Rösing: Wir setzen andere Prioritäten! – Weitere Zurufe von der CDU/CSU

Situation 2:

Vizepräsident Dr. Jaeger: Herr Bundesminister Schmidt, gestatten Sie eine Zwischenfrage des Herrn Abgeordneten Leicht?

Schmidt, Bundesminister für Wirtschaft und Finanzen: Nein, danke.

Vizepräsident Dr. Jaeger: Der Herr Minister gestattet keine Zwischenfrage.

Abg. Leicht: Eine falsche Rechnung! – Weitere lebhafte Zurufe von der CDU/CSU.«

Meine Damen und Herren, ich darf Sie um Ruhe bitten. Es ist das Recht eines Redners, Zwischenfragen abzulehnen.

Schmidt, Bundesminister für Wirtschaft und Finanzen: Um deutlich zu machen, . . .

Situation 3:

Vizepräsident Dr. Jaeger: Herr Bundesminister, gestatten Sie eine Zwischenfrage des Abgeordneten Leicht?

Schmidt, Bundesminister für Wirtschaft und Finanzen: Eine Sekunde, von Herrn Leicht gerne.

Dabei können und wollen wir, wie Sie alle wissen, die 2½ Milliarden DM Konjunkturausgleichsrücklage nicht anfassen, während die 5½ Milliarden DM Kassenmittel dem Bunde zur Disposition stehen.

Herr Kollege Leicht!

Leicht (CDU/CSU): Herr Schmidt, warum hat das Finanzministerium seine Augustrechnung bei einer Steigerungsrate in den ersten acht Monaten von 10,8% mit Kassendefiziten von Milliardenbeträgen – ich habe die Zahlen nicht hier – vorgelegt, und wissen Sie nicht, daß man bei der Bundesbank einmal 5 Milliarden DM guthaben kann und im nächsten Monat unter Umständen wieder bis zu 7 Milliarden DM in die Kreide gehen muß?

Hört! Hört! bei der CDU/CSU.

Schmidt, Bundesminister für Wirtschaft und Finanzen: Nein, das letztere, Herr Leicht, ist nun wirklich irrtümlich. Wir haben seit dem Februar dieses Jahres keinen einzigen Kassenkredit in Anspruch nehmen müssen, wir haben also überhaupt nicht in die Kreide gehen müssen. Ich will ganz offen sagen, was uns dabei geholfen hat: einerseits die vom Kabinett beschlossenen und inzwischen vom Haushaltsausschuß mit Mehrheit sanktionierten Einsparungsbeschlüsse. Wir hatten das mit den Kürzungen um 2½ Milliarden DM ja ernst gemeint. Dann haben uns die Steuermehreingänge geholfen. Drittens hat uns Art. 111 des Grundgesetzes geholfen. Wir dürfen nämlich manches Geld nicht ausgeben, das wir sonst gern ausgeben würden. Da wir uns an das Grundgesetz halten, ist kein Finanzchaos entstanden, wie der Vorsitzende Ihrer bayerischen Partei glauben machen will.

Situation 4:

Vizepräsident Dr. Jaeger: Eine Zwischenfrage des Herrn Abgeordneten Dr. Kliesing.

Schmidt Bundesminister für Wirtschaft und Finanzen: Bitte sehr!

Dr. Kliesing (Honnef) (CDU/CSU): Herr Kollege Schmidt, warum haben Sie Pompidou etwas unkorrekt zitiert? Er hat nämlich laut Veröffentlichung des Textes durch das Presse- und Informationsamt der Bundesregierung nicht von der „stärksten Währung", sondern der „seinerzeit stärksten Währung" gesprochen.

Abg. van Delden: Die stammte noch von Herrn Strauß! – Weitere Zurufe von der CDU/CSU.

Schmidt, Bundesminister für Wirtschaft und Finanzen: Herr Kollege, mir lag nicht am Herzen, etwas Falsches zu sagen. Aber wir schöpfen offenbar aus verschiedenen Quellen. Ich würde es akzeptieren – ich werde es im Bulletin nachlesen –, wenn es da so stünde.

Weitere Zurufe von der CDU/CSU.

Nur frage ich mich, Herr Kollege Kliesing, ob Ihre Frage bedeuten sollte, daß Sie meinten, heute sei eine andere Währung stärker. Welche wäre es denn dann wohl?

Beifall bei den Regierungsparteien.

Zusammenfassung

1. Zwischenrufe und Zwischenfragen sind aus lebendigen Diskussionen nicht wegzudenken. Jeder Diskussionsteilnehmer sollte sich bemühen, sie aktiv einzusetzen. Dabei sollten geistlose Störmanöver unterlassen werden; vielmehr sollten Witz, Freude an der Formulierung das verbale Angreifen bestimmen.
2. Das reaktive Verhalten eröffnet dem Redner neue Möglichkeiten, seine Rede zu gestalten und seine Argumentation zu verstärken. Er sollte darum froh sein, wenn sich ihm solche Gelegenheiten bieten.
3. Formal ist der Zwischenruf weitgehend frei, während es für Zwischenfragen das „doppelte Genehmigungsverfahren" gibt: formale Genehmigung durch den Versammlungsleiter, sachliche Genehmigung durch den Redner.
4. Rezepte für die Beantwortung von Zwischenrufen und Zwischenfragen gibt es nicht; jeder ist auf sein Wissen in der Sache, seinen Witz und seine Schlagfertigkeit angewiesen. Trotzdem gibt es einige Techniken, die in ungünstigen Redesituationen dem Redner helfen, eine peinliche Lage zu überbrücken. Je besser man diese beherrscht, desto weniger wird man darauf zurückgreifen müssen.

8 Die Leitung einer Versammlung

Lernziele

1. Verständnis dafür bekommen, daß die Versammlungsleitung kein unnötiges Übel ist, sondern eine wesentliche Voraussetzung für das Gelingen einer Diskussion oder sonstigen Gesprächsveranstaltung.
2. Kennenlernen der wichtigsten Typen von Geschäftsordnungsfragen.
3. Kenntnis der elementaren Techniken der Versammlungsleitung erwerben.

8.1 Situation

9. Juli 1952 – 1. Legislaturperiode, 221. Sitzung

Deutschland- und EVG-Vertrag

Erste Beratung der Genehmigungsgesetze zum Deutschlandvertrag und zum Vertrag über die Europäische Verteidigungsgemeinschaft mit Annexverträgen

Dr. Adenauer, Bundeskanzler: Im Falle der Wiedervereinigung Deutschlands . . . werden die Drei Mächte die Rechte, welche der Bundesrepublik auf Grund dieses Vertrages und der Zusatzverträge zustehen, auf ein wiedervereinigtes Deutschland erstrecken und werden ihrerseits darin einwilligen, daß die Rechte auf Grund der Verträge über die Bildung einer integrierten europäischen Gemeinschaft in gleicher Weise erstreckt werden, wenn ein wiedervereinigtes Deutschland die Verpflichtung der Bundesrepublik gegenüber den Drei Mächten oder einer von ihnen auf Grund der genannten Verträge übernimmt.

Abg. Fisch: So sieht der Ausverkauf aus, den Sie unterschrieben haben!

Meine Damen und Herren, ich bitte, daraus zu entnehmen, daß das wiedervereinigte Deutschland die Freiheit hat, sich zu entscheiden, was es tut.

Abg. Fisch: Amerikanisch zu werden, nach Ihrer Meinung!

Präsident Dr. Ehlers: Herr Abgeordneter Fisch, ich bitte Sie, nicht ständig zu unterbrechen. Ich habe nicht die Absicht, dauernde Zwischenrufe, die nur störenden Sinn haben können, zuzulassen.

Beifall bei den Regierungsparteien. – Abg. Frau Strohbach: Das stört uns auch, was der Herr Bundeskanzler sagt! – Lachen bei den Regierungspartieen. – Abg. Fisch: Wenn Sie erst einmal Divisionspfarrer wären, dann können Sie so verfahren! Soweit sind wir noch nicht!

Dr. Adenauer, Bundeskanzler: Meine Damen und Herren, ... Durch das Petersburger Abkommen vom 22. November 1949

Abg. Niebergall: Ja, Präambel!

wurde erreicht, daß der Bau von Schiffen in der im Washingtoner Abkommen vorgesehenen Größenordnung nunmehr tatsächlich genehmigt wurde. Außerdem wurden zusätzliche Erleichterungen für den Schiffsbau gewährt, insbesondere der Bau von Seeschiffen für Exportzwecke, allerdings innerhalb der der deutschen Schiffahrt auferlegten Grenzen, genehmigt.

Abg. Fisch: Wie war es mit der Vereinbarung, daß es keine Remilitarisierung geben darf?

Eine größere Anzahl von Stahlwerken und synthetischen Treibstoff- und Gummiwerken

Abg. Reimann: Herr Dr. Adenauer, ich denke Sie sprechen über den Generalvertrag?

wurden mit sofortiger Wirkung von der Demontageliste gestrichen.

Abg. Reimann: Sprechen Sie über den Generalvertrag?

Präsident Dr. Ehlers: Herr Abgeordneter Reimann, ich rufe Sie zur Ordnung wegen dauernder Störung.

Lebhafter Beifall bei den Regierungsparteien. – Abg. Reimann: Wieso? Ich störe doch nicht! Ist das eine Störung? – Abg. Niebergall: Unerhört! – Abg. Niebergall klappt mit dem Pultdeckel.

– Herr Abgeordneter Niebergall, ich rufe Sie wegen des Zurufs „Unerhört" gegenüber meiner Maßnahme zur Ordnung.

Dr. Adenauer, Bundeskanzler: Die Demontagen in Berlin wurden völlig eingestellt. Durch das Petersberger Abkommen ist es gelungen,

Unruhe – Glocke des Präsidenten

den größten Teil der wichtigsten deutschen Werke

Abg. Reimann: Es ist allerhand, daß jemand einen Ordnungsruf bekommt, der einen Zwischenruf macht! – Glocke des Präsidenten – Abg. Niebergall: Wie auf dem Kasernenhof! – erneutes Glockenzeichen – Abg. Frau Thiele: Wir wollen etwas über den Generalvertrag hören! – weitere Zurufe von der KPD

vor der Demontage zu retten.

Beifall bei den Regierungsparteien. – Abg. Dr. Wuermeling: Schumacher war dagegen!

Es gelang dann, noch weitere Erleichterungen zu erreichen,

Zurufe von der KPD

insbesondere wurden die Werke Watenstedt-Salzgitter fast ganz gerettet.

Zuruf von der KPD: Das ist auch nicht die ganze Wahrheit!

8.2 Analyse

An diesem Ausschnitt einer Bundestagsrede mit Zwischenrufen wird deutlich, wie in einer erregten Debatte bei einer wichtigen Grundsatzfrage die Teilnehmer wenig Rücksicht aufeinander nehmen. Erkennbar wird die schwere Aufgabe eines Versammlungsleiters, der einerseits eine lebendige Debatte mit Zwischenrufen möchte, andererseits aber Gefahr läuft, die Kontrolle zu verlieren. Seine Ordnungsrufe sind das letzte, schärfste seiner Mittel, die Versammlung im Griff zu behalten, da drei Ordnungsrufe für eine Person automatisch den Ausschluß aus der Sitzung zur Folge haben.

8.3 Leitung einer Versammlung

Die Leitung einer Versammlung ist in den meisten Fällen eine eher unauffällige Funktion. Der Hauptgrund dafür dürfte darin liegen, daß in der Regel keine außergewöhnlichen Anforderungen an die Versammlungsleiter gestellt werden, so daß spektakuläre Entscheidungen kaum vorkommen. Für die meisten Versammlungen gilt ohne Unterschied der Grundsatz aus der Fußballsprache, wonach derjenige Schiedsrichter der beste sei, von dem man das ganze Spiel über nichts sehe und der die Begegnung unauffällig leite.
Entscheidend für die Person eines guten Diskussionsleiters ist, daß er sein Amt unparteiisch und mit Ruhe, Übersicht und Gelassenheit versieht. Dazu gehört natürlich auch die „Ordnung im Saale", eine Aufgabe, die höhere Verantwortungslast bedeutet als gemeinhin angenommen wird. Der Leiter einer Versammlung ist u. a. auch für den „ordnungsgemäßen Verlauf" verantwortlich; dies kann bei Versäumnissen unter Umständen zu empfindlichen Regreßansprüchen führen und gegebenenfalls sogar eine Strafanzeige nach sich ziehen. Mit diesem Detail soll nicht etwa vor der Übernahme einer Versammlungsleitung gewarnt, vielmehr soll eindringlich auf die Notwendigkeit einer korrekten Sitzungsleitung hingewiesen werden.
Dies alles ist bei Routinesitzungen von untergeordneter Bedeutung, weil eben in bezug auf die Verhandlungsführung nichts Nennenswertes passiert. Unangenehm ist es aber, wenn doch einmal Unruhe oder Streit aufkommen und der Versammlungsleiter sich nicht zu helfen weiß. Neben der Autorität des Diskussionsleiters geht dann meist auch viel Zeit verloren. Damit sollte jeder Sitzungsleiter sich über *alle* Mittel der Versammlungsleitung im klaren sein, in der Hoffnung allerdings, daß er von seinem Wissen keinen Gebrauch machen muß.

Wie kann sich der Versammlungsleiter angemessen auf seine Aufgabe vorbereiten?
Für viele Versammlungen gibt es vereinbarte „Spielregeln", die aus einer „Satzung" und/oder einer gesonderten „Geschäftsordnung" hervorgehen. Dort sind sehr unterschiedliche Regelungen getroffen; meist aber enthalten sie Einladungsfristen und -modalitäten sowie Verfahren für Abstimmungen und Wahlen. Aber auch ohne daß mehr geregelt ist, gibt es eine Fülle von versammlungstechnischen Grundregeln, deren Einhaltung den Ablauf einer Diskussion kontrollierbarer und produktiver macht.

Ein Versammlungsleiter muß z. B. wissen, daß zu Fragen der „Geschäftsordnung" alles gehört, was nicht mit der *Sache* (etwa dem Thema einer Diskussion) *selbst* zu tun hat, sondern sich mit der *Organisation* der Debatte beschäftigt; so zum Beispiel der Antrag eines Nichtrauchers, man möge das Rauchen einstellen oder die Fenster öffnen. Der konsequent demokratisch agierende Diskussionsleiter wird alle Geschäftsordnungsfragen grundsätzlich kurz diskutieren und dann durch Abstimmung entscheiden lassen. Ist der Versammlungsleiter aber an Zeiteinsparung und schnellen „Arbeitsergebnissen" interessiert, wird er versuchen, Geschäftsordnungsprobleme vorhersehend zu verhindern (etwa in unserem Beispielfall: Rauchverbot, gute Belüftung) oder autoritär zu entscheiden.

Die Entscheidungen des Versammlungsleiters können aber immer von der Versammlung selbst rückgängig gemacht werden. Dazu muß jedoch ein Teilnehmer die Entscheidung des Versammlungsleiter öffentlich angreifen; die Versammlung entscheidet dann (mit oder ohne Aussprache) mit einfacher Mehrheit, ob die angegriffene Entscheidung Bestand hat oder nicht.

Die normale Wortmeldung in der Diskussion wird durch eine gehobene Hand angezeigt und in zeitlicher Reihenfolge aufgerufen. Eine Meldung zur Geschäftsordnung dagegen erfolgt gewöhnlich durch Aufheben beider Arme und den Zuruf „Zur Geschäftsordnung"; dem Teilnehmer muß dann sofort das Wort erteilt werden. Jedoch darf ein bereits zur Sache sprechender Redner nicht unterbrochen werden.

Bei einem formellen Geschäftsordnungsantrag muß der Antragsteller die Möglichkeit zu einer kurzen Begründung haben. Danach fragt der Versammlungsleiter, ob irgend jemand eine „Gegenrede" halten will. Erhebt sich keine Gegenrede, so ist nach parlamentarischem Brauch der Antrag bereits angenommen. Wird die Gegenrede gewünscht, so sollte der Versammlungsleiter nur einen Redner zulassen. Diese Rednerbeschränkung ist nötig, weil ansonsten wegen des vorrangigen Rederechts zur Geschäftsordnung durch dauernde Geschäftsordnungsdebatten unter Umständen die eigentliche Sachdebatte verhindert werden kann. Darum sollte der Versammlungsleiter auf der strikten Einhaltung des Rhythmus „Geschäftsordnungsantrag – Gegenrede – Abstimmung" bestehen.

8.4 Arten von Geschäftsordnungsanträgen

Die nachfolgenden Arten von Anträgen zur Geschäftsordnung stellen das Instrumentarium dar, mit dessen Hilfe Versammlungen reibungslos durchgeführt werden können. Nur sehr wenige Diskussionsteilnehmer kennen die Bedeutung der entsprechenden Fachbegriffe. Und eine noch kleinere Minderheit weiß sich des taktisch und strategisch höchst effektiven Gesprächsmittels „Geschäftsordnungsanträge" zu bedienen.

8.4.1 Vertagung einer Sitzung

Ursache: Die Zeit reicht nicht mehr aus, um alle Punkte zu besprechen und die Sitzung ordnungsgemäß zu beenden.

Formulierung: „Ich beantrage (die) Vertagung der Sitzung, weil ..."
Folge: Die Sitzung wird sofort (ohne oder nach Abstimmung) an der Stelle abgebrochen, an der der Antrag gestellt wurde. Die vertagte Sitzung muß zum nächstmöglichen Termin genau an der Stelle bzw. dem Punkt der Tagesordnung wieder aufgenommen werden, wo sie durch den Antrag abgebrochen wurde. Deshalb ist es für den Diskussionsleiter wichtig, die Rednerliste der vertagten Sitzung und ggf. die Formulierung schon gestellter Sachanträge oder gefällter Entscheidungen aufzubewahren und zum Fortsetzungstermin mitzubringen.
„Nächstmöglicher Termin" heißt in diesem Zusammenhang: Der Versammlungsleiter muß unverzüglich nach der Vertagung unter Wahrung der üblichen Einladungsfristen für den neuen Termin einladen.

8.4.2 Vertagung eines Tagungsordnungspunktes

Ursache: Ein Tagesordnungspunkt kann sinnvollerweise noch nicht endgültig behandelt werden, da z. B. noch eine Entscheidung eines übergeordneten Gremiums aussteht oder erst ein Spezialist befragt werden muß.

Formulierung: „Ich beantrage Vertagung dieses Punkts auf den ..., da ..."

Folge: Der Tagesordnungspunkt wird unterbrochen, *muß* aber auf der nächstfolgenden Sitzung wieder behandelt werden.

8.4.3 Aussetzung einer Sitzung

Ursache: Die Sitzung dauert sehr lange, z. B. über die Mittagszeit. Für die Einnahme des Mittagessens soll eine Pause gemacht werden.

Formulierung: „Ich beantrage, die Sitzung für die Zeit von 12–14 Uhr auszusetzen, damit ..."

Folge: Die Sitzung wird für die beschlossene Zeit „ausgesetzt", sprich unterbrochen. Sie beginnt wieder genau an der Stelle, z. B. mitten in der Rednerliste, wo sie unterbrochen wurde. Dabei ist zu beachten, daß nicht etwa die – vielleicht lästige – Einladungsfrist bei einer notwendigen Vertagung dadurch umgangen werden kann, daß die Sitzung bis zum anderen Morgen „ausgesetzt" wird.

8.4.4 Nichtbefassung

Ursache: Irgendein Thema oder ein Antrag ist sehr abwegig und soll z. B. aus Gründen der Zeitersparnis nicht behandelt werden.

Formulierung: „Ich beantrage, daß wir uns mit ... nicht befassen."

Folge: Das angeschnittene Thema oder der gestellte Antrag wird (nach Abstimmung) abgesetzt. Evtl. bereits vorher dazu gestellte Anträge entfallen, ohne zur Abstimmung zu kommen. Einmal „nichtbefaßte“ Punkte können auf derselben Sitzung nicht wieder behandelt werden, frühestens auf einer erneuten Sitzung.

8.4.5 Schluß der Debatte und sofortige Abstimmung

Ursache: Die Debatte zu einem Tagesordnungspunkt läuft bereits sehr lange. Andere Punkte stehen noch an. Da die wesentlichsten Gesichtspunkte bereits diskutiert sind, soll die Debatte abgekürzt werden.

Formulierung: „Ich beantrage Schluß der Debatte und sofortige Abstimmung über den Antrag/die Anträge ...“

Folge: Die Debatte wird abgebrochen. Es ist gleichgültig, ob oder wie viele Redner sich noch zu Wort gemeldet haben. Die Rednerliste entfällt ersatzlos und der Versammlungsleiter beginnt sofort mit der Abstimmung über die vorliegenden Sachanträge.
Bei diesem Geschäftsordnungsverfahren muß der Versammlungsleiter darauf achten, daß alle Parteien bzw. Meinungsgruppen bereits ausführlich gesprochen haben. Es besteht sonst die Gefahr, daß durch diesen „Trick“ eine „Mehrheitsfraktion“ die „Opposition“ abzuwürgen versucht.

8.4.6 Schluß der Rednerliste

Ursache: In einem bestimmten Stadium der Diskussion ist abzusehen, daß es eine Fülle von Wortmeldungen gibt und die Aussprache zu lange zu dauern droht. Deshalb besteht die Gefahr, daß andere Tagesordnungspunkte in der zur Verfügung stehenden Zeit nicht mehr behandelt werden können.

Formulierung: „Ich beantrage Schluß/Schließung der Rednerliste.“

Folge: Die Rednerliste wird geschlossen. D. h., alle Redner, die sich bereits zu Wort gemeldet hatten und auf der Rednerliste stehen, können noch sprechen; es dürfen jedoch keine neuen Wortmeldungen mehr berücksichtigt werden. Der Versammlungsleiter muß nach Stellung eines solchen Antrags zuerst die Rednerliste verlesen, um Mißverständnisse zu vermeiden; z. B. kommt es sonst vor, daß mancher Redner meint, er stünde bereits auf der Rednerliste, und sich im Glauben daran nicht gegen diesen Antrag wehrt.

8.4.7 Beschränkung der Redezeit

Ursache: Fast überall gibt es Redner, die sich gerne reden hören und folglich dazu neigen, die Versammlung mit unerträglich breiten Ausführungen zu ermüden. Im Interesse einer zügigen Verhandlungsführung und einer lebendigen Diskussion scheint es notwendig, die Redezeit zu begrenzen.

Formulierung: „Ich beantrage ab sofort Beschränkung der Redezeit auf . . . Minunte(n) pro Redner."

Folge: Die Redezeit wird für die Dauer der ganzen Sitzung oder aber nur für einen Tagesordnungspunkt (je nach Antrag) auf die vom Antragsteller gewünschte und/oder von der Versammlung beschlossene Redezeit begrenzt. Alle Redner haben in der Folge dieselbe Redezeit zur Verfügung. Der Versammlungsleiter hat die Aufgabe, auf strikte Einhaltung der Redezeit – zur Not auch durch energisches Ermahnen und Unterbrechen – zu achten. Ansonsten gelingt es Spezialisten, mit Formulierungen wie „Ich komme gleich zum Schluß" oder „Noch einen Satz" allzu leicht, ihre Redezeit erheblich zu überziehen und sich auf diese Weise einen unredlichen Vorteil zu verschaffen. Eine objektive Zeitmessung durch sichtbar aufgestellte Sanduhr oder laut piepsende elektronische Stoppuhr hat sich als äußerst hilfreich erwiesen.

8.4.8 Feststellen der Beschlußfähigkeit

Ursache: Bei Gremien mit fester Teilnehmerzahl (Vorstände, Ausschüsse, Betriebsräte u. ä.) ist es zumeist so, daß mindestens ein Mitglied mehr anwesend sein muß als die Hälfte der Mitglieder (50% + 1 Mitglied), um gültige Beschlüsse fassen zu können (2 bei 3, 501 bei 1000 Mitlgiedern). Im Verlaufe einer längeren Sitzung zeigt sich oft abnehmendes Interesse der Teilnehmer, es kommt zur „Abwanderung".

Formulierung: „Ich beantrage festzustellen, ob diese Versammlung (noch) beschlußfähig ist."

Folge: Zeigt sich zu Beginn oder im Verlaufe einer Sitzung, daß die Beschlußfähigkeit nicht oder nicht mehr besteht, so wird die Sitzung vertagt. Der Versammlungsleiter lädt unter Wahrung der Einladungsfristen zum nächstmöglichen Termin ein und zwar in der Regel zu einer *außerordentlichen* Sitzung mit der Besonderheit, daß diese unabhängig von der Zahl der erschienenen Mitglieder beschlußfähig ist!
Auf eine Besonderheit dieses Geschäftsordnungsvorgangs sei noch hingewiesen: Der Antrag wird *nicht* zur Abstimmung gestellt; der Versammlungsleiter ist vielmehr verpflichtet, die Beschlußfähigkeit sofort zu überprüfen.

8.4.9 Namentliche Abstimmung

Ursache: Oft erscheint es nützlich, daß einzelne Anwesende auf ihre Meinung festgelegt werden können, um sie z. B. hinterher beim Wort zu nehmen. Man möchte also wissen, ob bestimmte Personen mit „Ja" oder „Nein" gestimmt haben.

Formulierung: „Ich beantrage (zu diesem Punkt) namentliche Abstimmung."

Folge: Der Versammlungsleiter muß alle Anwesenden namentlich aufrufen und ihre Stimmabgabe einzeln abfragen und notieren. Die Ergebnisliste ist dem Sitzungsprotokoll beizufügen.

Wichtig: Die namentliche Abstimmung ist *nur* bei Sachanträgen zulässig. Aus verständlichen Gründen ist sie insbesondere bei Personalentscheidungen abzulehnen. Die namentliche Abstimmung wird oft an ein Quorum (bestimmte, festgelegte Antragstellerzahl, z. B. 3 Stimmberechtigte, 5%) gebunden, wobei eine Abstimmung über den Antrag bei Vorliegen des Quorums nicht mehr erfolgt (Minderheitenschutz).

8.4.10 Geheime Abstimmung

Ursache: Man möchte vermeiden, daß das Abstimmungsverhalten einzelner Personen publik wird. Die gilt besonders, wenn man z. B. dem „Fraktionszwang" entrinnen will.

Formulierung: „Ich beantrage (zu diesem Punkt) geheime Abstimmung.

Folge: Der Versammlungsleiter verteilt an alle Stimmberechtigten Stimmzettel, mit deren Hilfe die Stimmenabgabe schriftlich und damit geheim durchgeführt wird. Die geheime Abstimmung erfolgt in der Regel bei Wahlen oder Anträgen, die sich mit Personen beschäftigen. Bei reinen Sachanträgen hat im Zweifelsfalle die namentliche Abstimmung Vorrang. Auch dem Antrag auf geheime Abstimmung ist stattzugeben, wenn z. B. das nötige Quorum erreicht ist.

8.5 Aufgaben des Gesprächsleiters

8.5.1 Einhaltung und Verabredung gemeinsamer Gesprächsspielregeln

Jede Gesprächsgruppe, die größer ist als 3–4 Personen, die um demokratische und zugleich schnellstmögliche Lösung eines gemeinsamen Problems durch Diskussion ringt oder die immer wieder zusammentrifft, entwickelt sehr schnell ein Inventar unverzichtbarer Gesprächsregeln. Die Einhaltung dieser einmal vereinbarten Regeln zu gewährleisten, ist die wichtigste Aufgabe des Gesprächsleiters. Denn davon hängen sehr stark die Beziehungen zwischen den Teilnehmern und damit die Atmosphäre des Gesprächs ab sowie der Zeit- und Arbeitsaufwand für die Erzielung eines angestrebten Ergebnisses.
Jede Gruppe muß ihre eigenen Spielregeln selbst vereinbaren. Trotzdem werden im folgenden kurz die „Standard-Regeln" beschrieben, die Teilnehmer und vor allem Gesprächsleiter in den meisten Fällen einzuhalten haben.

a) Gesprächseröffnung
In der Regel eröffnet der Gesprächsleiter die Diskussion so knapp wie möglich mit den drei Elementen Begrüßung, Themennennung (Eröffnung der Tagesordnung) und Bitte um Wortmeldungen.

Beispiel: „Liebe Kolleginnen und Kollegen! Ich freue mich, daß Sie alle sich Zeit genommen haben, um heute im Gespräch eine gemeinsame Lösung für die Frage einer gerechten Überstundenvergütung zu finden. Ich eröffne die Diskussion und bitte um Wortmeldungen."

b) Wortmeldung

Die Wortmeldung und deren sichere Registrierung durch den Gesprächsleiter ist keineswegs so simpel, wie es scheint. Zunächst muß ein eindeutiges Handzeichen vereinbart werden, das nicht mißverstanden werden kann: zumeist Heben des Arms bei voll geöffneter Hand. Unklare Handbewegungen führen zu Rückfragen: „Wollten Sie sich melden?" – „Nein, ich habe nur mit dem Stift gespielt." – und damit zu Zeitverlust.

Damit der Gesprächsleiter Wortmeldungen möglichst sofort und in der richtigen Reihenfolge registriert, muß er den Blick dauernd „wandern" lassen. Den sich meldenden Teilnehmer wird er dann intensiv ansehen, bis ein Blickkontakt entsteht, ihm dabei deutlich zunicken und dann sofort den Namen des Gemeldeten auf die Rednerliste schreiben. Erst in diesem Moment darf der Teilnehmer, der das Wort wünscht, den Arm sinken lassen – sonst ist nicht sicher, ob er auch zuverlässig registriert ist.

c) Rednerliste führen

Je größer die Gesprächsgruppe, desto zwingender bietet sich das Instrument Rednerliste an. Sie gibt dem Gesprächsleiter Sicherheit, verhindert Fehler (Bevorzugung/Benachteiligung einzelner Redner) und bietet im Streitfall einen klaren Nachweis der korrekten Gesprächsleitung. Sie besteht am besten aus einem oder mehreren DIN A 4-Blättern, die nur einseitig beschriftet und ggf. fortlaufend numeriert werden sollten. In folgender Form hat sich die Rednerliste am besten bewährt:

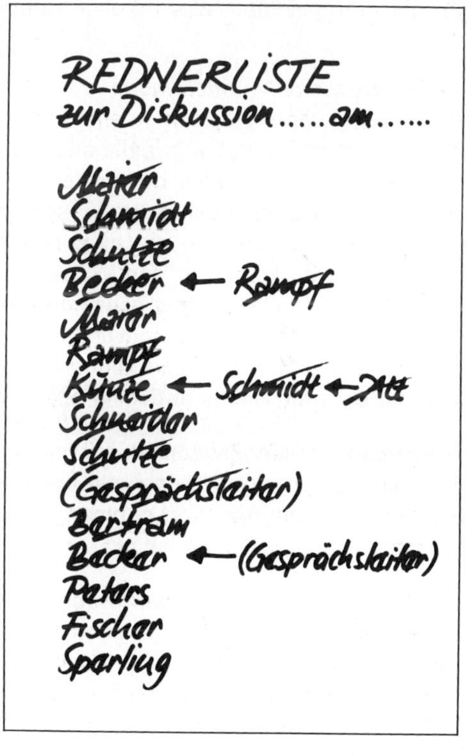

- Der Gesprächsleiter notiert die Nachnamen der sich Meldenden strikt in der Reihenfolge ihrer „Registrierung" *untereinander.*
- Den Namen der Person, der er jeweils das Wort erteilt, *streicht* er dabei deutlich *durch.* Damit ist „der Nächste" auf einen Blick klar, wenn ein Redner geschlossen hat.
- Ist vereinbart, (besonders in kleinen informellen Gruppen möglich), daß zu ei-

nem Beitrag *„direkte Gegenreden"* zulässig sind, wird der Name des „direkten Gegenredners" mit einem Pfeil *rechts neben* den Namen des momentan Sprechenden notiert. Der Gegenredner erhält ja das Wort „außer der Reihe" – das wird auf der Rednerliste auch optisch deutlich. Hat der Gegenredner geschlossen, wird dem nächsten nicht gestrichenen Redner „in der Reihe" (links) das Wort erteilt.
- Will der Gesprächsleiter selbst zur Sache sprechen, trägt er seinen Namen auf die Liste ein (informelle Situation), oder er legt sein Amt für den betreffenden Tagesordnungspunkt nieder (formelle Debatte).

d) Wort erteilen

Zwei Elemente sind wichtig: Einmal muß der Gesprächsleiter konzentriert abwarten, bis der Sprechende sicher geschlossen hat; eine kurze Pause mit Blickkontakt hat sich da gut bewährt. Zum zweiten sollte dann immer dieselbe Standardformulierung für die Worterteilung verwendet werden: „Frau Maier, bitte!/Herr Schmidt, bitte!", damit nicht persönliche oder wertende Untertöne in den Aufruf sich einschleichen können.

Negativbeispiele:

(1) „Nun wird unser lieber Herr Doktor Allram zu uns sprechen!"
(2) „Ich bin gespannt, was Fräulein Schmidt uns nun Wichtiges zur Sache zu sagen hat."

e) Zweiergespräche unterbinden

Wenn das Gruppengespräch in einen (meist emotional gefärbten) Zweierdisput abgleitet, wird Zeit verloren; Langeweile oder Verärgerung der zuhörenden Gesprächsteilnehmer stellen sich ein. Eine der besten „Gegenregeln" ist die zahlenmäßig begrenzte Zulassung der *direkten Gegenrede;* sehr gut haben sich maximal zwei Gegenreden in direkter Abfolge bewährt, die unabhängig von der Rednerliste vorgezogen werden. Damit der Gesprächsleiter den Wunsch eines Teilnehmers nach direkter Gegenrede erkennt, ist entweder ein spezielles Handzeichen (z. B. Zeigen des Gegenredners auf den Sprechenden) oder der Zuruf „Direkte Gegenrede, bitte!" nötig. Wenn solche Signale fehlen oder wenn mehr als die vereinbarte Zahl von Gegenreden verlangt wird, kann und muß der Gesprächsleiter auf völlig objektiver Basis abbrechen.

f) Ausreden lassen/Redezeitbeschränkung einhalten

Generell darf weder ein Teilnehmer noch der Gesprächsleiter einen Sprechenden unterbrechen oder ihm das Wort nehmen, wenn nicht z. B. eine vereinbarte Redezeit überschritten wird.

g) Abstimmungen durchführen/Regeln vereinbaren

Werden Anträge gestellt – z. B. auch zur Vereinbarung gemeinsamer Diskussionsregeln – sorgt der Gesprächsleiter für einen fairen und korrekten Ablauf des Abstimmungsvorgangs. Ein Antrag muß zunächst ausdiskutiert werden, bis es keine Wortmeldung dazu mehr gibt (Kontrollfrage: „Gibt es noch Wortmeldungen?"). Dann verliest der Gesprächsleiter den von ihm wörtlich notierten Antrag erneut und schließt etwa die Formulierung an: „Dieser Antrag steht nun zur Abstimmung." Bei nicht geheimer Abstimmung (etwa durch Handzeichen) ruft er nun zur Stimmabgabe, und zwar mit immer denselben neutralen Formeln und in konstanter Reihenfolge:

„(1) Ja-Stimmen, bitte! – (2) Nein-Stimmen, bitte! – (3) Enthaltungen, bitte!"
Die erhobenen Hände zählt der Gesprächsleiter, möglichst unterstützt durch einen Sekundanten, direkt aus, nennt das Ergebnis und notiert es. Das Endergebnis der Abstimmung teilt er sofort anschließend mit:

„Der Antrag ist bei ... Ja-Stimmen, ... Nein-Stimmen und ... Enthaltungen angenommen/abgelehnt."
Besonders psychologisch wichtig ist, daß der Gesprächsleiter seinen Arm zur Stimmabgabe erst dann verzögert hebt, wenn sich nach der entsprechenden Aufforderung die Zahl der gehobenen Arme klar „stabilisiert" hat; ansonsten tritt der häufig beobachtete Sog vom Verhalten des „Leittiers" auf das Verhalten der „Herde" auf.

8.5.2 Gleiche Chancen für alle Gesprächsteilnehmer wahren

Zu den Aufgaben eines Gesprächsleiters gehören neben der formalen Leitung auch die angemessene und chancengleiche Berücksichtigung der einzelnen Gesprächsteilnehmer. Dies ist u. a. von der Redesituation abhängig (vgl. Kap. 7). Es ist Aufgabe eines geschickten Gesprächsleiters, daß sich die Gesprächsteilnehmer „wohlfühlen". Das heißt nichts anderes, als daß er für ein ausgewogenes Diskutieren Sorge tragen soll. Dazu ist es nützlich, sich einiger sehr häufig auftretender Redner-Typen bewußt zu werden und angemessene Reaktionsweisen zu entwickeln. Einen originellen Ansatz bietet das Schaubild auf S. 104.

Die Skizze zeigt in plastisch karikierter Form verschiedene Redner-Typen. In solcher Reinform werden sie natürlich selten vorkommen; daher sollten die angeregten Verhaltensweisen des Versammlungsleiters eher als Grundsätze verstanden werden – Rezepte mit Erfolgsgarantie sind sie sicher nicht. Aber sie bieten konstruktive Alternativen zu einer unangemessen autoritäten Zurückdrängung aktiverer Redner-Typen bzw. zu einem Laufenlassen der Diskussion, das die ohnehin zurückhaltenderen Teilnehmer noch mehr in die passive Ecke drängt.

Streiter	Positive	Alleswisser	Redselige	Schüchterne	Ablehnende	Uninteressierte	Das große Tier	Ausfrager
Sachlich und ruhig bleiben. Die Gruppe veranlassen, seine Behauptungen zu widerlegen.	Ergebnisse zusammenfassen lassen. Bewußt in die Diskussion einschalten.	Die Gruppe auffordern, zu seinen Behauptungen Stellung zu nehmen.	Taktvoll unterbrechen. Redezeit festlegen	Leichte, direkte Fragen stellen. Sein Selbstbewußtsein stärken.	Seine Kenntnisse und Erfahrungen anerkennen.	Nach seiner Arbeit fragen. Beispiele aus seinem Interessengebiet geben.	Keine direkte Kritik üben. Ja-aber-Technik.	Seine Fragen an die Gruppe zurückgeben.

Aus: „Wir machen mit", Arbeitsgemeinschaft der deutschen Schülervertretungen, Koblenz, Nr. 4, S. 4[1]

8.6 Zur Übung

Die Leitung einer Versammlung oder eines Gespräches läßt sich schlecht „trocken" üben. Dennoch müssen zunächst passiv-beobachtende Übungen gemacht werden:

1. Sehen Sie sich Diskussionssendungen im Fernsehen an (*„Pro und Contra", „Besuch beim Gegner"* etc.) und achten Sie auf die Stellen, an denen der Versammlungsleiter eingreift. Versuchen Sie einen Bezug herzustellen zwischen den Maßnahmen des jeweiligen Gesprächsleiters und der Reaktion der Beteiligten.
2. Besorgen Sie sich Satzungen oder Geschäftsordnungen von Vereinen, Parteien, Gewerkschaften usw. Arbeiten Sie diese sorgfältig durch; auch ein Vergleich kann dabei interessant sein.

[1] Entnommen aus: H. Geißner, *Rhetorik*, München, 2. Aufl. 1974, S. 114

3. Ein Teilnehmer meldet sich und möchte, daß keine weiteren Redner mehr zu Wort kommen. Seinen Antrag formuliert er mit den Worten: „Schluß der Rednerliste!". Erreicht er sein Ziel?
4. Sie wollen bei der Vorstandswahl in Ihrem Verein sichergehen, daß vorherige Absprachen eingehalten werden und verlangen deshalb „Namentliche Abstimmung!". Wie wird die Versammlung darüber beschließen?
5. Zu später Stunde sind bereits viele Teilnehmer gegangen. Jemand stellt den Antrag auf „Feststellung der Beschlußfähigkeit". Der Versammlungsleiter stellt diesen Antrag zur Abstimmung. Was tun?

Zusammenfassung

1. Die gekonnte Versammlungsleitung ist eine wesentliche Voraussetzung für das Gelingen jeder Diskussion.
2. Unabdingbar dafür ist Regelkenntnis und kontrolliertes Verhalten des Versammlungsleiters. Ohne sie wird er in schwierigen Situationen einer Versammlung nicht weiterhelfen können oder gar zur Ergebnislosigkeit oder zum „Platzen" des Gesprächs selbst beitragen.
3. Er soll sein Ziel darin sehen, unparteiisch – wie ein Schiedsrichter – die Diskussion störungsfrei zu halten.
4. Sein Bemühen sollte auch dahin gehen, *jedem* Diskussionsteilnehmer in seiner Eigenart gerecht zu werden und ihn zur Meinungsäußerung anzuregen.

9 Konfliktregelung durch Gesprächsführung

Lernziele

1. Den Verlauf von Konflikten analytisch nachvollziehen können.
2. Verschiedene Arten von Abwehrmanövern bei der Eskalation von Konflikten bestimmen.
3. Die Rollenwahrnehmung von Konfliktpartnern für eine Neuorientierung im Gespräch berücksichtigen.
4. Konflikte durch Anwendung einer aggressionsabbauenden Gesprächstechnik regeln können.

9.1 Situation

Abends im Wohnzimmer. Vater (Angestellter), Sohn (Schüler).

Sohn: „Ich geh!“

Vater: „Wann kommst du zurück?“

Sohn: „Weiß nicht.“

Vater: Wann hast du morgen Schule?“.

Sohn: „In der zweiten Stunde.“

Vater: „So, dann bist du um 11 zu Hause.“

Sohn: „Ich denk nicht dran. Das Kino geht schon bis 11.“

Vater: „Du kommst sofort nach dem Kino heim.“

Sohn: „Und wieso?“

Vater: „Du mußt morgen ausgeschlafen sein.“

Sohn: „Was kümmert dich das eigentlich?“

Vater: „Hör mal gut zu. Wenn's dir nicht paßt, nehm ich dich von der Schule. Du kannst ja arbeiten gehen.“

Sohn: „Mal langsam. So einfach geht das nicht. Bei deinem Einkommen habe ich ein Recht auf Schulausbildung. Im übrigen kümm're dich um deinen Kram. Sieh zu, daß du ausgeschlafen bist. Sonst kriegst du morgen von deinem Chef wieder einen drauf.“

Vater: „Jetzt langt's mir aber! Ich zahl' schließlich deine Ausbildung!“

Sohn: „Du zahlst meine Ausbildung? Du kriegst doch Kindergeld für mich. Schulgeld ist frei. Und was ich privat brauche, dafür jobbe ich.“

Vater: „Du kannst am Wochenende so lange wegbleiben, wie du willst.“

Sohn: „Wieso am Wochenende?“

Vater: „Weil du da ausschlafen kannst.“

Sohn: „Ich teil mir die Woche ein. Und wenn ich heute verabredet bin, dann gehe ich auch heute weg. O. K. Tschüss, ich geh!“ (Türe zu)

9.2 Analyse

Eine Konfliktspirale! Tobias Brocher: „Einer will etwas, was der andere nicht will, ob es nun um Rechthaben, Rechtbehalten oder was immer geht. Die Wurzel des Konflikts ist Haben und Nichthaben."[1]
In unserem Fall handelt es sich um „Rechthabereien" von Vater und Sohn. Konflikte können sich aber auch zwischen Gesellschaftssystemen (West/Ost), Nationen, Interessenverbänden (Arbeitgeber/Arbeitnehmer), Gruppen (Frauen/Männer) oder innerhalb eines Individuums (Entscheidungsschwierigkeiten) entwickeln, wenn ihre unterschiedlichen Wünsche, Interessen, Meinungen, Handlungen aufeinanderstoßen.

Das Grundmodell der Konflikt-Interaktion:

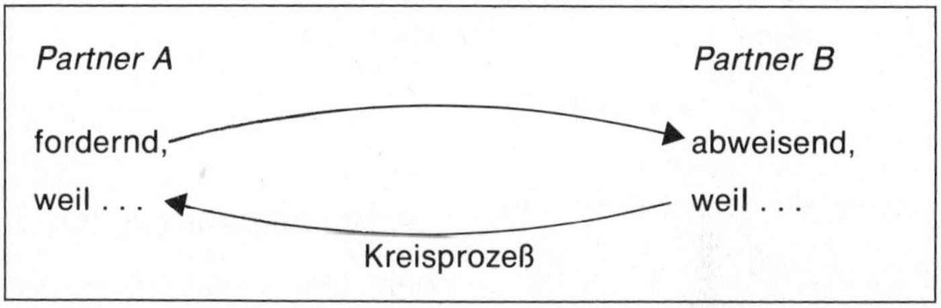

„Diese einfache Darstellung gibt den grundlegenden Prozeß der gegenseitigen Eskalation im Konflikt wieder: A erwartet von B die Anerkennung seines Zielwunsches und unter Umständen sogar dessen Mitwirkung bei der Realisierung. B aber hat andere Zielerwartungen und verhält sich daher dem Ansinnen des A gegenüber ablehnend. Daraufhin verschärft A seine Forderung gegen B, der mit einer gesteigerten Ablehnung reagiert. Gleichzeitig kann ein entsprechender Prozeß von B in umgekehrter Richtung in Gang gesetzt werden, wodurch der Polarisierungsvorgang noch weiter verschärft wird."[2]
Neben solchen „Streithähnen" gibt es aber auch die Streitscheuen. Sie haben häufig Schwierigkeiten, in die Streitarena zu steigen. Ihre Befürchtungen machen diese Aggressionsscheuen besonders erfindungsreich in der Kunst, allen Schlägen auszuweichen. Sie verbergen sich hinter der Zeitung oder vor dem Fernsehapparat. Sie wechseln das Thema oder werden seltsam schwerhörig. Sie sind zu müde, oder sie seufzen und sagen: „Ich möchte im Augenblick wirklich nicht darüber sprechen."
Ob Kampf- oder Fluchtreaktion, in beiden Fällen handelt es sich um *Abwehrmanöver* gegenüber einer realen oder vermeintlichen Gefahr – wenn der eine oder andere Gesprächspartner das Gefühl hat, sein Standpunkt oder sein Selbstwertgefühl werde verletzt.

---

1 Brocher, T., *Das unbekannte Ich. Eine Einführung in die Psychologie des Alltags,* Hamburg 1969, S. 57

2 Zarn, G., „Gedanken zur dialogischen Konfliktregelung", in: *Beiträge zur Konfliktforschung,* 3/1971, S. 58

9.3 Abwehrmanöver[3]

Es gibt vier Arten, von denen je zwei der Kampf- bzw. Fluchtposition angehören. Sie unterscheiden sich darin, daß sie verdeckt oder offen auftreten können. Beide blockieren den Gesprächsverlauf, sie trüben den Blick für die Sache und stören die zwischenmenschlichen Beziehungen.

	Angriff (aktiv)	Flucht (passiv)
versteckt	Abwehrmanöver 1	Abwehrmanöver 3
offen	Abwehrmanöver 2	Abwehrmanöver 4

Abwehrmanöver Nr. 1

Man macht sich größer, d. h., man startet einen versteckten Angriff.

Dies kann sich äußern in:

a) übertriebenem Pochen auf Status/Macht/Würde
b) Ablenken vom Thema, indem man ein Thema anschneidet, bei dem man sich stärker oder sicherer weiß (fühlt).

Abwehrmanöver Nr. 2

Man macht den anderen kleiner, d. h., man startet einen direkten (oft sogar persönlichen) Angriff.

Dies kann sich äußern in:

a) Du Depp, Sie Trottel u. ä.
b) Sie sind ja gar nicht kompetent . . .
c) Den anderen lächerlich machen:
   z. B. Wo haben Sie denn diese Information her . . .?

Abwehrmanöver Nr. 3

Man gibt klein bei, d. h., man läßt sich „schlagen" vom anderen. Aber: Man nimmt es ihm übel! (Versteckte Flucht.) Dies äußert sich in jeder Form von Nachgeben, das nicht aus Überzeugung, sondern voller Ressentiment geschieht.

Abwehrmanöver Nr. 4

Man flieht. Man entzieht sich der Situation. Aber: Man nimmt es dem anderen übel (offenes Fluchtverhalten).

Dies äußert sich in Bemerkungen/ Handlungen wie:

a) Ich muß jetzt leider weg . . .
b) Man geht und knallt die Türe hinter sich zu.
c) Man stoppt die Verhandlung und entzieht sich so der Gesamtsituation.

Aufgabe:

Wie man sieht, bietet Asterix zahlreiche Anschauungsbeispiele für Abwehrmanöver.
Durchdenken Sie einmal Konfliktsituationen in der Familie, am Arbeitsplatz oder im Freizeitbereich, wo Sie mit Abwehrmanövern konfrontiert wurden.
Wie haben Sie darauf reagiert?

---

[3] Die Darstellung dieses Themas folgt inhaltlich einem Beitrag von Vera F. Birkenbihl, „Kommunikation. Abwehrmanöver im Gespräch", München o. J.
Die Zeichnungen sind entnommen aus: Goscinny/Uderzo, *Asterix*, Ehapa Verlag Stuttgart, Band XV, S. 29, 43, 46 und Band XIV, S. 45

9.4 Veränderung der Rollenwahrnehmung

Konflikte entstehen, wenn sich widersprüchliche Einstellungen begegnen. Art und Stärke dieser Einstellungen hängen von sozialpsychologischen Tatsachen, z. B. wesentlich von der *Rollenwahrnehmung* der Konfliktpartner, ab.
Deshalb ist es sehr wichtig, daß man sich über die Rolle, in der man spricht und angesprochen werden will, klar ist bzw. möglichst schnell die Informationen sammelt, die man zur Bestimmung der eigenen und der fremden Rolle braucht: „In welcher Rolle sieht mich mein Gesprächspartner, was erwartet er von mir? Wie sieht er sich selbst, wie möchte er gerne von mir wahrgenommen werden?"
Richtige Antworten auf diese Fragen werden vor allem dann von großem Nutzen sein, wenn der Partner das Gespräch durch aktive oder passive Abwehrmanöver blockiert. Der Versuch, solche Blockierungen direkt durch Gegenaggressionen, Rechtfertigungs- oder Einengungsaktionen zu beseitigen, wäre sicher erfolglos und würde die Spannungen zwischen den Beteiligten nur verschärfen. Effektiver ist der indirekte Weg:

„Wenn der andere mit aktiven Abwehrmanövern reagiert, dann wissen Sie automatisch, daß er sich z. Z. kleiner bzw. schwächer fühlt, sonst hätte sein Organismus ja nicht mit *Kampf* reagiert. Also müssen Sie betonen, daß Sie ihn nicht angreifen wollen, daß es ihnen leid täte, wenn er den Eindruck gewonnen hätte, daß Sie vielleicht gemeinsam zu einem Punkt zurückgehen könnten, an dem noch Einigkeit bestanden hat. D. h., Sie haben auf sein Abwehrmanöver nicht mit einem Abwehrmanöver Ihrerseits reagiert, Sie haben also den Teufelskreis unterbrochen. Gesagt sei hier noch, daß in diesem Moment Ihr Ton und Ihre positive innere Einstellung dem anderen gegenüber fast noch wichtiger sind als der Inhalt Ihres Gesagten!
Wenn der andere mit passiven Abwehrmanövern reagiert, dann wissen Sie ebenfalls, daß er sich z. Z. kleiner bzw. schwächer fühlt, sonst hätte sein Organismus ja nicht mit *Flucht* reagiert. Also müssen Sie ihn jetzt „moralisch aufrichten", d. h., Sie müssen ihm klarmachen, daß Sie ihn größer sehen, als er meinte. Sie sagen z. B. „In der Sache soundso haben Sie doch gezeigt, daß . . ." und versichern ihm, daß Ihnen gar nichts daran liegt, daß er sich jetzt der Situation entzieht."[4]
Dadurch, daß Sie Ihre Rolle in den Augen des Konfliktpartners gezielt ändern oder ihn in einer veränderten Rolle ansprechen, erreichen Sie eine Umstrukturierung der blockierten Gesprächssituation:
Der Konfliktpartner wird von seinem bisher gezeigten Störverhalten abgelenkt, muß sich voll und ganz auf die neue, für ihn unerwartete Situation konzentrieren und damit auf Ihr Gesprächskonzept eingehen.

---

[4] Birkenbihl, V. F., *Kommunikation. Abwehrmanöver im Gespräch,* München o. J., S. 2

Beispiel 1:
Sie sind Unternehmer und werden von einem Kritiker in polemischer Weise für das allgemeine Ansteigen der Preise und Lebenshaltungskosten verantwortlich gemacht. Ihr Gegenüber erwartet, daß Sie ebenfalls aggressiv werden, die Unternehmerschaft verteidigen oder einfach alles abzustreiten versuchen. Sie übernehmen die Rolle des Mitanklägers: Sie geben zu, daß einzelne Produzenten tatsächlich die Situation ausnützen, um ihre Erträge zu erhöhen, lassen aber auch keinen Zweifel daran, daß die Gewerkschaften wegen ihrer überhöhten Lohnforderungen mitverantwortlich sind.
(Veränderung der eigenen Rolle)

Beispiel 2:
Sie sind Journalist. Ihr Gesprächspartner beschimpft das niedere Niveau Ihrer Zeitung. Sie machen ihn zum Angeklagten: „Wir warten immer auf Leserzuschriften. Wir versuchen, allen Interessen und Gruppen Rechnung zu tragen. Warum haben Sie sich noch nicht früher an uns gewandt?"
(Veränderung der Rolle des Gesprächspartners)

In beiden Fällen gelingt es Ihnen, die angespannte Lage, die blockierte Gesprächssituation zu überwinden. Sie reagieren anders, als es der Gesprächspartner ursprünglich von Ihnen erwartete. Sie zeigen Verständnis für seine Probleme und Gefühle, ohne seine Pauschalbeschuldigungen zu akzeptieren. Folge: Eine neue Verständigungsebene – der Partner muß sich im Gespräch neu orientieren.

9.5 Gesprächsregel „VIR"

Beim „Kontern" von Abwehrmanövern durch Rollenwechsel geht es also nicht darum, dem Gegenüber „eins auszuwischen" oder ihn zu „überzeugen", sondern sich mit ihm zu verständigen. Deshalb nennen wir diese Haltung *partnerzentriert.* Wir verfeinern jetzt diese kommunikationsfreundliche Haltung zu einer Gesprächsregel, anwendbar in den meisten konfrontativen Gesprächssituationen.

V (= Verständnis)
Versuchen Sie dem Konfliktpartner in sachlicher, ruhiger und zugewandter Weise Verständnis für dessen andersgelagerte Motive, Gefühle, Interessen mitzuteilen. Der Partner soll spüren, daß man sich echt bemüht, seinen Standpunkt zu verstehen. Diese Hinwendung zum Partner ist eine wirkungsvolle Barriere gegen den Ausbruch der eigenen – in Konfliktsituationen meist negativen – Gefühle wie Ärger, Wut, Aggression dem anderen gegenüber. Ferner kann man dann – als Reaktion auf diese Haltung – am ehesten auch mit Verständnis für die eigenen Interessen rechnen.

Formulierungsbeispiele:
- „Das ist ein diskussionswürdiger Vorschlag."
- „Ich kann verstehen, daß Sie sauer sind."
- „Sie haben wohl schlechte Erfahrungen damit gemacht?"

I (= Interesse)
Dann sollte man dem Partner offen die eigenen Interessen und Probleme mitteilen, damit eventuell bestehende Vorurteile und Mißverständnisse ausgeräumt werden können. Außerdem wirkt ein offenes Aussprechen entspannend.

Formulierungsbeispiele:
- *„Das habe ich nicht verstanden. Erklären Sie mir bitte, wie Sie zu dieser Meinung kommen."*
- *„Darüber habe ich auch schon nachgedacht."*
- *„Es fällt mir schwer, das zu glauben. Man kann die Sache auch anders verstehen."*

R (= Regelung)
Im Anschluß daran sollte man den Partner um Mithilfe bitten bei der gemeinsamen und gleichberechtigten Regelung des Konflikts. Dabei sollten weniger „Schuldfragen" geklärt als Regelungen für die Zukunft angestrebt werden (Abmachungen). Besteht für die vorliegende Konfliktsituation bereits eine Abmachung, dann soll sie auch zur Anwendung kommen. Wird sie als unbefriedigend erlebt, kann sie für das nächste Mal verändert werden.

Formulierungsbeispiele:
- „Darüber würde ich gerne einmal intensiver mit Ihnen sprechen."
- „Ich hätte dazu noch ein paar Fragen."
- „Wo sind wir uns einig, und wo sehen Sie Unterschiede?"

Wichtig ist dabei, daß Sie sich mit Ihrem Vorgehen wirklich identifizieren und dem Gegenüber nicht etwas „vorspielen". Nur wenn der Rollenwechsel selbstverständlich und ungezwungen vollzogen wird, gelingt es Ihnen, den anderen bei der Neuorientierung, bei der Selbstfindung im Gespräch zu unterstützen.
Sie müssen wissen, daß Ihr Gegenüber das Gespräch sofort (wieder) blockieren wird, wenn Sie sich ironisch, arrogant oder gelangweilt geben. Je überzeugender Sie mit sparsamem und gelassenem Ausdruck demonstrieren, daß Sie Ihre Aussagen ernst meinen, desto größer wird Ihr Erfolg sein.

Aufgabe 1:

Lesen Sie folgende Version eines Reklamationsgesprächs in einem Haushaltswarengeschäft[5]. Stellen Sie fest:
- Wie ist die Erwartungshaltung der Kundin?
- Wie reagiert die Verkäuferin?

1. Version (negativ)

Kundin: „Also, was Sie mir da angedreht haben, ist wirklich die Höhe! Das können Sie gerade wieder zurückhaben!"

Verkäuferin: „Ja wieso denn, hat es etwa nicht geklappt? Jetzt regen Sie sich doch bitte nicht so auf und lassen uns erst mal zur Sache kommen!"

Kundin: „Zur Sache können wir sofort kommen! Hier, da schauen Sie mal Ihren miesen Apparat an! Der taugt rein gar nichts!"

Verkäuferin: „Können Sie mir vielleicht mal erklären, was überhaupt los ist und warum der Apparat nichts taugt? Bisher hat sich noch kein einziger Kunde hier beschwert!"

Kundin: „Werden Sie bloß nicht frech! Schließlich waren Sie es, die mir diesen Unsinn aufgeschwatzt hat, Sie sind schuld, und wenn Sie mir nicht glauben, daß das Ding reine Geldmacherei ist, dann probieren Sie es doch selbst mal aus!"

Verkäuferin: „Ich denk doch gar nicht daran! Wenn Sie zu hysterisch sind, mir sachlich zu erklären, wieso der Apparat nicht funktioniert, sehe ich wirklich keinen Anlaß dazu, hier auch noch eine Vorstellung zu geben! Das würde Ihnen so passen!"

Kundin: „Sie fühlen sich wohl überhaupt nicht verantwortlich für diesen Mist! Jetzt reicht es mir aber! Ich geh sofort zu Ihrem Chef!"

Verkäuferin: Bitte schön"!

Aufgabe 2:

Bevor Sie eine andere Version des Reklamationsgespräches[6] lesen, versuchen sie zunächst eine aggressionsabbauende Reaktion nach der VIR-Regel auf die erste provokative Äußerung der Kundin zu formulieren. Untersuchen Sie dazu den folgenden Gesprächsablauf nochmals darauf, wie die Verkäuferin auf die Aggression der Kundin reagiert.

2. Version (positiv)

Kundin: „Also, was Sie mir da angedreht haben ist wirklich die Höhe! Das können Sie gerade wieder zurückhaben!"

Verkäuferin: „Oh ja, ich verstehe Ihre Aufregung, aber mich interessiert erst mal, was hat denn nicht geklappt? Es kann schon mal vorkommen, daß die Ware nicht in einwandfreiem Zustand ankommt. Aber wollen wir denn nicht in Ruhe über die Sache sprechen?"

Kundin: „Also, gestern habe ich doch das Gerät bei Ihnen gekauft, und dann bin ich gleich nach Hause gefahren und habe mich darauf gefreut – und als ich es ausgepackt habe, da hab' ich schon gemerkt, daß das An-

---

[5] Kirchliche Hauptstelle für Bild- und Filmarbeit (Hrsg.), *Medienpraxis, Gesprächstechniken,* 4. Teil: Aggressionsabbauende Gesprächsführung, Köln o. J., S. 4

[6] Aus: *Medienpraxis, Gesprächstechniken,* 4. Teil, S. 5

schlußstück wackelt; und dann hab' ich es in die Dose gesteckt, da kracht es, da zischt es, und auf einmal stinkt es auch noch nach Gummi. Also, hören Sie mal, bei so einem teuren Apparat, das ist doch nicht in Ordnung! Ich trau dem ganzen Ding nicht mehr! Ich möchte auch nichts mehr von dieser Firma haben!"

Verkäuferin: „Ja, hat es dann die Sicherung rausgehauen, oder . . .?"

Kundin: „Nein, also der Strom fiel nicht aus, das muß an der Konstruktion liegen."

Verkäuferin: „Ja, dann muß ich das Gerät an die Herstellerfirma zurückschicken, und wenn die feststellt, daß keine Bedienungsfehler vorliegen, sondern irgendein Defekt die Ursache war, bekommen Sie selbstverständlich ein neues Gerät."

Kundin: „ Das war bestimmt kein Fehler von mir! Ich habe ja nichts anderes gemacht als den Stecker in die Dose getan, aber eigentlich möchte ich kein Gerät mehr von denen!"

Verkäuferin: „Ja gut, Sie können auf jeden Fall einen Gutschein haben."

Zusammenfassung

Konflikte entstehen, wenn unterschiedliche Wünsche, Interessen, Meinungen, Handlungen aufeinanderstoßen. Sie eskalieren, wenn die Konfliktpartner sich bedroht fühlen und mit Abwehrmanövern – Angriff oder Flucht – reagieren. Das durch Abwehrmanöver blockierte Gespräch läßt sich durch gezielte Rollenveränderung wieder in Gang bringen. Zu einer konstruktiven Konfliktregelung mit einem konfrontativ eingestellten Partner kann die VIR-Regel eingesetzt werden.

V = Wenden Sie sich Ihrem Gegenüber in **v**erständnisvoller Weise zu!
I = Machen Sie ihm Ihre eigene **I**nteressenlage deutlich!
R = Schlagen Sie ihm eine **R**egelung auf gleichberechtigter Basis vor!

Literatur

Bach, George R., und Wyden, Peter, Streiten verbindet. Formeln für faire Partnerschaft in Liebe und Ehe, Gütersloh 1970

Birkenbihl, Vera F. *Kommunikation. Abwehrmanöver im Gespräch,* München o. J.

Kirchliche Hauptstelle für Bild- und Filmarbeit (Hrsg.), *Medienpraxis, Gesprächstechniken,* 4. Teil: Aggressionsabbauende Gesprächsführung, Köln o. J.

Watzlawick, Paul, *Menschliche Kommunikation. Formen, Störungen, Paradoxien,* Bern 1972

Zarn, Gerhard, „Gedanken zur dialogischen Konfliktregelung", in: *Beiträge zur Konfliktforschung,* 3/1971, S. 36–64

10 Diskussion I: Grundlagen und Teilnehmerschaft

Lernziele

1. Diskussion als wesentliches Mittel der Konfliktregelung in einer Demokratie anerkennen.
2. Rolle der Diskussionsteilnehmer unter quantitativen und qualitativen Aspekten kennenlernen.
3. Aktives Zuhören als wesentliche Voraussetzung für eine erfolgreiche Diskussion erfahren.

10.1 Situation:

Verweigern Sie aus Gewissensgründen? Oder aus ganz „gewissen Gründen"? – Auf diese Frage lief es hinaus, als sich vor einigen Jahren Zivildienstler und Soldaten in einem Standort der Bundeswehr (Visselhövede) zu einem offenen Gespräch zusammensetzten. Hier nun ein Ausschnitt aus dieser Diskussion, die in der ZDF-Sendereihe „Tagesausflug" am 8. November 1976 ausgestrahlt wurde:

Zivildienstler: Ich meine, ich habe eine Frage erstmal an Herrn Schliep. Wenn ich richtig gehe in der Annahme, haben wir Sie vorhin in dieser Luftüberwachungsanlage gesehen, und ausgehend jetzt von Werbungsmethoden möchte ich gerne von Ihnen wissen, vielleicht geht es auch schon so ein bißchen über in die Frage des Gewissens dann, ob Sie primär jetzt bei der Bundeswehr im Augenblick tätig sind, auf Grund der technischen Arbeit, die Sie gerade verrichten am Computer oder an Ihrem Stellpult, oder ob Sie auch aus einer Überzeugung handeln, welches da von beiden Motiven überwiegt?

Soldat: Das letztere. Das kann ich nur ganz klipp und klar erklären: aus dem einfachen Grund, wenn Sie, wie Sie es heute morgen bei dem Besuch bei uns gesehen haben, die Situationen gesehen haben, mit denen wir tagtäglich 24 Stunden um die Uhr konfrontiert werden, daß wir also unmittelbar sehen, was geschieht, was manch einer, Gott sei Dank, der größte Teil der Bevölkerung überhaupt nicht sehen kann, auch nicht sehen soll, so können Sie sicher sein, daß das Erstgenannte von Ihnen nicht zutrifft, sondern das Zweitgenannte zutrifft.

Zivildienstler: Darf ich daran nochmal anschließen? Sie sprachen gerade davon, daß Sie das Problem unmittelbar sehen. Es gibt aber noch ein anderes Problem, das uns auch, das wir alle unmittelbar sehen, das sind Bilder von Vietnam, oder Bilder von anderen Kriegen oder Bilder von Menschen, die im Kriege gequält und getötet wurden. Ist das nicht genauso ein Faktum für die Gewissensentscheidung?

Soldat: Ich glaube, wenn Sie mich fragen, muß ich mit einer Gegenfrage antworten. Wenn Sie einerseits sagen, es ist für einen Wehrpflichtigen oder einen heranstehenden Wehrpflichtigen eine ausschlaggebende Motivation zu sagen nein, ich lehne den Dienst mit der Waffe ab, nur weil ich diese Bilder gesehen habe, so sollten Sie sich Gedanken darüber machen, wie kann man solche Bilder verhindern, welche Möglichkeit habe ich dazu, daß so etwas nicht wieder zum Tragen kommt?

Zivildienstler: Ja, dann kann ich die Frage auch gleich beantworten: dadurch, daß man nicht an diesen Waffen arbeitet. Und genau das tun Sie ja, wenn Sie Ihre Waffen einsetzen, dazu dient ja Ihre Arbeit, im Endeffekt machen Sie genau das, was Sie nicht wollen, nämlich Sie vernichten Menschen im Ernstfall.

Soldat: Sie sind etwas falsch informiert. Sie sprechen jetzt von Kriegsgeschehnissen, die wir mit unseren Waffen, so habe ich Sie verstanden, wiederholen oder ihre Bilder verwirklichen. Dazu sind Sie falsch informiert über unseren Einsatz. Wir sind kein Angriffsverband, genauso wie die gesamte Bundeswehr das nicht ist, sondern wir sind rein für die Verteidigung da, und wir können effektiv nur reagieren. Und wenn Sie das so sagen, dann frage ich Sie, wer ist zu verurteilen: der reagiert, oder der die Reaktion herausfordert?

Zivildienstler: Ich finde nicht, daß man die Gewissensfrage derartig beantworten kann, daß man davon ausgeht, daß das Konzept der Verteidigung durch Abschreckung funktioniert. Das ist meiner Meinung nach ein „Sichdavonstehlen" aus dieser Gewissensentscheidung.

Soldat: Zunächst zum Zweifel, daß das Konzept der Abschreckung funktioniert. Bester Beweis dafür, daß es funktioniert, ist die Tatsache, daß seit Bestehen der NATO es keinen Krieg gegeben hat, daß es sogar soweit ging, daß Komplikationen innerhalb der NATO-Staaten, sprechen wir's ruhig aus, durch Bestehen der NATO geregelt worden sind.
Nun aber zu Ihrer Formulierung mit dem „Sichdavonstehlen": Sie nehmen doch auch für sich das Recht der Selbstverteidigung in Anspruch, und ich persönlich handle als ausführendes Organ einer kollektiven Selbstverteidigung und treffe nach entsprechenden Abläufen eine Güterabwägung, nämlich ein Flugzeug abzuschießen, das eben Millionen Menschen töten kann, und diese Güterabwägung ist meiner Ansicht nach moralisch gerechtfertigt und richtig, und ich habe dabei eigentlich keine Probleme.

Zivildienstler: Ich kann eigentlich nicht verstehen, daß man abwägen kann zwischen einem Menschenleben und vielen Menschenleben. Ich kann das nicht verstehen, daß man sagen kann, ein Menschenleben ist nicht so viel wert wie viele Menschenleben.

Soldat: Darum geht es doch gar nicht, nur bei den Angriffen, in dem Moment, habe ich doch das Recht der Verteidigung. Sie nehmen doch für sich auch das Recht der Selbstverteidigung in Anspruch. Dann habe ich doch auch das Recht, für den Staat als ausführendes Organ der kollektiven Selbstverteidigung zu handeln. Das ist doch etwas ganz Verschiedenes.

Zivildienstler: Aus den Antworten, die ich höre, und aus den Fragen kommt immer wieder raus, ob es um eine Gewissensentscheidung geht. Ich möchte nur nochmal kurz zusammenfassend fragen. Wir reden hier immer, haben wir unser Gewissen vorher abgecheckt oder nicht? Wie stehen wir denn da überhaupt zu, möchten wir das denn überhaupt?

Soldat: Ja, ich wollte dazu sagen, daß wir grundsätzlich erst einmal von unserer Seite aus so agieren, daß das Grundgesetz für uns bindend ist. Im Grundgesetz ist auch verankert das Recht, den Dienst mit der Waffe zu verweigern. Und wenn wir auf der einen Seite für das Grundgesetz stehen, in dem auch unsere Position der Bundeswehr verankert ist, so stehen wir natürlich auf der anderen Seite genauso zum Grundgesetz, wo Ihre Position verankert ist. Darüber gibt es überhaupt keine Frage. Grundgesetz bleibt Grundgesetz.

10.2 Analyse:

„Niemand darf gegen sein Gewissen zum Kriegsdienst mit der Waffe gezwungen werden" – so lautet Artikel 4 Absatz 3 Satz 1 des Grundgesetzes für die Bundesrepublik Deutschland.
Eine klare Aussage – es darf kein Zwang zum Dienst mit der Waffe ausgeübt werden gegen jedermann, dessen Gewissen gegen die Ableistung dieses Dienstes spricht.
Auf der anderen Seite verlangt das Grundgesetz auch, daß jeder Wehrpflichtige grundsätzlich Wehrdienst zu leisten hat. Damit stellt sich die Gewissensfrage im Zusammenhang mit dem Sicherheitsinteresse der Allgemeinheit: Wer den Dienst aus Gewissensgründen verweigern möchte, muß dies glaubhaft begründen.
Die Kriegsdienstverweigerer drehen in der Fernsehdiskussion zunächst einmal den Spieß herum. Sie unterziehen die Soldaten praktisch einer Gewissensprüfung, sie hinterfragen ihre Motive und den Sinn militärischen Handelns.
Dazu gilt grundsätzlich: Wer einseitig das Fragerecht in Anspruch nimmt und damit die Möglichkeit zur Gegenfrage ausschließt, grenzt dadurch in unzulässiger Weise den Handlungsspielraum des Diskussionspartners weitgehend ein und beschwört damit die Gefahr einer emotionalen Auseinandersetzung in Form von Mißfallenskundgebungen, Beschimpfungen oder Tätlichkeiten gegen sich direkt herauf.
Dies ist in unserer Fernsehdiskussion nicht der Fall. Im Gegenteil: Obwohl die Kriegsdienstverweigerer zunächst das Fragerecht für sich allein in Anspruch nehmen, gelingt es den Soldaten allmählich, aus dieser für sie unbequemen Befragungssituation freizukommen: Sie beginnen offensiv zu argumentieren – mit dem Recht des Staates auf kollektive Selbstverteidigung. Im übrigen kann ein Diskussionsteilnehmer eine gerechte Verteilung des Frage- und Antworterechts in bestimmten Grenzen selbst steuern. Dazu muß er wissen: Wer in der Diskussion eine Frage kurz beantwortet – z. B. nur mit „ja" oder „nein" –, wer keine ausführliche Antwort und damit keine neuen Gesprächsanstöße gibt, wer auf eine Frage keine Gegenfrage stellt, der wird weiter befragt und gerät in die Rolle des Befragten. Daraus kann leicht die Rolle eines Angeklagten werden. Ausführ-

liche Fragenbeantwortung mit Gesprächsanregung und Gegenfragen bringen auch den Gegenüber, der zunächst gefragt hat, zum Reden. Es entsteht ein Wechselgespräch, an dem beide als Partner in gleicher Weise beteiligt sind.
In unserem Fall sind es die Ersatzdienstler, die sich schließlich den Gegenfragen stellen müssen und die Antwort auf ihre Grundannahme schuldig bleiben, Gewaltanwendung – auch als Notwehr einer ganzen Gesellschaft – sei Unrecht. Dazu sagt auch das Bundesverfassungsgericht (BVerfG 12,45):
„Das Grundgesetz ist eine wertgebundene Ordnung, die den Schutz von Freiheit und Menschenwürde als den obersten Zweck allen Rechtes anerkennt; sein Menschenbild ist nicht das des selbstherrlichen Individuums, sondern das der in der Gemeinschaft stehenden und ihr vielfältig verpflichteten Persönlichkeit. Es kann nicht grundgesetzwidrig sein, die Bürger zum Schutz und zur Verteidigung dieser obersten Rechtsgüter der Gemeinschaft, deren personale Träger sie selbst sind, heranzuziehen."
Zu den obersten Rechtsgütern in einer Demokratie gehört auch das Recht auf freie Meinungsäußerung. Soldaten und Zivildienstleistende machen davon Gebrauch, wenn sie – wie in unserem Fernsehausschnitt – ihren Meinungskonflikt über Abschreckung und Gewissensprüfung öffentlich austragen. Die kritische Teilnahme junger Staatsbürger an der politischen Diskussion bestimmt den Wert unserer Demokratie entscheidend mit.
Dazu gehört aber, daß die Staatsbürger sich über Kritik- und Entscheidungsfähigkeit hinaus auch die Fähigkeit aneignen, Meinungen, Kritik und Entschlüsse verständlich und fair zu äußern, damit sie Konflikte nicht nur erkennen und aushalten, sondern mit der notwendigen Rationalität austragen und aktiv lösen können.

10.3 Konfliktlösung durch Diskussion

Konflikte treten auf allen Ebenen der Gesellschaft auf. Sie basieren auf dem Antagonismus der Gruppen, d. h. auf konträren Einstellungen oder untereinander nicht (voll) verträglichen Interessen. Die divergierenden Gruppen können nach Blankenburg und Schnelle[1] auf verschiedene Weisen reagieren:

1. Sie *vermeiden* die Konfliktaustragung, wie z. B. Koalitionspartner, die politischen Konfliktstoff für die Dauer ihrer Zusammenarbeit „auf Eis legen", oder politische Parteien, die interne Konflikte zwischen rivalisierenden Untergruppen um der Einheit der Partei willen leugnen.

---

[1] Blankenburg, E./Schnelle, W., „Aushandeln oder Problemlösen als Formen der Konfliktaustragung", in: *Kommunikation,* 6/1970, S. 201–203

2. Sie *delegieren* die Entscheidung über den Konflikt an eine dritte, neutrale Instanz (z. B. an ein Gericht oder an eine Schiedskommission), deren Urteil man sich zu fügen bereit ist.
3. Sie *erzwingen* eine Entscheidung über den Konflikt dadurch, daß massiver Druck aufeinander ausgeübt wird, z. B. mit Streik bzw. Aussperrung in Lohnstreitigkeiten oder durch Klageandrohung bzw. das Erwirken einer einstweiligen Anordnung in einem Rechtsstreit.
4. Sie *lösen* den Konflikt durch Einigung. Da die anderen Arten von Konflikthaltungen Unzufriedenheit, Kräfteverschleiß und nicht selten (blutige) Verluste auf beiden Seiten hinterlassen, tendieren divergierende Gruppen zumeist dahin, ihre Kontroversen durch Einigungsversuche aus der Welt zu schaffen. Einigungsverhalten bedeutet jedoch konkret: miteinander sprechen, verhandeln, diskutieren.

10.4 Diskussionsteilnehmer

Das Wort *diskutieren* wurde im 16. Jahrhundert aus dem lateinischen *discutere* = „zerschlagen, auseinanderschlagen, auflösen" entlehnt.

Seit damals heißt *diskutieren* in unserem Sprachgebrauch:
„Die Diskussionspartner setzen sich mit den unterschiedlichen Aspekten einer Sache auseinander, indem sie den zu erörternden Gegenstand zerlegen."[2] Dies geschieht im wesentlichen durch Vortragen von Argumenten und Gegenargumenten, also durch Argumentieren (vgl. die beiden folgenden Kapitel).

10.4.1 Quantitativer Aspekt

Ein bedeutsamer Faktor für Leistungsfähigkeit und „Betriebsklima" in einer kooperativ eingestellten Diskussionsgruppe ist ihre Größe. Am besten umfaßt eine solche Diskussionsrunde 7–12 Teilnehmer[3]. Gruppen dieser Größenordnung zeichnet persönliche Überschaubarkeit aus sowie die Möglichkeit, mit jedem anderen in persönliche Beziehung zu treten. Wir sprechen daher, den angelsächsischen Ausdruck übernehmend, von einem *„face-to-face contact"*, einem Kontakt von Angesicht zu Angesicht. Außerdem kann sich bei kleinen Gruppen ein Gefühl der Zusammengehörigkeit, das „Wir"-Bewußtsein – im Unterschied zu größeren Gruppen – noch voll entwickeln. Nur in diesem Rahmen ist eine Aktivierung aller denkbar[4].

---

[2] Böttcher, W./Zielinsky, J., *Diskussionstechnik,* Düsseldorf 1974, S. 29
[3] Böttcher, W./Zielinski, J., *Diskussionstechnik,* S. 31
[4] Mucchielli, R., *Gruppendynamik,* Salzburg o. J., S. 59

Gruppen mit weniger Mitgliedern sind zu klein, um einen repräsentativen Meinungsquerschnitt zu leisten. Sie übersehen leichter wichtige Aspekte, verfügen nur über einen begrenzten Einfallsreichtum. Wo sich Menschen in noch größerer Zahl zur gemeinsamen Diskussion zusammenfinden, kommt meist nicht jeder so zu Wort, wie es zweckdienlich wäre. Der persönliche Kontakt untereinander ist kaum noch möglich, so daß Gruppen mit mehr als zwölf Personen zur vorschnellen Aufspaltung in Untergruppen und Cliquen neigen. Sie machen überdies strengere Regelungen zur Leitung und Organisation des Diskussionsablaufs erforderlich, deren Zwänge die Produktivität und Zufriedenheit der Teilnehmer beeinträchtigen können.

10.4.2 Qualitativer Aspekt

Eine Diskussion kann dadurch ausgelöst werden, daß Menschen ihre unterschiedlichen Ansichten zu einem bestimmten Sachverhalt miteinander konfrontieren wollen. Verschiedene Standpunkte bedingen jedoch bestimmtes Wissen bzw. bestimmte Kenntnisse, die ihnen zugrunde liegen. Die verschiedenen Gesichtspunkte unter denen ein Problem gesehen werden kann, sollen nun auf ihre Stichhaltigkeit überprüft werden.
Auf der Grundlage ihrer Kenntnisse und eines gemeinsamen (Minimal-)Vorrats an Schlüsselbegriffen und -bedeutungen bringen die Diskussionsteilnehmer ihre Argumente und Auffassungen zur Sprache.

Beispiel:

Herr Müller, Herr Leymann und Herr Schubert diskutieren über Vor- und Nachteile eines neuen Kleinwagens.

Herr Müller	**Herr Leymann**	**Herr Schubert**
	„Zu einem Kleinwagen gehört auch Sparsamkeit. Er muß ‚vernünftig' sein."	
„Ganz und gar nicht! Er muß sportlich sein. ‚Sparsam' und ‚vernünftig' ist doch nichts Neues!"		
		„Außerdem klingt das nach ‚Auto für arme Leute'."
	„Ist es ja auch. Ich habe ja nichts gegen Sportlichkeit, aber . . ."	
		„Natürlich haben Sie etwas dagegen. Sportlichkeit und Sparen, das paßt doch nicht zusammen!"

Herr Müller	Herr Leymann	Herr Schubert
	„Man kann doch beides ...“	
„Nein, nein, Sparsamkeit ist indiskutabel.“		
		„Klar. Sportlichkeit muß in den Vordergrund. Allerdings denken die Leute vielleicht: hochgezüchtet, teure Reparaturen, viel Benzin. Vielleicht sollte man ...“
	„Ja eben, man sollte ...“	
„Ich hab's. Warum nicht sportlich und solide? Also ein sportliches Auto, das vernünftig ist.“		„Sehr gut.“
	„Ja, aber gerade das wollte ich ja beides betonen!“	
		„Sie wollten doch das Sparbüchsenauto ...“

Analyse:

Verlauf und Ergebnis der Diskussion sind unbefriedigend. Herr Müller und Herr Schubert lassen Herrn Leymann nicht ausreden. Weil sie ihn kaum zu Wort kommen lassen, bemerken sie nicht, daß sie schließlich doch dasselbe formulieren, was er von Anfang an sagen wollte.

Jeder Diskussionspartner hat das Recht, seine Meinung und seinen Standpunkt ungehindert und vollständig vorzutragen. Er darf deshalb auch nicht unterbrochen werden. Wie bei jeder anderen Gesprächsform gilt auch bei der Diskussion als oberste Maxime: *Zuhören können!*

Die Fähigkeit, zuhören zu können, läßt sich mit Hilfe des *„kontrollierten Dialoges“* verbessern[5].

[5] Antons, K., *Praxis der Gruppendynamik,* Göttingen, 4. Aufl. 1976, S. 87 ff.

10.5 Zur Übung

Der „kontrollierte Dialog" soll Ihnen helfen, Fehlerquellen einer Diskussion aufzuzeigen, und Sie in die Lage versetzen, sich im Laufe der Zeit so auszudrücken, daß Ihr Zuhörer Sie ohne große Rückfragen versteht, und daß umgekehrt Sie die Aussage eines Diskussionspartners objektiv aufnehmen können.
Legen Sie in der Rolle des Partners A mit einem Partner B ein kontroverses Thema fest und versuchen Sie, darüber mit ihm zu diskutieren. Und zwar nach folgenden *Spielregeln:*

A beginnt mit einem Satz, einer These; B muß erst den Satz von A genau sinngemäß wiederholen; daß der Sinn des Satzes durch B nicht verkürzt oder entstellt worden ist, muß von A daraufhin mit *„Stimmt!"* oder *„Richtig!"* bestätigt werden; erst dann darf B auf den Satz von A antworten.
Wird ein Satz z. B. von B (oder A) nicht ganz sinngemäß wiederholt, wird er von A (oder B) nicht mit *„Stimmt!"* bzw. *„Richtig!"* bestätigt, sondern verneint mit *„Falsch"* oder *„Nein"*, dann muß er von B (oder A) nochmals wiederholt werden. Ist er dann noch immer falsch, muß ihn A (oder B) selbst nochmals sagen, B wiederholt ihn usw.

Sie können den kontrollierten Dialog auch sprachlich nahezu „lebensecht" führen dadurch, daß Sie dem Beitrag eines Diskussionspartners nicht unüberlegt sofort die eigene kontroverse Ansicht entgegensetzen. Dies läßt sich etwa mit Formulierungen des folgenden Typs erreichen:

„Habe ich Sie richtig verstanden, Sie sagten eben . . ."
oder:
„Das ist interessant, Sie sprachen eben davon, daß . . ."
oder:
„Also Ihre Meinung ist/war . . ."

Solche vorgeschalteten Formulierungen wirken als „Schock-Absorber", als Informationsabsicherung, die einer konfrontativen Entwicklung der Diskussion vorbeugt. Vorurteile und Meinungsunterschiede fallen dann weniger ins Gewicht. Und wenn Sie die Partneräußerung inhaltlich sinngemäß wiederholen, dazu mit Stimmklang und Körpersprache nicht gleich Widerspruch signalisieren, dann zeigen Sie Ihrem Diskussionspartner auch, daß Sie ihn und seinen Standpunkt ernstnehmen. Sie werden so erfahrungsgemäß sehr schnell Zugang zu der Persönlichkeit Ihres Gegenüber finden. Suchen Sie in der Diskussion nach gemeinsamen Bezugspunkten. Sie werden überrascht sein, wieviel Verständnis und Kompromißbereitschaft Sie beim anderen dann finden. Sie werden aber auch überrascht sein, wie schwer es Ihnen fällt, dem Partner tatsächlich zuzuhören und nicht schon, noch während er spricht, Ihre eigenen Ansichten und Gegenmeinungen vorzubereiten. Diese Schwierigkeit macht sich besonders stark dann bemerkbar, wenn man Zuhören als eine rein passive Angelegenheit versteht. Zuhören ist jedoch als eine mitdenkende Aktivität des Diskussionsteilnehmers anzusehen.

W. Böttcher und J. Zielinski[6] unterscheiden drei Phasen des *aktiven Zuhörens:*

1. Phase: Anhören
   Was sagt der Diskussionspartner überhaupt?
2. Phase: Verstehen
   Was meint er wirklich?
3. Phase: Abwägen, Beurteilen, Bewerten
   Was leistet sein Beitrag für die Lösung des Problems?
   Was leistet meine Meinung für die Lösung des Problems?
   Was leistet meine Meinung für die Lösung des Problems angesichts des Beitrages, den ich gerade kritisch erwogen und bewertet habe?

Zuhörenkönnen ist also eine Voraussetzung, die die Diskussionspartner mitbringen müssen. Das Offensein für die Gesichtspunkte und Argumente aller Beteiligten macht erst den Austausch von Erfahrungen, Kenntnissen, Begründungen, Abwägungen und Urteilen möglich, der zu einer Änderung der Sichtweisen, Auffassungen und ggf. Handlungsweisen der Diskussionsteilnehmer führen soll. Falsch wäre es jedoch, dieses gegenseitige Offensein der Diskussionsteilnehmer als Verpflichtung zum Kompromiß um jeden Preis mißzuverstehen. Die Sache der Wahrheit steht im Vordergrund, und der Sieg des eigenen oder des gegnerischen Standpunktes nur soweit, wie er mit der Sache der Wahrheit vereinbar ist. Daraus folgt: Die Diskussion braucht nicht in jedem Fall zu einer völligen Übereinstimmung der Auffassungen zu führen.
Allerdings enthält dies nach F. Pöggeler eine ganz wesentliche Konsequenz im Hinblick auf unsere freiheitlich-demokratische Staatsordnung und plurale Gesellschaft:
„. . . es liegt gerade im Wesen der demokratischen Diskussion, daß eine Gesprächsentscheidung auch dann als gültig durchgesetzt und verwirklicht wird, wenn sich eine bis zum Ende bestehenbleibende Opposition nicht zu ihr bekennt; die Opposition toleriert zwar die Mehrheitsentscheidung, macht sie sich aber nicht zu eigen: so kann am Ende durchaus eine Meinungsdifferenz bestehen bleiben . . . Die Auseinandersetzung als solche braucht sich nicht unbedingt aufzuheben und zur Vereinigung zu führen. Das Ethos der Diskussion verlangt allerdings, daß die bis zum Ende bestehenden gegnerischen Meinungen einander achten und daß die Opposition sich zur Mehrheit loyal verhält."[7]
Das bisher Gesagte läßt sich nach einem Entwurf von J. Raz[8] noch ergänzen und in grundlegende Verhaltensregeln für den Diskussionsteilnehmer wie folgt fassen: (siehe Zusammenfassung S. 124).

---

[6] Böttcher, W./Zielinski, J., *Diskussionstechnik,* Düsseldorf 1974, S. 61ff.
[7] Pöggeler, F., *Methoden der Erwachsenenbildung,* Freiburg/Basel/Wien 1964[2], S. 175
[8] Raz, J., *Formen und Ziele von Diskussionen. Grundsätze für Diskussion und Diskussionsleitung* (unveröffentl. Manuskript), Koblenz 1974, S. 14f.

Zusammenfassung (nach J. Raz)

1. Beteilige Dich nie ohne begründete eigene Auffassungen über das anstehende Problem an einer Diskussion!
2. Verarbeite während der Diskussion die Beiträge anderer geistig und beziehe das Ergebnis in den eigenen Diskussionsbeitrag ein!
3. Höre den anderen geduldig zu, nimm sie ernst und bemühe Dich, sie zu verstehen!
4. Sei stets bereit, durch die Beiträge anderer zu lernen!
5. Versäume nie, durch das eigene Argument zu überzeugen und die Schwäche der Argumente der anderen aufzudecken.
6. Habe den festen Willen, Dich gegen Argumente der übrigen Diskussionsteilnehmer zu verteidigen!
7. Lasse Dich aber stets vom besseren Argument überzeugen, gib Irrtümer zu und nimm Niederlagen hin, ohne Dich gekränkt zu fühlen!
8. Sei zum Kompromiß bereit, wo ihn die Sache der Wahrheit verlangt!
9. Beharre jedoch zäh auf Deinem Standpunkt, wenn nicht sachlogisch überzeugt wird!
10. Sei ausdauernd und geduldig!
11. Verzichte auf Weitschweifigkeiten!
12. Äußere Dich nur unmittelbar zur Sache!
13. Vermeide unerlaubte Vereinfachungen und Verallgemeinerungen!
14. Sei verbindlich in Tonart und Wortwahl!
15. Übe angemessene Zurückhaltung in Gebaren und Auftreten!
16. Halte die aufgestellten Diskussionsregeln ein!

Literatur:

Antons, K., *Praxis der Gruppendynamik,* Göttingen, 4. Aufl. 1976

Böttcher, W./Zielinski, J., *Diskussionstechnik,* Düsseldorf 1974

Mucchielli, R., *Gruppendynamik,* Salzburg o. J.

11 Diskussion II: Ziele und Inhalte

Lernziele

1. Ablauf einer konfrontativ geführten Diskussion in ihren Hintergründen verstehen.
2. Ziele und Entwicklungsrichtungen (Einigung und Polarisierung) einer Diskussion unterscheiden können.
3. Kontroverse Inhalte als Ausgangspunkt einer Diskussion und Kriterien zur Beurteilung von Meinungsverschiedenheiten kennenlernen.
4. Eine Strategietafel zur Lösung von Meinungsverschiedenheiten anwenden können.

11.1 Situation[1]

Herr Eims und Herr Fuhl arbeiten im selben Betrieb. Herr Fuhl ist als Leiter der Personalabteilung für Auswahl und Einstellung der Angestellten verantwortlich, Herr Eims ist Leiter der Verwaltungsabteilung. Die beiden Herren sind also praktisch gleichgestellt. Im Betrieb arbeiten vornehmlich zwei Arbeitsgruppen weiblichen Personals: eine Altersgruppe mit Angestellten über fünfunddreißig Jahren, die andere mit Angestellten unter fünfunddreißig Jahren. Die Gruppen heißen im Betrieb die „Jungen" und die „Alten". Innerhalb der Betriebsführung gibt es verschiedene Meinungen über diese Gruppen, Herr Fuhl z. B. steht den „Alten" positiv gegenüber, Herr Eims negativ. Diese Diskrepanzen führen häufig zu Streitereien.
Herr Fuhl und Herr Eims unterhalten sich nun über dieses Thema:

Herr Fuhl: Ja, Herr Eims, ich habe den Eindruck, wir müssen mal über die Alten reden!

Herr Eims: Also, Sie wissen ja, daß ich da einen ganz klaren Standpunkt einnehme, ich habe überhaupt keine gute Meinung von den Alten. Nicht etwa, weil ich nur junge hübsche Mädchen um mich haben möchte, aber vom Betrieb aus gesehen ...

Herr Fuhl: Also mir scheint es doch wohl eher so zu sein, daß Sie ...

Herr Eims: Das soll ja wohl ein Witz sein!

[1] Der gesamte Text dieses Abschnitts ist wörtlich übernommen aus: A. Vrolijk u. a., *Gesprächsmodelle. Ein programmiertes Gesprächstraining,* Freiburg i. Br. 1974, S. 301 ff.

Herr Fuhl: Nun . . .

Herr Eims: Ich habe den Eindruck, daß diese älteren Damen sich . . . ja, sie bilden sich oft reichlich viel ein. Sicher, stimmt schon, sie haben mehr Erfahrung, und bestimmte Arbeiten können sie wirklich besser bewältigen als die Jungen, aber die bilden sich dann soviel darauf ein, und manche Sachen machen sie auch einfach nicht. Die Damen, die bei uns angestellt sind, sind häufig gar nicht besonders qualifiziert, das sind oft einfach Büroangestellte; und wenn die sich nun weigern, bestimmte Arbeiten zu machen, dann gibt es Schwierigkeiten. Derartige Schwierigkeiten haben wir mit den Jüngeren nur ganz selten.

Herr Fuhl: Sehen Sie, Herr Eims, überall in der Welt versucht man Diskriminierungen abzuschaffen; denken Sie nur an die Neger und an die Studenten. Und nun kommen Sie daher und bringen so mir nichts dir nichts eine neue Diskriminierung. Sie dürfen nicht vergessen, auch Sie werden einmal alt, und dann sind Sie in der gleichen Lage, und ich finde es nicht richtig von Ihnen, nur wegen ihres Alters so über die Damen zu sprechen. Ich finde das völlig unangebracht.

Herr Eims: Menschenskind, es geht doch hier überhaupt nicht darum, ob ich nun nett oder nicht nett zu diesen Damen bin, es geht einfach um . . . ja, es geht ja nicht darum, daß ich mich in die Situation von denen versetze, sondern die Frage ist, was das Einfachste für uns ist, nicht? Welche Leute wir am besten gebrauchen können, und da glaube ich schon, daß wir mit den Jungen besser dran sind.

Herr Fuhl: Mein lieber Herr Eims, Sie können doch nicht immer nur das ökonomische Prinzip in den Vordergrund stellen. Sehen Sie das doch auch mal von der menschlichen Seite an! Sie können doch nicht einfach so sagen, die Jüngeren arbeiten besser, die leisten mehr, also müssen die Älteren raus. Wenn ich das den Gewerkschaften erzähle, die lachen sich tot, das kann ich denen überhaupt nicht verkaufen.

Herr Eims: Ich will ja auch überhaupt nicht, daß Sie Schwierigkeiten mit der Gewerkschaft kriegen, daß Sie z. B. irgend jemanden rausschmeißen; ich glaube nur, daß in meiner Abteilung, also . . . also daß ich in der Verwaltung mit jüngeren Damen besser dran bin.

Herr Fuhl: Ja, aber was machen wir denn dann mit den Älteren, müssen wir die . . .?

Herr Eims: Die Arbeitsleistung der Jungen ist überhaupt nicht höher als die der Älteren, und die Alten leisten auch nicht etwa mehr, das ist ganz genau dasselbe. Mir geht es dabei nur um die Atmosphäre.

Herr Fuhl: Aha, Herr Eims, um die Atmosphäre.

Herr Eims: Die Alten sind oft völlig ungenießbar, die haben dauernd Probleme oder weiß der Geier was. Bei den Jungen geht das, ja ähh . . . das geht einfach flotter, macht mehr Spaß; die Älteren, die sitzen da derart versauert herum.

Herr Fuhl: Aber Herr Eims, mit solch dünnen Argumenten dürfen Sie nun aber wirklich nicht kommen. Und im übrigen weiß ich auch gar nicht, was ich dann mit den Älteren aus Ihrer Abteilung anfangen soll.

Herr Eims: Ich will ja überhaupt nicht, daß Sie die rausschmeißen . . .

Herr Fuhl: Aber was denn sonst?

Herr Eims: Ich will nur, daß Sie ähh . . .

Herr Fuhl: Was wollen Sie denn nun eigentlich?

Herr Eims: Daß ich nicht noch mehr Alte dazukriege und daß ich, wenn irgend möglich, die Alten, die ich habe, also, daß ich die loswerde. Daß die so langsam woandershin versetzt werden, möchte ich mal sagen. Es ist mir völlig egal, was Sie mit denen machen, schließlich haben wir genug Abteilungen, in denen die arbeiten können.

Herr Fuhl: Ja, sicher, es gibt eine Menge Abteilungen, aber wie stellen Sie sich das denn vor? Soll ich mich da hinstellen und sagen: Der Eims, der mag keine Alten, also, wer möchte die haben?

Herr Eims: Nun, es geht ja überhaupt nicht darum, daß ich sie alle auf einmal loswerde; das erwarte ich ja gar nicht von Ihnen, aber ich erwarte tatsächlich, daß da nicht noch mehr Alte dazukommen und daß sie so nach und nach woandershin versetzt werden.

Herr Fuhl: So . . .

Herr Eims: Ja, und da brauchen wir auch gar keine besondere Absprache mit den Gewerkschaften, das machen wir am besten so beiläufig. Ich denke, das wird Ihnen auch das Liebste sein.

Herr Fuhl: Hören Sie mal, die anderen Abteilungen, die sind auch nicht gerade wild auf die alten Damen.

Herr Eims: Ein Grund mehr, nicht noch mehr davon einzustellen.

Herr Fuhl: Hören Sie mal, das mache ich doch schon sowieso so wenig als möglich.

Herr Eims: Nun, ich glaube, daß Ihnen das in den letzten Jahren nicht besonders gut gelungen ist. Sie haben Ältere angenommen . . .

Herr Fuhl: Nicht gelungen, das kann man wohl nicht sagen, die Jüngeren wechseln nun mal häufiger, und die Älteren bleiben hier sitzen. Und daß wir im Augenblick mit ziemlich vielen Alten dasitzen, das ist nun mal nicht zu ändern. Das geht jedem Betrieb so, deshalb kann man doch nicht gleich von verfehlter Führung . . .

Herr Eims: Nun, Sie müssen bedenken . . .

Herr Fuhl: Wir tun unser Bestes, aber Mädchen zwischen achtzehn und vierundzwanzig sind nun mal knapp am Arbeitsmarkt.

Herr Eims: Och, all die Realschülerinnen, die ein paar Jahre im Büro arbeiten wollen, ehe sie heiraten . . . das stimmt schon, die wechseln häufiger, aber das hat auch den Vorteil, daß diese Mädchen, ich meine also die Jüngeren, billiger sind. Die arbeiten kürzer, die kosten weniger, und die Älteren arbeiten länger, leisten aber bestimmt auch nicht mehr.

Herr Fuhl: Ja, das brauchen Sie mir jetzt gar nicht alles zu erzählen, das weiß ich nämlich selber . . . aber es geht ja nun wirklich nicht, daß ich die Mädchen, die nun mal nicht heiraten, daß die dann . . . da kann ich doch nicht einfach sagen: Ihr seid jetzt dreißig, haut ab!

Herr Eims: Stimme ich Ihnen ja völlig zu, bin ich ganz Ihrer Meinung, aber andererseits haben Sie nie irgend etwas gegen Ältere einzuwenden gehabt, was so Ihre Personalführung angeht.

Herr Fuhl: Nein, das wäre ja auch noch schöner, wenn ich was gegen Ältere hätte, na hören Sie mal! Als ob das eine minderwertige Sorte Mensch wäre.

Herr Eims: Ist es ja auch nicht, aber ich bin doch der Meinung . . .

Herr Fuhl: Jaja, Sie haben nun mal was gegen die . . .

Herr Eims: Daß sie langsam verschwinden sollen, jedenfalls aus meiner Abteilung.

Herr Fuhl: Aha, verschwinden! Einfach weg damit! Aha!“

11.2 Analyse

Herr Eims und Herr Fuhl stehen vor einem Problem der Personalführung. Ziel der Diskussion ist es, das Problem zu lösen; aber da beide Gesprächspartner entgegengesetzte Meinungen haben, wird eine Problemlösung schwierig sein.
Beide versuchen, für die eigene Meinung Argumente zu liefern: Sie versuchen, den anderen davon zu überzeugen, daß er im Unrecht ist.
Jeder verteidigt den eigenen Standpunkt, während er den Standpunkt des anderen angreift. Auf jedes Argument des einen folgt unverzüglich ein Gegenargument des anderen. Keiner hört auf den anderen, sondern vertritt nur den eigenen Standpunkt. Jeder ist taub für die Argumente des anderen.
Die dauernde Verteidigung, das Verkaufen des eigenen Standpunkts, hat eine Polarisierung zur Folge, d. h., die Standpunkte geraten weiter auseinander.
Auch nimmt dabei die Lautstärke von Herrn Eims und Herrn Fuhl zu, die Emotionalität steigt.
Die erhöhte Emotionalität macht klares und logisches Denken unmöglich, so daß das Verhalten irrational, gefühlsbetont wird: Eigene negative Eigenschaften werden dem anderen zugeschoben. Daraus entsteht ein Schwarz-Weiß-Schema, der andere ist zwangsläufig im Unrecht, man selber im Recht.
All dies bedingt eine Verschlechterung in der Beziehung zwischen beiden Partnern. Es tritt zunehmend Feindseligkeit auf.

11.3 Diskussionsziele

Jede Diskussion hat ein bestimmtes Ziel. Die Teilnehmer haben die Möglichkeit zu zeigen, welcher Weg ihrer Ansicht nach zu diesem Ziel führt. Das heißt: Diskutieren mit Argumenten. Das ist ein wesentlicher Unterschied zum Alltagsgespräch, das ziellos und argumentlos von einem Thema zum anderen wechseln kann. Die Diskussion ist sachbezogen, wenngleich zumeist persönliche Auseinandersetzungen damit verflochten sind. In Anlehnung an Pawlowski[2] können wir für eine Diskussion folgende mögliche Intentionen annehmen:

1. *Klärung*

Ziele: Wissensvermehrung, Wissensüberprüfung; Selbstbestimmung, Fremdbestimmung.

---

[2] Pawlowski, K., „Politische Sozialisation und Rhetorik", in: *Westermanns pädagogische Beiträge,* 10/1972, S. 532 ff.
Dazu: Beiträge zur Rhetorischen Kommunikation, in: *Praxis Deutsch,* 33/1979.

Kooperative Diskussion
(miteinander)

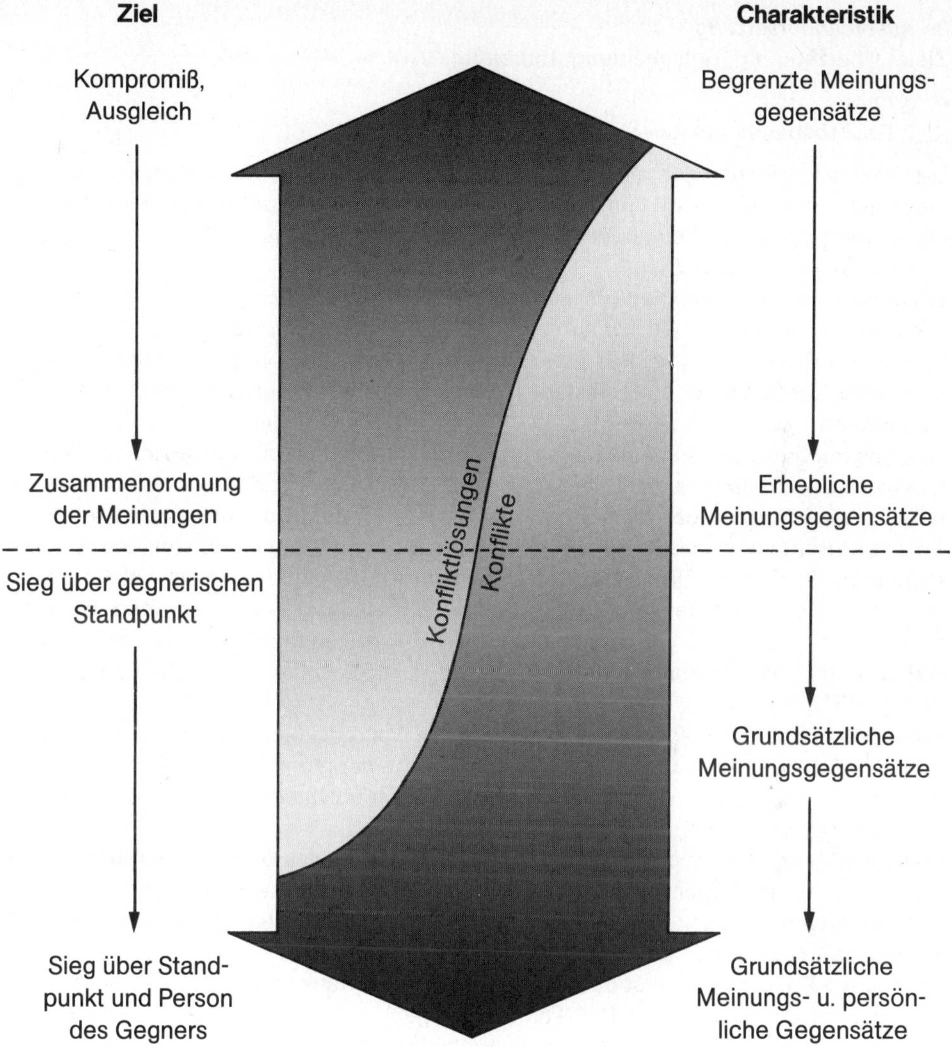

Konfrontative Diskussion
(gegeneinander)

2. *Meinungsbildung*
Ziele: Äußern der eigenen Meinung, Kennenlernen der anderen Meinungen; danach evtl. Überprüfung der eigenen Meinung.

3. *Auseinandersetzung*
Ziele: Überzeugung, Entscheidung, Handlung.

4. *Kampf*
Ziel: Rechtbehalten um jeden Preis.

Die Grenzen zwischen den einzelnen Intentionen sind fließend. Es fällt jedoch auf, daß sie in der Reihenfolge 1.–4. immer stärker zur Entscheidung, zur Parteiung, zur Verfeindung zwingen – vom Miteinander zum Gegeneinander reicht diese Skala. Betrachten Sie das Schaubild auf S. 129.
Während in der kooperativen (Phase einer) Diskussion eine ausgleichsorientierte Konflikthaltung mit begrenzten Meinungsgegensätzen überwiegt, dominieren in der konfrontativen Diskussion grundsätzliche Meinungsunterschiede und persönliche Gegensätze; die Kontrahenten streben den (totalen) Sieg über Standpunkt und Person des Gegners an.
Wissenschaftliche Experimente haben ergeben, daß der Meinungsaustausch in Gruppen zu einer Konvergenz, zu einer Streuungsverminderung der Standpunkte führt, insbesondere zu zwei Formen der Meinungsverteilung, der Zentralisation (Einigung) oder der Polarisierung (Zweiteilung). Bei einer Zentralisation der Meinungen stimmen die Teilnehmer am Ende einer Diskussion im wesentlichen miteinander überein, wobei einzelne ein wenig mehr zur einen, andere ein wenig mehr zur anderen Seite neigen. Bei einer Polarisierung der Meinungen dominieren in der Diskussionsrunde letztlich zwei extreme Auffassungen bei zahlenmäßig geringer Vertretung des mittleren Standpunktes[3] (siehe Abb. S. 131).
Polarisation kann als solche recht fruchtbar sein, wenn die Meinungsverschiedenheiten tatsächlich bloßgelegt und die Konfliktursachen von den Kontrahenten erkannt werden. Polarisation wäre bei einer solchen Entwicklung ein notwendiges Durchgangsstadium zu einer späteren gemeinsamen Konfliktlösung.
Es besteht jedoch auch die Gefahr, daß man im Stadium des Gegensatzes stehenbleibt und sich u. U. der Gegensatz sogar verschärft. Alltägliche wie experimentelle Erfahrungen bestätigen klar, daß aus ursprünglich sachlich begründeten Gegensätzen sehr oft Feindschaften zwischen Einzelpersonen oder Gruppen entstehen können. In der unversöhnlichen Polarisation gerät dann alles, was zur Substanz demokratischen Verhaltens gehört, stark ins Hintertreffen. Dies kann soweit gehen, daß niemand mehr darauf achtet, was die Vertreter der Gegengruppe zu sagen haben, da sie Redeverbot erhalten, „totgeschwiegen" oder – u. U. mit Gewalt – vom Prozeß der gemeinsamen Meinungsbildung ausgeschlossen werden. Angst und Haß treten an die Stelle nüchternen Abwägens der

[3] Nach: P. Hofstätter, *Gruppendynamik*, Hamburg 1957, S. 73ff.

Tatsachen und fairen Einschätzens des politisch Andersdenkenden. Politische Freunde und Gegner sind nicht mehr durch das gemeinsame Band demokratischer Gesinnung verbunden. Der politisch Andersdenkende wird zum Feind, der vernichtet werden muß. Der Kompromiß der Gruppen untereinander wird als Schwäche verhöhnt und muß dem totalitären Anspruch weichen.

Aufgabe 1:

Die folgende Abbildung zeigt die Möglichkeiten einer Meinungsverteilung in einer Gruppe, in der neun verschiedene Standpunkte diskutiert worden sind. Welche Häufigkeitsverteilung entspricht der Normalverteilung der Standpunkte zu Beginn der Gruppendiskussion, welche Verteilungen entsprechen einer Zentralisation bzw. Polarisierung der Standpunkte am Ende der Diskussion?

Abbildung[4]*:*

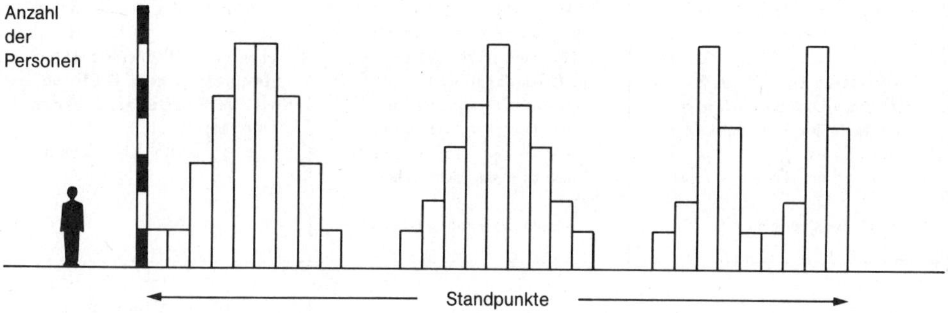

11.4 Diskussionsinhalte

Im Zusammenhang mit den Diskussionszielen haben wir festgestellt, daß sich die Diskussion im Unterschied zum Alltagsgespräch stärker an einem Thema orientiert.

Frage:

Wann ist ein Thema – nur auf den Inhalt gesehen – für eine Diskussion geeignet oder nicht geeignet?

Antwort:

Man wird das Mittel der Diskussion immer dann anwenden, wenn ein Gegenstand zu behandeln ist, über den es noch keine mehrheitliche gemeinsame Meinung gibt, der also umstritten ist. Es müssen sich also zumindest zwei unterschiedliche Standpunkte oder Meinungen gegenüberstehen.

Anders ausgedrückt: Wo von vornherein eine einhellige Meinung zum Thema vorliegt, braucht nicht mehr diskutiert zu werden.

---

[4] Nach: P. Hofstätter, *Gruppendynamik,* Hamburg 1957, S. 73 ff.

Die folgenden Beispiel-Situationen stammen von B. Weidenmann[5]:

Situation A

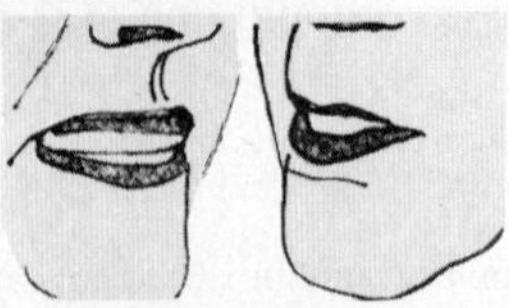

»Dreh bitte das Radio ein bißchen lauter. Ich mag die Musik. Die Jupitersymphonie.«

»Jupitersymphonie? Das ist Haydn. Hört man doch.«

»Ich kenne doch die Jupitersymphonie. Kennst du sie denn?«

»Also Haydn kann ich von Mozart immer noch unterscheiden. Und die Jupiter ist es auf keinen Fall.«

»Von Mozart verstehe ich mehr als du.«

»Was? Das sieht man ja!«

Situation B

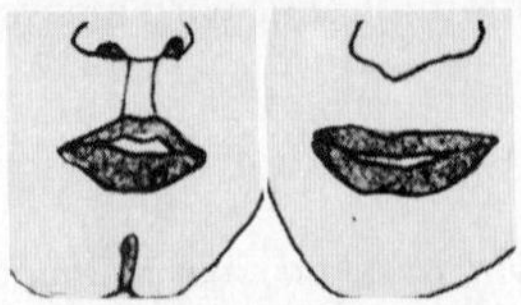

»Mußt du schon wieder weg?«

»Fräulein Hansen will mit mir ihre Steuererklärung besprechen.«

»Die will doch was anderes.«

»Wie kommst du denn darauf?«

»Du glaubst doch nicht im Ernst, daß die Steuererklärung der einzige Grund für sie ist.«

»Natürlich glaube ich das. Sie ist nicht der Typ, wie du ihn dir vorstellst.«

»Du willst es nur nicht wahrhaben.«

»Nein, ich kenne sie besser.«

Situation C

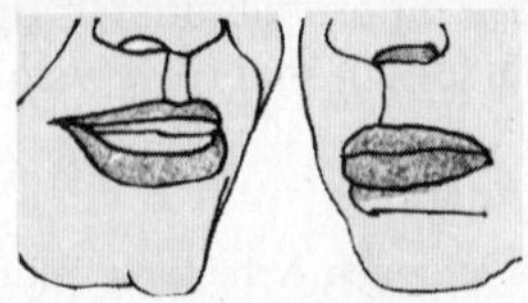

»So schnell kriegst du mich nicht mehr ins Kino.«

»Wieso denn? Der Film war doch umwerfend komisch.«

»Langweilig war er. Da kann man doch nicht mehr lachen. Hat bloß noch gefehlt, daß sich einer in eine Sahnetorte setzte.«

»Das finde ich nicht. Die Szene mit dem Elefanten war doch zum Totlachen.«

»Komischer Humor.«

Analyse:

Unser Ausgangspunkt: Ohne Meinungsverschiedenheiten gibt es keine Diskussion. Bei der Analyse von Meinungsverschiedenheiten müssen wir von zwei Eigenschaften des Menschen ausgehen:

1. Wir empfinden unsere Meinungen als zutreffend. Sie sind mit einem Gefühl der Gewißheit verbunden. Decken sich neue Informationen mit unseren vorhandenen Überzeugungen, lösen sie in uns das sogenannte Evidenzerlebnis aus, das Empfinden „es stimmt", „es leuchtet ein".
2. Eine gegenteilige Meinung löst in uns eine Spannung aus, eine kognitive Dissonanz, die wir auflösen wollen. In der Regel versuchen wir deshalb, den anderen von der Richtigkeit unserer Meinung und der Falschheit seiner Meinung zu überzeugen. Da aber auch der andere diese Eigenschaften aufweist und dasselbe Bedürfnis verspürt, ist eine Einigung schwer vorstellbar. Gibt es trotzdem eine Lösung?

[5] Weidenman, B., *Diskussionstraining,* Reinbek 1975, S. 16f.

Aufgabe 2:

Versuchen Sie, die drei Situationen A, B, C (s. S. 132) hinsichtlich der Schwierigkeit einzustufen, eine Meinungsverschiedenheit zu lösen:

Reihenfolge (nach wachsendem Schwierigkeitsgrad):

11.5 Zur Übung:

Wenden Sie die Strategietafel (S. 134) auf die folgenden Meinungsverschiedenheiten[6] an und tragen Sie in die Felder die Strategie (a, b oder c) ein, die Sie jeweils für geeignet halten.

	Meinungen	Strategie
1.	**Napoleon war Neurotiker.** Napoleon war psychisch gesund.	
2.	**In 100 Jahren wird man eine Genehmigung brauchen, um Kinder bekommen zu dürfen.** Der Staat wird immer Geburten fördern.	
3.	**Spinat enthält mehr Eisen als jedes andere Gemüse.** Es gibt Gemüse, das mehr Eisen enthält als Spinat.	
4.	**Es gibt ein Leben nach dem Tode.** Es gibt kein Leben nach dem Tode.	
5.	**Boxen sollte verboten werden.** Boxen ist ein Sport wie jeder andere.	
6.	**Der »Faust« ist ein wunderbares Kunstwerk.** Der »Faust« ist zum großen Teil ungenießbar.	
7.	**Frauen sind in der Regel schlechtere Autofahrer als Männer.** Das ist nicht wahr.	
8.	**Sie haben von Marx keine Ahnung.** Ich kenne Marx besser als Sie.	

6 Im Original übernommen aus: B. Weidenmann, *Diskussionstraining,* Reinbek 1975, S. 15.

Anschließend sehen Sie die Quintessenz in Form einer *„Strategietafel"*[7] zur Lösung von Meinungsverschiedenheiten auf einen Blick.

Zusammenfassung

Strategietafel zur Lösung von Meinungsverschiedenheiten

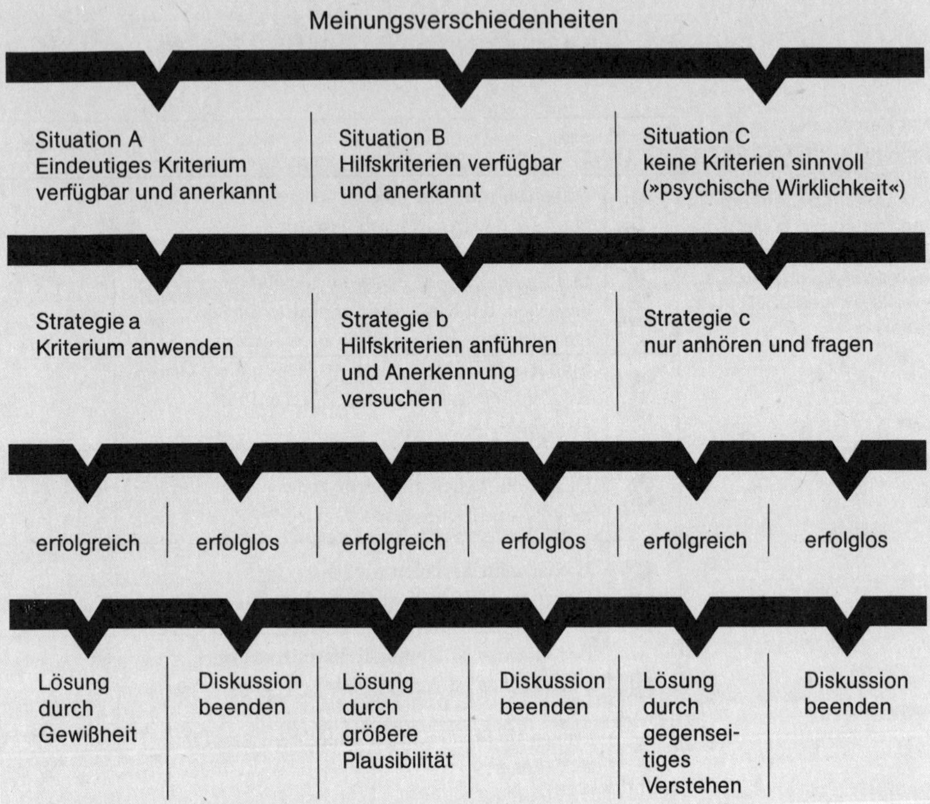

Achten Sie auf die Konsequenz »Diskussion beenden«! Dann streiten Sie nicht »um des Kaisers Bart«.

Literatur

Weidenmann, B., *Diskussionstraining,* Reinbek 1975.

---

[7] Im Original übernommen aus: B. Weidenmann, *Diskussionstraining,* Reinbek 1975, S. 20 f.

12 Diskussion III: Argumentieren

Lernziele

1. Verstehen, daß „Argumentieren" heißt, den Zuhörern akzeptable Handlungsmotive vorzutragen.
2. Befähigung, Stärken und Schwächen von Argumenten wahrzunehmen.
3. Kenntnis von Argumentationstypen und -techniken sowie der Möglichkeiten, sie einzusetzen und abzuwehren.

12.1 Situation[1]

Kantine einer Konstruktionsfirma mit etwa siebzig Mann Belegschaft. Vierzehn Fach- und Hilfsarbeiter aus der Produktionsabteilung der Firma haben sich auf Einladung des Betriebsrates versammelt, um Richtlinien für die nächste Diskussion zwischen den Vertretern der Belegschaft und der Firmenleitung zu besprechen.

Rau: Reilke, schau nochmal vor die Tür, ob da noch welche rumstehen. Der Leberle hat mirs doch auch versprochen gehabt. Vierzehn Leute.

Reilke: Ich schau schon. Die anderen werden halt was Besseres zu tun haben.

Rau: Dann muß ich halt anfangen. (Legt einige Papiere vor sich zurecht.) Liebe Genossen . . .

Weber: Ich bin nicht in der Gewerkschaft . . .

Rau: Liebe Arbeitskollegen dann also. Am Montag haben wir die nächste Gesprächsrunde zwischen den Kameraden vom Betriebsrat und der Firmenleitung. Es gibt einen Punkt auf dem Programm, der für uns von besonderer Wichtigkeit ist. Nämlich das mit den neuen Maschinen. Also der alte Kompurer hat vor, zwei von den neuen Fertigteilstanzern zu kaufen, die er auf der Hannover-Messe gesehen hat. Er will jetzt anfangen, den Betrieb zu rationalisieren und dazu hätte er gern unsere Meinung gehört. Da müssen wir uns eine Taktik ausdenken.

Maler: Wie der Schön . . .

Weber: Nur daß sich der Beckenbauer

[1] Der folgende Text ist übernommen aus dem Begleitmaterial zu der Fernsehreihe *Reden und reden lassen* des Südwestfunks/Österreichischen Rundfunks, S. 168 f.

dann auch ziemlich dran hält, wenn der Schön eine Taktik macht. Wenn du glaubst, daß das hier auch so geht . . .

Beberer: Sei doch nicht so. Denk nur an den Betriebsausflug zum Oktoberfest.

Albert: Ich pfeif auf den Betriebsausflug und wahrscheinlich kümmert sich der Kompurer einen Scheiß drum, was wir sagen. Aber wir müssen unser Bewußtsein formieren, als Arbeiter.

Reilke: Also mein Bewußtsein, das ist meine Privatsache, aber wenn nachher, mit den neuen Maschinen, die Arbeitsplätze unsicher wären, das tät mich schon kümmern. Was wird denn anders für *uns* mit der Rationalisierung?

Rau: Da hätt ich gleich dran denken können. Wir haben die Zusage der Firmenleitung, daß die Arbeitsplätze erhalten bleiben. Aber die Gewerkschaft sagt trotzdem, daß wir die Rationalisierung nicht einfach akzeptieren sollen.

Wimmer: Aus Prinzip, wegen den Arbeitsplätzen.

Frehn: Von Prinzip und von Bewußtsein kann man sich noch nicht mal 'ne Packung HB kaufen. Das ist doch glasklar: Wir stimmen zu, und dann können wir heimgehen.

Rau: Will sich da jemand dagegen äußern? Wir können auch gleich drüber abstimmen.

Albert: So geht es ja nun wirklich nicht. Da möchte ich schon ein paar Gedanken . . . zur Sprache bringen . . . Ich hab mir das so überlegt: Zuerst möchte ich mal sagen, daß ich ganz einverstanden bin mit denen, die nicht an den ganzen Zirkus glauben von Mitbestimmung und so. Und dann gibt es doch auch einen handfesten Grund, warum wir dagegen sein müssen: Was ist das denn für eine Garantie, daß niemand entlassen werden kann? Nachher kommen sie mit faulen Ausreden . . .

Jürgen: Man könnte ja fragen, ob sie uns das schriftlich geben.

Albert: Gut, kann man. Aber da wollte ich eigentlich gar nicht mal drauf raus. Ich will mich jetzt auch gar nicht aufspielen. Da gibt's nämlich andere, die haben mehr Erfahrung: Zum Beispiel der Wimmer, der ist schon seit zig Jahren in der Firma. Und er ist auch das älteste Gewerkschaftsmitglied, und die Gewerkschaft ist *gegen* die Rationalisiererei. Dafür haben sie auch gute Gründe. Von den Garantien, die wir vielleicht nicht kriegen, rede ich jetzt nicht mehr. Aber dann gibt es die Entfremdung. Wenn der Kompurer den Fertigteilstanzer kauft, dann können wir nur noch zuschauen, wie die Werkstücke gemacht werden, höchstens mal auf einen Knopf drükken. Es sind nicht mehr die Werkstücke, die *wir* machen, unsere Werkstücke.

Reilke: Sind sie ja jetzt auch nicht.

Albert: Klar, weiß ich auch. Wenn du's so meinst. Aber wenn du mal was anderes lesen würdest als den Fußball im „Bild“, dann hättest du auch eine Ahnung von Entfremdung und solchen Sachen. Ich meine einfach, und da denke ich (mit dem Blick auf Wimmer), seid ihr alle mit mir einer Meinung, daß wir den Wettbewerb zwischen den Unternehmern nicht noch fördern sollen. Warum gehn denn die Preise dauernd hoch? Nur damit die da oben Profit machen. Und mit den neuen Maschinen machen sie doch nur noch mehr.

Jürgen: Aber nicht, wenn sie niemand entlassen . . .

Reilke: Und warum kaufen sie überhaupt neue Maschinen, wenn sie keinen Profit machen wollen?

Albert: Genau das hätte ich auch sagen wollen. Und außerdem gehts ja nicht nur um unseren Betrieb. Da müssen wir doch solidarisch sein: Gegen die Rationalisierung. Es ist eine Sache von allen Arbeitern. Von unserer ganzen Klasse.

Jürgen: Aber Albert, die meisten von uns sind Facharbeiter und überhaupt sind wir nicht mehr Arbeiter aus dem letzten Jahrhundert.

Rau: Also, ich faß das jetzt nochmal zusammen, ohne daß ich euch was vorschreiben möchte. Die einen haben nichts gegen die Rationalisierung, wenn sie nur eine Garantie für die Arbeitsplätze kriegen. Stimmt das so? Dagegen hat der Albert eine ganze Menge Gründe für die andere Meinung gebracht. Daß wir dann nicht mehr *die* Arbeit machen, die wir gelernt haben. Daß wir die Unternehmer nicht noch reicher machen brauchen. Und daß wir solidarisch sein sollen.

Reilke: Mit wem denn . . .?

Rau: Wir könnten jetzt abstimmen, aber die meisten von euch haben überhaupt noch nichts gesagt. Bieble, was ist denn deine Meinung zu der Sache?

Bieble: Ich weiß ja nicht, ob das die anderen interessiert. Und ich bin ja eh mit dem Albert da . . . also ziemlich einverstanden. Weil . . . nämlich ich hab ja gesehen, wie man dann plötzlich irgendwo rausfliegen kann, und dann sitzt man da.

Wimmer: Bieble, jetzt hast du aber wieder eine Stelle, und zwischendurch hat dich die Gewerkschaft auch nicht sitzen lassen. Du hast doch selber gemerkt, daß die Gewerkschaft eine Menge für uns alle tut, nicht nur für die, die organisiert sind. (zu Albert) Wir können nun mal nicht produzieren, wie vor vierzig Jahren und wir sitzen mit der Firma in einem Boot, gerade bei dem schlechten Arbeitsmarkt, von dem ihr immer redet. Die Modernisierung ist doch ein Zeichen der Zeit.

Albert: Ich bin ja nicht gegen *Modernisierung*. Aber wo soll man sich denn dran halten? In der Gewerkschaft sind wir doch jedenfalls gegen die *Rationalisierung*.

Wimmer: In den großen Betrieben. Und da brauchen wir junge Leute wie dich. Nur mußt du unterscheiden zwischen einer gewerkschaftlichen Sozialpolitik, die für uns alle ist, und dem Gerede von den Studenten zum Beispiel. Also, wenn ihr auf mich hört, dann sagt ihr dem Rau, daß er nicht gegen die Fertigteilstanzer sein soll. Wegen den Garantien kann ich auch nochmal mit dem Kompurer reden. Das überlegt er sich zweimal, bis er zu mir nein sagt.

Rau: Das kann ich allerdings auch machen . . . Wenn ihr alle das meint. Aber jetzt soll der Albert nochmal sagen, was er von der Sache hält.

Weber: Also, wenn immer nur einer was sagen kann, dann komm ich nächstens gar nicht mehr.

Albert: Mir gehts ja nur um die ganze Sache. Gegen die Entfremdung überhaupt. Und die Profitmaximierung . . .

Frehn: Was ist denn das schon wieder für ein Wort?

Beberer: Ich bin ja nicht in der Gewerkschaft, aber der Wimmer, der hat doch Erfahrung. Wenn der Albert nicht hinhören will, dann kann er ja Revolution machen . . . ohne mich.

Rau: Wir müssen abstimmen . . .

Beberer: Damit du auch deinen Spaß hast, Rau . . .

Rau: Du kannst es ja nachlesen. Es muß so sein. Ich glaube aber, wir können es einfach machen. Wer gegen den Fertigteilstanzer ist, soll die Hand hochheben.

Albert: Eigentlich müßtest du andersrum fragen. . .

Reilke: Also, wo du das wieder gehört hast.

Albert: Ich sag es ja nur, weil es so in den neuen Richtlinien steht. Von mir aus können wir's auch so rum machen. Also, stimmen wir ab? (hebt als einziger die Hand)

Rau: Mehrzahl dafür, na also!

12.2 Analyse

Arbeiter diskutieren im Betriebsrat ein Problem: Rationalisierung.
Eine Argumentationslage: Die Mehrzahl drängt darauf, den Tausch „Hinnahme der Rationalisierung gegen Garantie der Arbeitsplätze" anzunehmen. Eine Minderheit plädiert für Ablehnung der Arbeitgebervorschläge und für Kampfmaßnahmen. Wimmer als Interessenvertreter der Majorität setzt sich mit seinen Argumenten durch. Albert als Vertreter der Minorität scheitert mit seiner Argumentation, „Rationalisierung führe zu wachsender Entfremdung bei der Arbeit".
Wie kommt es zum Erfolg des einen bzw. zum Mißerfolg des anderen?

1. *Wimmer* kann seine Autorität ausspielen, die begründet ist auf Lebensalter, Berufserfahrung und langjährige Betriebs- und Gewerkschaftszugehörigkeit. Er ist der informelle Führer der Gruppe.
   Albert besitzt auf Grund seiner Jugend und mangels Erfahrung keinen Vertrauenskredit. Er schwächt seine Position dadurch, daß er *Wimmer* eine Schiedsrichterrolle zuerkennt. Umgekehrt wird er durch *Wimmer („Gerede von den Studenten")* in die Nähe einer abgelehnten Randgruppe gerückt.
2. *Wimmer* trifft mit seinen Argumenten die Bedürfnislage der Kollegen: materielle Sicherheit, Erhaltung des Lebensstandards und sozialer Vergünstigungen wie z. B. des Betriebsausflugs.
   Albert hat nur „fruchtlose" Heilslehren anzubieten.
3. *Wimmer* setzt auf ein Arrangement mit dem Arbeitgeber *(„Wir sitzen mit der Firma in einem Boot")*, auf eine kooperative, „friedliche"Lösung, die dem Sicherheitsinteresse der Arbeitnehmer entgegenkommt.
   Albert setzt („dagegen") auf Konfrontation, auf „Klassenkampf", was ihm den abträglichen Ruf eines „Revolutionärs" einbringt.
4. *Wimmer* spricht die Sprache seiner Kollegen: einfach, anschaulich, plausibel, praxisbezogen. Er verwendet positiv besetzte Schlagworte *(Modernisierung).*
   Albert kann sich nicht verständlich machen. Er spricht eine exklusive, negativ besetzte Sprache und isoliert sich durch theoretische, ideologisch gefärbte Begriffe (Entfremdung, Profitmaximierung).
5. *Wimmer* kann zuhören, er nimmt Rücksicht auf die Wortmeldungen und die geringen sprachlichen Ausdrucksmöglichkeiten der anderen. Er schafft sich Verbündete (zu *Bieble: „Zwischendurch hat Dich die Gewerkschaft auch nicht sitzen lassen.")* und bleibt versöhnlich gegenüber dem Kontrahenten (zu *Albert: „. . . da brauchen wir junge Leute wie Dich.").*
   Albert dagegen weckt durch sein Monologisieren Protest *(Weber: „Also, wenn immer nur einer was sagen kann, dann komm' ich nächstens gar nicht mehr.").* Er stößt *Reilke* schulmeisterlich vor den Kopf: *„Aber wenn Du mal was anderes lesen würdest als den Fußball im ‚Bild'."*

Zusammenfassung

Wirkungsvoll argumentieren heißt: Beweggründe formulieren, die Mitmenschen zu erwünschten Handlungen veranlassen, oder kurz: den Zuhörern akzeptable Handlungsmotive vortragen.

Die Annehmbarkeit eines vorgetragenen Handlungsmotivs hängt davon ab, daß

1. der Redner mit seinen Worten die Interessenlage der Zuhörer trifft und ihnen einen akzeptablen Lösungsvorschlag für ihre Probleme machen kann,
2. die Zuhörer den Redner als vertrauenswürdig – am besten „als einen von ihnen" – erkennen.

12.3 Argumentationstypen

Eine Unterscheidung der Argumentation nach Typen[2] ergibt sich aus der Absicht, sie
- zur Erreichung eines bestimmten Ziels
- mit einer bestimmten Wirkung
- an einer bestimmten Stelle

der Rede oder des Diskussionsbeitrages zu plazieren.

12.3.1 Plausibilitätsargumentation[3]

Sie ist der geläufigste Argumentationstyp und erfolgt durch Sprachmuster, die auf subjektive Erfahrungsgewißheit und unreflektierte Selbstverständlichkeiten zurückgreifen: Argumentation mit Tradition und „gesundem Menschenverstand", Hinweis auf allgemein menschliche und „typische" Erfahrungen, Verwendung von Majoritätsmeinungen, Verallgemeinerungen, Pauschalurteile.

Ziel: Leicht eingängige Begründungen der eigenen Meinung. Verunsicherung entgegenstehender Ansichten.

Wirkung: Unmittelbar überzeugend, eine kritische Überprüfung von seiten des Zuhörers erfolgt meist nicht.

Plazierung: Zumeist am Anfang einer Rede oder eines Diskussionsbeitrags (Motivation).

Beispiele:
„Jeder ist sich selbst der Nächste."
„Die Deutschen sind ein fleißiges Volk."
„Wer einmal lügt, dem glaubt man nicht."
„Wasser hat keine Balken."
„Das antiautoritäre Verhalten ist typisch für die moderne Jugend."

---

[2] O. W. Haseloff, zitiert nach: P. Teigeler, *Verständlichkeit und Wirksamkeit von Sprache und Text,* Stuttgart 1968, S. 102 ff.

[3] Zitiert nach G. Schmid, *Überzeugungen durch Reden,* Freiburg 1971, S. 26

12.3.2 Rationale Argumentation[4]

Sie besteht in der Verwendung von logischer (Ableitung aus Vordersätzen) und emprischer Beweisführung (Zahlenangaben, Statistiken, Gesetze, Vorschriften) sowie in der Aufdeckung und rationalen Bewertung von Alternativen. Nur in diesem Typ werden *Argumente* im engeren Sinne, nämlich *überzeugend begründete Behauptungen,* verwendet.
Ziel: Erhöhung der Glaubwürdigkeit der eigenen Aussage. Nachweis von Denkfehlern in der gegnerischen Beweisführung.
Wirkung: Hohe Überzeugungskraft auch bei gegenteiliger Meinung der Zuhörer.

Plazierung: Im Zentrum einer Rede oder eines Diskussionsbeitrages (Problemstellung und Problemabgrenzung).

Beispiele:
„Die Städte ersticken im Straßenverkehr. Allein in München besitzt jeder vierte Bürger ein Kraftfahrzeug."
„Wenn von den 15- bis 19jährigen in Schweden 32,3 Prozent weiterführende Schulen besuchen, in Frankreich 30,8 Prozent und in der Bundesrepublik Deutschland nur 17,6 Prozent, dann zeugt das von einem allgemeinen Bildungsrückstand."

12.3.3 Moralisch-ethische Argumentation[4]

Sie besteht in der Verpflichtung auf anerkannte Verhaltensmodelle und überzeitliche Werte, denen sich der Zuhörer nicht entziehen kann, ohne in Konflikt mit moralisch-ethischen Grundhaltungen zu kommen: Hinweis auf ethisch vorbildliche und sozial anerkannte Persönlichkeiten, auf das Gerechtigkeitsprinzip, „Anständigkeit", soziales Verhalten.
Ziel: Erhöhung der eigenen Glaubwürdigkeit. Annahme der eigenen Meinung durch den Zuhörer, die dadurch erleichtert werden soll, daß der Redner sich und sein Verhalten mit den demonstrierten Angemessenheitsnormen und Verhaltensstandards identifiziert.
Wirkung: Emotional und sehr nachhaltig.
Plazierung: Zumeist am Schluß einer Rede oder eines Diskussionsbeitrages (Aufforderungscharakter).

Beispiele:
„Schließlich ist der Vorgesetzte für seine Untergebenen verantwortlich!"
„Albert Schweitzer hätte diesen armen Kindern schon geholfen!"
„Wer kennt eine Mutter, die nicht gern für ihr Kind sorgt!"
„Alles dieses zu bewahren, immer besser zu verwirklichen und mit sozialer Gerechtigkeit zu verbinden, muß unsere gemeinsame Aufgabe bleiben!"

In der praktischen Diskussion vermischen sich die einzelnen Argumentationstypen oftmals. Es fällt manchmal schwer zu entscheiden, ob es sich z. B. um eine Plausibilitätsar-

---

[4] Zitiert nach G. Schmid, d. o., S. 27, S. 38

gumentation oder um eine moralisch-ethische handelt. An den sprecherischen Gestaltungsmitteln des Diskussionsteilnehmers (stimmliche Klangfarbe, Steigerung der Lautstärke, Veränderung des Sprechtempos) ist jedoch in der Regel erkennbar, welcher Argumentationstyp tendenziell dominiert.

12.3.4 Zur Übung[5]

Wir legen Ihnen den Text eines Interviews vor, das Helmut Schmidt unmittelbar nach einer Rede anläßlich der Landtagswahl 1976 in Baden-Württemberg einem Schweizer Journalisten gab. Die Fragen des Interviews zielen darauf ab, die Motive zu ermitteln, warum Helmut Schmidt in seiner Funktion als Bundeskanzler in einem Landtagswahlkampf eingreift.
Ihre Aufgabe ist es, herauszufinden, welche Typen des Argumentierens er in seinen Antworten verwendet.

Interviewer: Herr Bundeskanzler, was bedeutet Ihnen die Landtagswahl Baden-Württemberg?

Schmidt: Sie bedeutet für mich genauso viel wie kurz vorher die Landtagswahlen im Saarland oder in Nordrhein-Westfalen. Auch so ein kleines Land wie das Saarland gab uns die Chance, die Mehrheiten im Bundesrat zu verändern. Wir haben sie um ein einziges Mandat verfehlt. Das gleiche ist uns schon mal passiert in Schleswig-Holstein. Nordrhein-Westfalen ist das mächtigste, wirtschaftlich, Bevölkerungszahlen nach mächtigste Land der Bundesrepublik Deutschland. Alle Landtagswahlen muß man gleich ernstnehmen und die Baden-Württembergische Wahl muß insbesondere ernstgenommen werden, weil hier die Oppositionspartei, die CDU, einen Teil ihrer nicht immer nur anständigen Wahlkampfstrategie für den Bundestagswahlkampf des kommenden Herbstes ausprobiert.

Interviewer: Es ist nicht ganz selbstverständlich, daß der Bundeskanzler sich so direkt in einer Landtagswahl engagiert. Was veranlaßt Sie, Helmut Schmidt, hierherzukommen?

Schmidt: Für mich ist das immer selbstverständlich gewesen, seit ich ein Berufspolitiker bin, das ist also jetzt seit 23 Jahren, daß ich nicht nur in den Landtagswahlkämpfen meiner eigenen Vaterstadt Hamburg, sondern überall, wo ich eingeladen wurde, auch an anderen Landtagswahlkämpfen, mich engagiert habe. Ich tue das nun in jedem Amt, ob ich in Hamburg Senator war oder später Fraktionsvorsitzender im Deutschen Bundestag oder Minister der Verteidigung oder Minister der Finanzen oder Bundeskanzler, es hat für mich nie einen Unterschied gegeben. Natürlich ist, wenn man ein staatliches Amt auszuüben hat, dies das wichtigere. Man kann nur so viel Zeit für den Landtagswahlkampf erübrigen, wie das staatliche Amt einem dafür Zeit läßt. Aber in diesem Rahmen tue ich alles, was ich kann, und in Baden-Württemberg genauso wie vorher im Saarland und wie vorher in Nordrhein-Westfalen.

Interviewer: Ist die Landtagswahl in Baden-Württemberg für Sie auch eine Testwahl für die Bundestagswahlen im Herbst?

Schmidt: Ich glaube nicht, daß sie Aufschluß gibt über die voraussichtlichen Ergebnisse der Bundestagswahl, aber in einer Beziehung ist sie schon von Bedeutung. Ich glaube, ich deutete es schon an: Hier wird zum Teil durch die CDU ausprobiert eine

[5] Die folgende Übungseinheit ist wörtlich übernommen aus der Sendung des Bayerischen Rundfunks vom 19. 10. 1977: *Reden ist lernbar – Eine kleine Schule der Rhetorik. 2. „Wie man wirkungsvoll argumentiert“*

Reihe von Methoden, die sie im Bundestagswahlkampf wieder anwenden möchte. Sie sind mit einer Methode hier in Baden-Württemberg schlecht gelandet, wie man heute schon erkennen kann: Die sehr hemmungslose Herabsetzung des politischen Gegners, in diesem Fall der Sozialdemokratie und auch der Freien Demokratischen Partei, wird von den Bürgern Baden-Württembergs offensichtlich innerlich nicht akzeptiert, sondern abgelehnt.

Interviewer: Wenn Sie hier auftreten, und den Eindruck hatte ich aus der Rede, die Sie eben hielten, machen Sie hier nicht auch schon etwas Bundestagswahlkampf?

Schmidt: Ich rede natürlich im wesentlichen über bundespolitische Aufgabenstellungen, dies ist auch meine Aufgabe. Ich wäre ja ein Falschmünzer, wenn ich so täte, als ob ich die einzelnen Probleme des Landes Baden-Württemberg oder der Stadt Göppingen, in der wir uns im Augenblick gerade unterhalten, oder der Stadt Heilbronn besser kennte als die örtlich zuständigen Landtagsabgeordneten.

Interviewer: Herzlichen Dank, Herr Bundeskanzler.

Wir haben das Interview kurz durchgesprochen (siehe S. 174/175) und die Muster des Argumentierens – **plausibel, rational, ethisch** – an einem Beispiel öffentlichen Redens aufgedeckt. Damit haben wir die Grundlage für das eigene Argumentieren geschaffen.

Im nächsten Abschnitt lernen wir nun die Techniken kennen, wie man in Diskussionen seine Meinung wirkungsvoll vorbringt.

12.4 Argumentationstechniken

Die Argumentationstechniken[6] sind sprachlich-taktische Muster, nach denen man argumentieren kann. Man sollte die wichtigsten davon kennen und vor allem erkennen, wenn ein Diskussionsgegner sie anwendet, um dann eine wirkungsvolle eigene (Gegen-)Argumentation aufbauen zu können.

Die folgende Auswahl von Argumentationstechniken ist nicht auf die Verwendung in öffentlichen Reden und Diskussionen beschränkt; vielmehr werden sie bewußt und häufig auch im alltäglichen Leben verwendet. Ebenso gehören diese Techniken zum bewußt gehandhabten Handwerkszeug der Journalisten und Werbefachleute – ein Zeichen, daß sie wirkungsvoll sind. Aber: Sie können auch, von gewissenlosen Demagogen eingesetzt, die Kritikfähigkeit von Zielpersonen herabsetzen und sie zu inhumanen Einstellungen und Verhaltensweisen veranlassen. Beim Hören einer Rede oder eines Diskussionsbeitrages ist deshalb darauf zu achten, wann und zu welchem Zweck ein Redner bestimmte Techniken einsetzt: ob er damit der Wahrheitsfindung dienen oder lediglich im Moment rechtbehalten und das Publikum suggestiv beeinflussen will.

Man sollte aber auch, schon bei der Vorbereitung einer eigenen Stellungnahme, sich selbst prüfen, ob der Zweck die Verwendung bestimmter umstrittener Argumentationstechniken rechtfertigt, ob sie der eigenen Gesamtpersönlichkeit, den Zuhörern und dem Inhalt der Rede- bzw. des Diskussionsbeitrages angemessen sind.

---

[6] Nach G. Schmid, d. o., S. 41

12.4.1 Frage-Technik

Die Frage ist das Stoßelement jeder Diskussion. Man will nicht nur wissen, was der Gegner von sich aus sagt, sondern auch seine Antworten auf die eigenen Fragen abrufen. Vorüberlegungen, wie der Gegner wahrscheinlich reagieren wird, erleichtern das weitere taktisch erfolgreiche Vorgehen.

Steht man selbst in der Rolle des Befragten, hat es sich – vor allem bei einem aktiven Kreis von Diskussionsteilnehmern – bewährt, zunächst mehrere Fragen zu sammeln, zu ordnen und dann komplexe „Fragenbatterien" zu beantworten. Das gibt einmal Gelegenheit, sich bei der Beantwortung diejenigen Fragen auszusuchen, auf die man argumentativ am besten vorbereitet ist. Zudem gewinnt man Zeit, die eine oder andere Antwort noch einmal zu überdenken. Das ist wirkungsvoller als eine spontane Erwiderung; bei einer zu raschen Antwort wird die Wahrscheinlichkeit eigener Fehlleistungen bzw. schwacher Argumentation größer.

Eine oft zusätzlich verwendete und wirkungsvolle – allerdings umstrittene – Möglichkeit, unangenehme (Zusatz-)Fragen zu kontern, besteht darin, Fragen zu kommentieren und dem Fragesteller z. B. unpräzise oder absurde Fragestellung vorzuwerfen.

Beispiele:

„. . . ich habe die Frage so beantwortet, wie sie gestellt war. Wenn Sie etwas anderes gemeint haben, hätten Sie es anders formulieren müssen."

„Ich glaube, daß Ihre Fragen sehr weit hergeholt waren. Die Antwort mußte deshalb die Absurdität der Fragen klarmachen."

Man unterscheidet folgende Fragetechniken:

Vorfrage

Es ist nicht immer ratsam, vor dem Gegner sofort alle Karten hinsichtlich eines bestimmten Diskussionspunktes aufzudecken. In einem solchen Fall stelle man eine Vorfrage, vor allem zu einem grundsätzlichen Problem. Im Verlauf der zu erwartenden allgemeinen Diskussion über diese Grundsatzfrage versuche man, den Gesprächspartner unauffällig dazu zu bringen, sich festzulegen. Hat er dies im Sinne unserer Überzeugung getan, wird er es schwer haben, sich in der nun wieder herbeigeführten Diskussion zum Einzelproblem zu behaupten.

Scheinfrage (rhetorische Frage; Suggestiv-Frage)

Auf eine rhetorische Frage wird keine (freie) Antwort erwartet. Sie dient dazu, dem Zuhörer Übereinstimmung mit dem Standpunkt des Redners zu suggerieren.

Beispiele:

„Dürfen wir so etwas denn gutheißen?"

„Sind wir uns darin nicht alle einig?"

„Diese Beweisführung werden Sie doch wohl anerkennen?"

Alternativ-Frage

Sie läßt andere Möglichkeiten gar nicht erst ins Blickfeld kommen und zwingt dem Zuhörer die Wahl der einen „unbestrittenen" Alternative suggestiv auf.

Beispiele:

„Wollt Ihr für Frankreich leben oder für Danzig sterben?"

„Wollen wir zwanzigtausend Verkehrstote pro Jahr hinnehmen oder die Höchstgeschwindigkeit begrenzen?"

„Wollt Ihr Butter oder Kanonen?"

Gegenfrage oder Rückfrage

Statt auf die Argumente des Gegners einzugehen und sich u. U. in die Defensive drängen zu lassen, stellt man offensiv eine Gegen(Rück-)frage oder eine Serie von Gegenfragen. Dadurch, daß man so den „Diskussionsball" fürs erste an den Fragesteller zurückgibt, wird Zeit gewonnen. Zudem kommt es nicht selten vor, daß dieser seine Interpretation und damit seine Argumentation selbst „zerredet".

Beispiele:

„Wie haben Sie das gemeint?"

„Würden Sie bitte Ihre Frage konkretisieren?"

„Können Sie mir mal Ihre Quellen nennen?"

„War es auch . . .?" „Ist es nicht auch . . .?" „Warum glauben Sie . . .?"

Man reagiere auf solche Fragestellungen z. B. wie folgt:

„Auf eine Suggestivfrage falle ich nicht herein."

„Ihre Alternativfrage ist eine unzulässige Vereinfachung und wird der wirklichen Sachlage nicht gerecht."

„Ihre Gegenfrage(n) will ich nachher gern beantworten. Aber beantworten Sie zunächst einmal meine Frage . . ."

12.4.2 Vergleichstechnik

Vergleiche verleihen Reden und Diskussionsbeiträgen Konkretheit, Eindringlichkeit und, wenn sie witzig sind, oft auch einen Lacherfolg. Voraussetzung für die erfolgreiche Anwendung dieser Technik ist die Übereinstimmung oder zumindest ein gewisser Grad von Ähnlichkeit zwischen den verglichenen Gegenständen.

Bringt der Diskussionsgegner einen Vergleich, so wird man versuchen, nachzuweisen, daß der Vergleich hinkt; oder man formuliert ihn zu einem „Bumerang" um.

Beispiel:

Die folgende Vergleichstechnik wurde angewandt während eines Informationsabends „Heilbronn spricht mit Dresden und Leipzig" (Januar 1970). Ein Diskussionsteilnehmer aus der Bundesrepublik: „Die Beziehungen der DDR und BDR sind doch wohl denen zwischen zerstrittenen Eheleuten gleich, die wieder miteinander sprechen möchten, um zu einer Verständigung zu kommen."

Der DDR-Vertreter (der Historiker Kring von der Technischen Universität Dresden): „Die Beziehungen zwischen der DDR und der BRD als die von Ehepartnern zu bezeichnen, ist eine Diffamierung der Ehe."

12.4.3 Kehrseiten-Technik („Ja – aber"-Technik)

Es kommt sehr oft vor, daß der Gegner zwar eine gut aufgebaute Beweisführung bietet, daß diese aber insofern lückenhaft bleibt, als sie nur die Vorteile oder Nachteile einer Sache zum Gegenstand hat. Selten spricht aber alles für oder gegen eine Sache.
Die Kehrseiten- oder *„Ja – aber"*-Technik anwenden heißt, dem Gegner erst ruhig zuzustimmen, dann aber die andere, falsche oder lückenhafte Seite seiner Argumentation aufzudecken.

Beispiel:
„Was Sie da an Vorteilen aufzählen, mag alles richtig sein. Sie vergessen aber die vielen Nachteile zu erwähnen, nämlich ..."

12.4.4 Scheinstützen-Technik

Diese Taktik ist äußerst wirkungsvoll. Der Gegner hat argumentiert, und nun hat man selbst das Wort. Man widerspricht ihm aber gar nicht, sondern stützt zur Verblüffung aller Zuhörer durch neue Beweise scheinbar seine Behauptungen. Dann erfolgt aber um so effektiver die eigentliche Widerlegungsaktion.
So zeigt man durch „Scheinstützen", daß man den gegnerischen Standpunkt noch genauer durchdacht hat als der Gegner selbst – und dann widerlegt man möglichst vieles davon.

Beispiel:
„Sie haben vergessen, für Ihre Behauptung noch diesen und jenen Grund, nämlich ..., anzugeben. Aber das alles kann nicht überzeugen, denn ..."

12.4.5 Autoritäts- und Zitations-Technik

Diese Technik besteht darin, daß man statt eigener Argumente oder in Ergänzung eigener Argumente bedeutende Persönlichkeiten, Institutionen, Massenmedien oder andere Quellen, die vom Zuhörer als Autoritäten respektiert werden, meist in Form von Zitaten für sich sprechen läßt.

Beispiel:
„Albert Schweitzer hat einmal gesagt ..."
Diese Technik kann dadurch umgekehrt werden, daß statt positiver Leitbilder negative (Schreck-)Bilder mit dem gegnerischen Standpunkt in Verbindung gebracht werden, um ihn zu diffamieren und das Publikum davon zu lösen.

Beispiel:
„Was unsere Gegner behaupten, haben wir auch schon einmal von Hitler gehört ..."
Es besteht eine gewisse Verbindung zwischen der Zitationstechnik und der Methode, die Ansicht des Gegners aus sich selbst zu widerlegen: Man zitiert zunächst einen früheren Ausspruch des Gegners und zieht dann Folgerungen aus den Worten des Angegriffenen, die ganz anders ausfallen als dieser es wollte.

Beispiel:
Ein Schüler, der mit einem schlechten Zeugnis nach Hause kommt: „Nicht wahr, Vater, du hast es doch selbst immer gesagt: die Hauptsache ist, daß wir alle gesund sind!"

Oft kommt es auch vor, daß eine frühere Aussage – aus dem ursprünglichen Zusammenhang gerissen – zitiert wird, und sogleich klingt sie in der neuen Umgebung völlig anders. Ein extrem unsachliches Verfahren ist es, den Sinn von solchen Zitaten durch Akzentverschiebungen und Umformulierungen zu entstellen.

Beispiel:
Sie haben behauptet, XY sei eine „alte Erfahrung"; der Gegner dreht Ihnen das Wort im Munde um: Sie hätten selbst gesagt, XY sei eine „veraltete Erfahrung" gewesen.
Hier gilt es, sofort darauf hinzuweisen, daß man nicht im Zusammenhang bzw. völlig entstellt zitiert worden ist.

Die folgenden Argumentationstechniken muß man kennen, um sie zurückweisen zu können. Ein fairer Diskussionspartner wendet sie nicht an.

12.4.6 Bandwagon-Technik

Die Bandwagon-Technik ist ein Verfahren, bei der die Ansichten einer Mehrheit bzw. einer angesehenen Minderheit als – tatsächliche oder fingierte – Leitansichten hingestellt werden. Die Wirkung eines solchen Vorgehens beruht auf der Tatsache, daß man den Zuhörer in die Außenseiterposition drängt, wenn er sich diesen Vorstellungen nicht anschließt. Er soll also auf den „Musikwagen" (engl. *bandwagon*) springen, auf dem „die Prominenz" bereits Platz genommen hat.
Einige stereotype Formulierungen, die in diesem Zusammenhang häufiger verwendet werden, sind: alle Welt, jeder vernünftige Mensch, das Ausland, das deutsche Volk, die Bevölkerung der DDR, die Werktätigen in der BRD, die Soldaten, die deutsche Jugend, die deutschen Studenten usw.

Beispiel:
„Alle friedliebenden Völker bemühen sich um die Abrüstung, nur die Bonner Militaristen wollen Atomwaffen."

12.4.7 Isolierungs-Technik

Hierbei handelt es sich um einen negativen Bandwagon: Ohne deutlichen Bezug auf eine bestimmte Gruppe oder Minderheit wird eine Person oder Gruppe, die bestimmte Ansichten vertritt, als Außenseiter hingestellt.

Beispiel:
„Nur wenige unverbesserliche Starrköpfe meinen, sie könnten sich mit den Gewerkschaften arrangieren."

12.4.8 Ad-personam-Technik („Persönlichwerden")[7]

Ein Gegner greift nicht die Sache an, sondern den, der sie vertritt. Sachliche Argumente werden durch persönliche Attacken ersetzt. Der andere wird verdächtigt, sein guter Wille bestritten, fehlende Sachkenntnis und Unglaubwürdigkeit werden ihm vorgeworfen. Man unterstellt ihm niedrige Motive und weist ihm Ideologiehörigkeit, Machthunger, persönliche Bereicherung, Gruppeninteressen nach, die angeblich der Mehrheit schaden. Man schreckt nicht davor zurück, den anderen lächerlich zu machen und ihn grob zu beleidigen.

Beispiele:
„Sie sind auch so ein typischer Karriere-Söldner! Für Geld machen Sie alles. Sie würden sogar auf Befehl Menschen umbringen – menschliches Denken ist Ihnen vollkommen fremd!"

12.4.9 Übertreibungs- und Projektions-Technik[7]

Unter die *Übertreibungs-Technik* fällt alles Summieren, Verallgemeinern, Übertreiben. Einzelfälle werden als Regelfälle angesehen, als symptomatisch, typisch, allgemeingültig hingestellt.

Beispiele:
„Das ist typisch sozialistisch!"
„Die Bundeswehr – dieser Sauhaufen! Wozu brauchen wir die eigentlich noch, wenn nicht einmal die Fallschirmjäger ihren Wachdienst richtig durchführen und die Starfighter einer nach dem anderen abstürzen!"

Bei der ähnlich gelagerten *Projektions-Technik* handelt es sich im Grunde genommen um Analogieschlüsse: Bestimmte Verhaltensweisen oder Ereignisse werden aus einer Situation auf eine andere, aktuelle oder hypothetische, Situation übertragen (projiziert), was nach Raum, Zeit, Ziel oder Rolle geschehen kann.

Beispiele:
„Die USA führten in Vietnam Krieg, also werden sie auch in Europa Krieg führen." (Raumprojektion)
„Die Großindustriellen haben seit der Weimarer Republik die Nazis unterstützt; dieselbe Unterstützung gewähren sie heute den antisozialistischen Kräften." (Zeit-/Zielprojektion)

12.4.10 Gefühlsappell-Technik[7]

Sachliche Aussagen werden auf die Ebene der Emotionen und Vorurteile verlagert und von dort her wird zu einer Entscheidung aufgerufen. Die besondere Wirkung dieser Technik besteht darin, daß man beim Publikum bestehende Wertvorstellungen anspricht, sich mit ihnen solidarisch erklärt und sie mit Aussagen verknüpft, die im Interesse des Redners liegen.

---

[7] S. a. G. Schmid, d. o., S. 41

Beispiel:
„Die höchste Form des Humanismus ist der Klassenhaß, der Haß gegenüber dem Feind und dem Mörder, der die Hand hebt zum Anschlag auf Dein Haus, Deine Eltern, Dein Vaterland, auf unsere kommunistischen Ideale.“ (Marschall Tschuikow)
Auf eine emotionale Argumentation des Gegners reagiert man am besten in der Weise, daß man mehr Sachlichkeit von ihm fordert und zugleich das Publikum darauf hinweist, daß nur Kritikfähigkeit und klarer Sachverstand eine Problemlösung bringen.

12.4.11 In- und Exkulpations-Technik (Beschuldigung und Entschuldigung)

Die *Inkulpations-Technik* wird verwendet, um die mit einer Einstellung bzw. einer Handlungsweise möglicherweise verbundenen Verstöße gegen Normensysteme zu aktualisieren. Die Information soll also ein „schlechtes Gewissen“, Schuldgefühle wecken.

Beispiel:
„Du mußt Dir klar darüber sein, wenn Du Soldat der Bundeswehr wirst, daß Du mithilfst, das Risiko eines Krieges zu erhöhen.“
Die *Exkulpations-Technik* wird in umgekehrter Richtung benützt: Man beruft sich auf ein bestimmtes Wertsystem, um den Verstoß gegen ein anderes Wertsystem zu entschuldigen. Die Exkulpation hat also Alibifunktion.

Beispiel:
„Wenn Du Deinen Wehrdienst verweigerst, kannst Du sicher sein, einen persönlichen Beitrag zum Frieden geleistet zu haben.“

12.4.12 Ausweich-Technik

Der Gegner geht nicht auf die Argumente ein, die man vorgebracht hat, sondern weicht auf ein Gebiet aus, das im Grunde gar nicht zur Diskussion steht.

Beispiel:
Ein einheimischer Bayer wirft einem Berliner Touristen vor, er und seinesgleichen redeten die anderen tot, ohne eigentlich etwas zu sagen. Der Berliner: „So ein Unsinn! Ihr sauft ja nur aus Euren Maßkrügen und hört nicht zu!“

12.4.13 Wiederholungs-Technik

Die Wiederholung einer Frage oder Behauptung ruft in Erinnerung, verankert die Kernaussage tiefer, sorgt für Eindringlichkeit. Dem Sättigungseffekt bei den Zuhörern, der von häufigen Wiederholungen kommen kann, beugt man durch Variation der Wiederholung, durch neue Formulierung desselben Inhalts vor.
Nicht selten wird mangels sachlicher Beweismittel zur Wiederholung gegriffen, um dennoch sein Überzeugungsziel suggestiv durchzusetzen.

Beispiele:
„Keiner, aber auch keiner hat das Recht dazu, Gewalt anzuwenden!“
„Über die Mauer gibt's nichts mehr zu diskutieren. Nichts mehr zu diskutieren. Ist keine Diskussion mehr.“ (W. Ulbricht)

12.5 Zur Übung

Wenn Sie andere durch Argumente überzeugen wollen, sollten Sie versuchen, das eventuelle gegnerische Nein durch den „Bau einer goldenen Brücke" in ein Ja zu verwandeln. Von den psychologisch begründeten Methoden, die dieses Vorgehen erleichtern, haben wir einige in Form von Ratschlägen zusammengestellt. Damit Sie angeregt werden, sich mit ihrem Gehalt intensiv zu beschäftigen, haben wir zwei falsche Ratschläge als „Fallgruben" eingebaut[8].

a) Welche beiden Vorschläge sind falsch?
b) Erweitern Sie diese Ratschläge um eigene Erfahrungen zu der Frage, wie man erfolgreich mit gegnerischen Standpunkten umgeht. (Punkte 9–12)

1. Signalisieren Sie dem Gegenüber Ihr Interesse an seinem Standpunkt durch Verständnisfragen. („Habe ich Sie richtig verstanden, daß . . .?")
2. Seien Sie konkret und nutzen Sie den Überzeugungswert von anschaulichen Beispielen[9].
3. Widersprechen Sie einer anderen Meinung nicht sofort. Fangen Sie mit dem Positiven, Gemeinsamen an.
4. Weisen Sie grundsätzlich Einwände als nicht zur Sache gehörig zurück.
5. Geben Sie dem Gegenüber eine deutliche Rückmeldung *(feed-back)* darüber, wie er auf Sie wirkt („Ihr Vorwurf hat mich ganz schön getroffen . . .").
6. Vermeiden Sie Haarspaltereien und Streit um Unwesentliches. („Nicht an jedem Knochen nagen, der einem vorgeworfen wird!")
7. Gehen Sie davon aus, daß der Gegner aggressiv ist und Sie nur verunsichern will.
8. Versuchen Sie, den Standpunkt des Gegners und seine Argumente gelegentlich (sinngemäß) zusammenzufassen:

   „Kann man Ihren Standpunkt so zusammenfassen . . .?"; „Sie meinen also . . .".
9. ______________________________
10. ______________________________
11. ______________________________
12. ______________________________
13. Achten Sie darauf, daß man Ihnen nicht das Wort im Munde rumdreht. Setzen Sie sich sofort zur Wehr[9].
14. Wehren Sie sich auch, wenn Ihre Aussagen aus dem Zusammenhang gerissen werden oder wenn der Gegner eine Sache so kompliziert darstellt, daß allgemeine Verwirrung die Folge ist[9].

Beispiel:

Unser Analysebeispiel[10] ist einer Diskussion zur Deutschland-Situation und Europäischen Sicherheitskonferenz im holländischen Fernsehen am 5. 1. 1972 entnommen. In dieser Diskussionsphase sind beteiligt: W. L. Brusma (Chefredakteur des Haagse Post); Karl Eduard von Schnitzler (Chefkommentator des DDR-Fernsehens); Jens Feddersen (Chefredakteur der Neuen Ruhr Zeitung/Neuen Rhein Zeitung).

---

[8] Vg. G. H. Ruddies, *Psychotraining. Lebenstechnik im Alltag,* Stuttgart 1973, S. 106
[9] Aus G. Schmid, d. o., S. 28
[10] Entnommen aus: H. Schuh, „Die Argumentation in Rede, Gespräch und Diskussion", in: *Information für die Truppe,* 8/1972, S. 107 f.

Stellen Sie fest, welche Argumentationstechniken von den Diskussionsteilnehmern eingesetzt werden. Decken Sie den Lösungsvorschlag auf der rechten Seitenhälfte zunächst ab.
Die in der rechten Spalte „Argumentationstechniken" genannten Ziffern beziehen sich auf die Endziffern der in 12.4.1–12.4.13 dieses Kapitels dargestellten Techniken.

Textausschnitt der Diskussion	**Argumentationstechniken**
Brusma: „... Ich möchte Herrn von Schnitzler eigentlich fragen: **Was sollte geschehen,** damit die *Mauer* niedergeht und der *Schießbefehl* abgepfiffen wird?"	Anstoß zur Diskussion durch *Frage-T.* (1.) mit impliziter *Inkulpation* (11).
Von Schnitzler: „Einen Schießbefehl in diesem Sinne gibt es nicht. Den gibt es *genauso, wie* etwa aufgrund der Einhaltung der Zollordnung an der Grenze zwischen Belgien und Holland geschossen wird."	*Ausweichen* (12.) gegenüber der Fragestellung von Brusma durch Versuch, den Begriff „Schießbefehl" mit einem *sinnerweiternden Vergleich* (2.) ab absurdum zu führen.
Feddersen: „Herr Schnitzler, machen Sie es sich nicht so billig, in einem freien Land, in einer freien Diskussion zu sagen, daß Zollbestimmungen **dasselbe sind wie** das wöchentliche Schießen an der Mauer oder an der Zonengrenze. *Das kauft Ihnen kein Mensch ab."*	*Zurückweisen des Vergleichs* durch Hinweis auf die unzulässige Gleichsetzung der Vergleichsobjekte (2.), Verstärkung dieser Argumentation durch *(soziale) Isolierung* (7.)
Von Schnitzler: „Wo die **schießwütige Polizei** ist, das möchten wir jetzt, glaube ich, nicht diskutieren. Ich bin dafür, daß wir die **europäische Sicherheit** diskutieren. Das bedeutet nämlich, daß man endlich erkennt, daß es keine – hier wurde es bereits zweimal erwähnt – ‚innerdeutschen' Beziehungen gibt, sondern daß diese Grenze zwischen zwei Staaten verläuft, die voneinander nicht nur völlig unabhängig sind, sondern die entgegengesetzte Gesellschafts- und Wirtschaftssysteme haben und daß hier eine Grenze verläuft zwischen zwei Welten. Das ist eine Grenze ganz besonderen Charakters. Das ist doch die einzige Besonderheit zwischen uns. Jedes andere *Gerede* von einer Besonderheit der Beziehungen läuft auf die **alte Aufrechterhaltung der Bevormundung,** *auf Bevormundungsversuche* hinaus."	Nochmaliger *Ausweichversuch* (12.) durch Austeilen eines vagen Seitenhiebes („schießwütige Polizei") und Ablenken auf das (allgemeine) Problem der europäischen Sicherheit. Mit der Überleitung auf das von v. Schnitzler angestrebte Thema der „Abgrenzung" wird versucht, aus der Defensive zu kommen und durch *(indirektes) Persönlichwerden* (8.), durch *Inkulpation* (11.) und *Wiederholung* (13.) der Inkulpation offensiv zu werden.

Brusma: „Es gibt doch einen gewissen Unterschied. Sie reden von zwei Welten, und da haben wir die Grenze. Gut, stimmt."

Brusma: „Will einer vom Westen zum Osten, keiner schießt ihn tot. Will einer vom Osten nach Westen, nicht nur wird er dann wahrscheinlich erschossen, aber der Polizist bekommt noch eine Prämie."

Auffangen des Gegenangriffes und Nachstoßen durch Brusma mit der *Kehrseiten-T.* (3.): Zugeben der grundsätzlichen Feststellung v. Schnitzlers, um im 2. Teil seines Diskussionsbeitrages genauer zu differenzieren und gewünschte Wertakzente durchsetzen zu können.

Von Schnitzler: „Ich weiß nicht, ob das **ein ernsthaftes, ein wirklich ernsthaftes Argument** ist zur Lösung dieser Fragen . . ."

Abschließende Bemerkung von V. Schnitzler, die mit der eingeschlossenen *Wiederholung* (13.) seine momentane Argumentationsschwäche aufdeckt und einer Kapitulation in dieser Frage gleichkommt.

Literatur

Gumbrecht, H. U., „Argumentieren – Interessen durchsetzen", in: *Reden und reden lassen. Rhetorische Kommunikation.* Begleitmaterial zur gleichnamigen Fernsehreihe in Zusammenarbeit mit dem Südwestfunk und dem Österreichischen Rundfunk, Stuttgart 1975, S. 163–181

Reyer, W., *Argumentationsanalytik und Diskussionssystematik,* Villingen-Schwenningen 1974

Schmid, G., *Überzeugen durch Reden,* Freiburg 1971

Schuh, H., „Die Argumentation in Rede, Gespräch und Diskussion", in: *Information für die Truppe,* 8/1972, S. 91–108

Teigeler, P., *Verständlichkeit und Wirksamkeit von Sprache und Text,* Stuttgart 1968

13 Körpersprache

Lernziele

1. Körpersprache als Ausdruck individueller Persönlichkeitsmerkmale kritisch würdigen können.
2. Körpersprache in ihrer (kommunikativen) Bedeutung für die zwischenmenschlichen Beziehungen erfassen können.
3. Körpersprachliche Äußerungen als Markierungen des gesprochenen Wortes kennen und unterscheiden lernen.

13.1 Situation[1]

„New Orleans, September 1978. Auftakt zum Revanchekampf um die Boxweltmeisterschaft im Schwergewicht:

‚Den letzten Gong wird Spinks nicht mehr stehend hören; er wird schneller fallen als der Dollar', verspricht Muhammad Ali, ‚der Größte', vor dem Revanchekampf gegen seinen Bezwinger Leon Spinks.

‚Ich boxe gegen einen Greis – ich bin in vielen Altersheimen gewesen, weil ich wissen will, was auf mich zukommt', kontert der 25 Jahre alte Spinks ebenso laut wie geschmacklos."

Nichts zu sagen *haben sich Leon Spinks (links) und Muhammad Ali. Mit Worten kämpft jeder für sich allein vor dem Revanchekampf in der Nacht zum Samstag.* Bild: ap

[1] Text und Foto aus: *Kölner Stadtanzeiger*, 13. 9. 1978

13.2 Analyse

Soweit der Text zum ap-Foto, das am Mittwoch, 13. September 1978, in den meisten deutschen Tageszeitungen erschien.
Hätte es jedoch unbedingt eines verbalen Kommentars zum Bild bedurft? Drückt die Körperhaltung der beiden Kontrahenten über ihr Verhältnis zueinander und zur Öffentlichkeit nicht mehr und deutlicher aus als das gedruckte (oder gesprochene) Wort? Zur Schau getragene Abgrenzung, demonstrative Ausschließung des Gegners durch den aufgestützten Arm – eine „sprechende" Körperhaltung. Wir reden aber auch mit unserem Gesichtsausdruck, mit unseren Bewegungen.
Die Verhaltenswissenschaften beschäftigen sich seit längerem mit der Bedeutung dieser „nonverbalen Signale", die wir zumeist unbewußt an unsere Mitmenschen senden. Ein neuer Zweig dieser Forschung ist die *Kinesik* = die Lehre von der Körperhaltung und Körperbewegung.

Gegenwärtig existieren zwei Denkrichtungen mit unterschiedlichen Annahmen über Körperverhalten:

- Der (ausdrucks-)psychologischen Schule gilt nonverbales Verhalten traditionell als Ausdruck von Gedanken und Gefühlen.
- Die Kommunikationsforschung dagegen betrachtet Körperhaltungen und Bewegungen als Merkmale zwischenmenschlicher Beziehungen.

Beide Auffassungen sind nicht unvereinbar miteinander:
Konzentriert sich der Beobachter auf das Individuum und untersucht ausschließlich die psychischen Vorgänge bei dieser Person, so erscheint ihm dessen Verhalten als Selbstausdruck. Betrachtet er diesen Menschen jedoch als Mitglied einer Gemeinschaft und untersucht sein Verhalten daraufhin, was es in der Gesamtgruppe bewirkt, so wendet er sich dem Kommunikationsaspekt zu.

Also: Menschliches Kommunikationsverhalten ist zugleich expressiv und kommunikativ.

13.3 Der expressive Aspekt: Körpersprache als Ausdruck

Die Ausdrucksanalyse will herausfinden, was ein bestimmter Gesichtsausdruck, eine Körperhaltung oder eine Geste individuell „bedeuten": Auf welche Gedanken oder Gefühle einer bestimmten Person kann man angesichts bestimmter körpersprachlicher Äußerungen schließen? (Siehe S. 154)

Aufgabe:	**Lösung:**
Was bedeutet es, wenn der Gesprächspartner [2]:	Dann bedeutet dies[2]:
1 die Füße um die Stuhlbeine legt	Unsicherheit, Halt suchen
2 die Füße nach hinten nimmt	bin ertappt, Verlegenheit
3 kurz an die Nase greift	nimmt keine Sympathie an oder: Verlegenheit
4 die Fingerkuppen aneinanderpreßt	Präzision, genaue Aussage
5 ein Spitzdach mit den Händen formt	Arroganz oder: wehre mich gegen Einwände
6 die Arme verschränkt	
a) bei Männern	Ablehnung, Verschlossenheit
b) bei Frauen	Schutz suchen, Angst
7 sich die Hände reibt	selbstgefällig, Selbstzufriedenheit
8 den Kopf einzieht (Schultern hochgezogen)	Angst, Nervosität, Verkrampfung
9 mit dem Oberkörper weit nach vorne kommt	Interesse, will unterbrechen
10 mit dem Bleistift spielt	Angst, Nervosität, Verkrampfung, Halt suchen
11 mit dem Finger zeigt: Sie sind . . .	Angriff, Wut
12 die Hand zur Faust verkrampft	Wut, verhaltener Zorn
13 die Oberlippe hochzieht	Verachtung
14 die Unterlippe hochzieht	Zweifel
15 den Oberkörper weit zurücklehnt	Desinteresse, Ablehnung
16 die Augenbrauen hebt	Ungläubigkeit oder Arroganz
17 die Finger zum Mund nimmt	
a) kurz	verlegen, unsicher
b) längere Zeit	nachdenklich
18 Hand vor den Mund (bei Frauen) nimmt	
a) während des Sprechens	Unsicherheit
b) nach dem Sprechen	will das Gesagte zurücknehmen
19 das Kinn streichelt	nachdenklich, Zufriedenheit
20 mit den Füßen wippt (im Stehen)	Arroganz, Sicherheit
21 weite Armbewegung macht	Sicherheit
22 enge Armbewegung macht	Unsicherheit
23 mit den Fingern trommelt	Nervosität, zur Sache kommen
24 die Beine übereinanderschlägt	
a) zum Gesprächspartner	Aufbau eines Sympathiefeldes
b) vom Gesprächspartner abgewandt	Ablehnung, Unwillen
25 die Brille (hastig) abnimmt	Nervosität, Angriff, nicht einverstanden
26 immer leiser (langsamer) spricht	unsicher, Aufschub
27 sich die Nase reibt	nachdenklich
28 keinen Blickkontakt mehr hält	nimmt keine Sympathie an oder Verlegenheit
29 häufig die Lider bewegt	Nervosität
30 die Beine verschränkt	Unsicherheit, will sich zurückziehen

Wir finden die Antworten auf den ersten Blick recht plausibel, erkennen aber sehr bald, daß Ausdrucksmerkmale in ihrer Bedeutung nicht so pauschal festzulegen sind. Kann das An-die-Nase-Greifen nicht auch einfach bedeuten, daß der Betreffende einen Juckreiz beheben will?

---

[2] Diese zweispaltige Prüfliste ist entnommen aus: *Management Diary 1977 des Manager Magazins*, zitiert nach: *Psychologie heute*, 2/1977, S. 80

Jede körpersprachliche Äußerung ist zunächst einmal mehrdeutig. So wie wir die vollständige Bedeutung eines Wortes nur aus dem Satzzusammenhang erfahren, ist ein Gesichtsausdruck oder eine Geste nur aus der Gesamtsituation interpretierbar. Die Begleitsignale sprachlicher und nichtsprachlicher Art entscheiden mit darüber, was ein bestimmtes Ausdrucksmerkmal in einer bestimmten Lage bedeuten kann.
Wir müssen also den Leser enttäuschen, der Rezepte erwartet, wie man mittels der Körpersprache Leute verführen, Dinge verkaufen oder sich beliebt machen kann.

13.4 Der kommunikative Aspekt – Verbindung und Rückmeldung

„Sie haben sich nichts zu sagen", war der Bildkommentar zum Foto von Leon Spinks und Muhammad Ali. Aber wir hatten auch festgestellt: Beide Boxer teilen uns bereits durch Körperhaltung und Gesichtsausdruck genug darüber mit, was sie voneinander halten.
Auf dem rechten Foto spricht ein junger Mann am Telefon. Der Adressat am anderen Ende wird aber wohl kaum die Geste wahrnehmen, die sein Gesprächspartner zur Verstärkung seiner Worte einsetzt. Ohne daß er sich seiner Geste bewußt ist, versucht der junge Mann, mit seinem Gesprächspartner auch körpersprachlich Verbindung aufzunehmen.
Der Rückmeldung, ob man „ankommt" und wie man auf andere wirkt, dient vor allem der Blickkontakt, den ein Sprecher zu einem Gesprächspartner unterhält:
„Der Sprecher beginnt seine Ausführungen mit einem Blick auf seinen Partner. Dann wendet er mit zunehmendem Gewicht seiner Gedanken und Worte seinen Blick ab. Gegen Ende seiner Äußerungen schaut er wieder kurz seinen Partner an, um festzustellen, welchen Eindruck seine Worte hinterlassen haben. Während dieser Zeit hat der Zuhörer den Sprecher genau beobachtet, aber jetzt, da der Zuhörer selbst zum Sprecher wird, blickt er seinerseits weg und wirft gelegentlich Blicke, um die Wirkung seiner

Worte zu prüfen. Auf diese Weise wechseln Rede und Blicke nach einem allgemein vorhersagbaren Muster hin und her."[3]

Eine Situation, in der diese Ausgewogenheit des Hin und Her durchbrochen wird, ist die Rede bzw. der Vortrag vor einem größeren Publikum:
„Beim Betreten des Podiums starren alle Zuhörer den Sprecher an, er fühlt sich zwangsläufig von den vielen Blicken bedroht und blickt weg, entweder in die Luft oder auf die vor ihm liegenden Notizen. Ein erfahrener Redner weiß, daß das einfach schlechte Technik ist, und er hat gelernt, sich so in die Gewalt zu bekommen, daß er von Zeit zu Zeit direkt ins Publikum blickt, wie er es auch im Gespräch mit einem einzelnen Gesprächspartner tun würde. Das ist wichtig, denn für jeden einzelnen Zuhörer ist er gewissermaßen ein Einzelpartner. Blickt er nicht gelegentlich auf das Publikum, dann fühlt es sich von ihm ignoriert. Die Ideallösung des erfahrenen Redners ist, daß er sein Publikum von Zeit zu Zeit (und das möglichst häufig) mit langsam gleitendem Blick ‚anschaut'."[4]

Die Reaktion des Publikums entscheidet auch über Umfang und Intensität der Gestik, mit der ein Redner seine Ausführungen unterstreicht:
„Ein spontan reagierender und völlig mit ihm sympathisierender Zuhörer wird tendenziell seine Gestik dämpfen. Konfrontiert mit einem aufmerksamen, dabei aber kritischen Publikum wird der gleiche Redner einen wahren Tanz mit seinen Händen vollführen. Er will seine Zuhörer für sich gewinnen, und um das zu erreichen, muß er seinen Worten immer wieder Nachdruck verleihen. Unter diesem Gesichtspunkt wird es auch erklärlich, daß Redner, die in der Öffentlichkeit vor einem großen Publikum sprechen, viel heftiger gestikulieren als bei privaten Unterhaltungen. Paradoxerweise ist der Rückkoppelungseffekt von seiten der Menge geringer als bei einem Freund. Dieser nickt und lächelt dem Gesprächspartner zu, und der weiß die ganze Zeit, daß seine Worte ‚ankommen'. Zusätzliche Betonungsgesten sind also nicht erforderlich. Die unpersönliche Menschenmasse des Publikums dagegen starrt ihn nur an und hebt sich ihre Reaktion für den Schluß der Rede auf; dann beginnt sie zu applaudieren – oder zu johlen und zu buhen. Der Redner weiß lange nicht, ob seine Ausführungen ankommen oder ob sie überhaupt keinen Eindruck hinterlassen. Unbewußt entscheidet er sich dafür, daß es das beste sei, den Nachdruck, den er auf seine Worte legt, ständig zu steigern. So kommt es, daß Leute, die in Privatgesprächen nur wenig gestikulieren, reichlich und intensiv Gestik einsetzen, wenn sie in der Öffentlichkeit vor einem größeren Publikum sprechen."[5]

Im Unterschied zur Häufigkeit der eingesetzten Gesten gibt es über ihre Wirkungsqualität kaum Erkenntnisse. Gesichert ist jedoch die Taktstock-Funktion der Körpersprache.

---

[3] Morris, D., *Der Mensch, mit dem wir leben. Ein Handbuch unseres Verhaltens,* München/Zürich 1978, S. 75
[4] Morris, D., S. 76
[5] Morris, D., S. 63

13.5 „Taktstock-Signale“: Illustration und Interpunktion

Die Taktstockfunktion der Körpersprache besteht darin, diejenigen Aussagen im Fluß unserer Rede zu kennzeichnen, die wir besonders betonen oder verdeutlichen möchten. Von besonderem Aussagewert ist dabei der Taktschlag mit der Hand.

Aufgabe:

Bevor Sie den Lösungstext lesen, versuchen Sie in den nachfolgenden Abbildungen einmal herauszufinden, was der Redner mit seinen Gesten seinen Zuhörern jeweils mitteilen möchte. Prägen Sie sich dabei die Bezeichnungen zu diesen Handhaltungen ein.

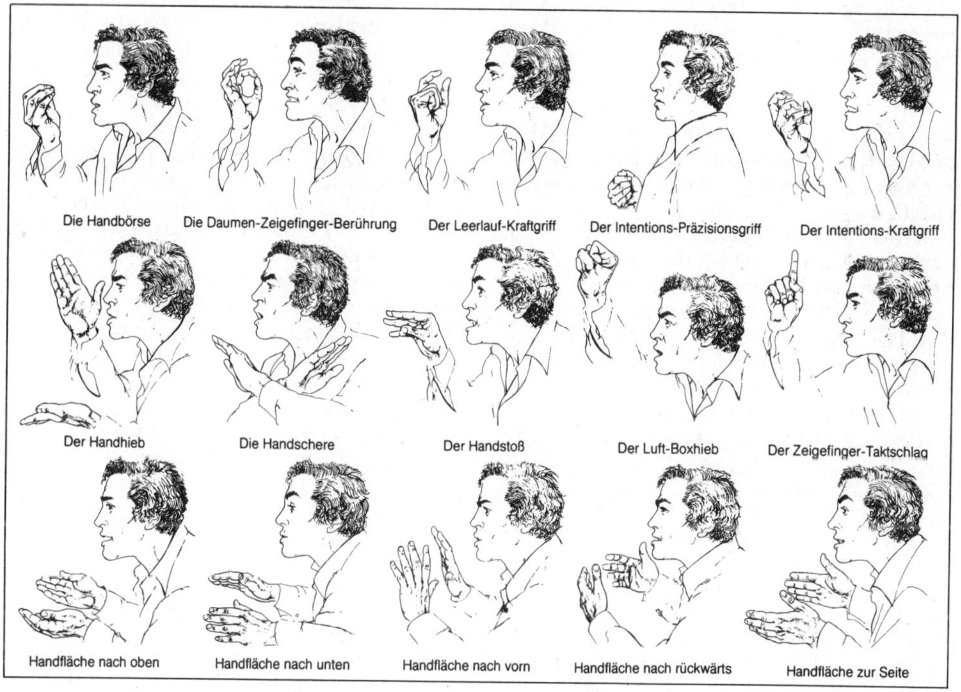

Lösung:

D. Morris beschreibt in seinem Handbuch des Verhaltens folgende Taktstock-Signale:[6]

1. *Der Leerlauf-Präzisionsgriff.* Die menschliche Hand nimmt zwei grundsätzliche Greifhaltungen ein – den Präzisionsgriff und den Kraftgriff. Beim Präzisionsgriff werden die Spitzen des Daumens und der übrigen Finger verwendet, beim Kraftgriff die ganze Hand. Wir benutzen den Präzisionsgriff, wenn wir kleine Gegenstände halten und mit ihnen sorgfältig umgehen, wie etwa beim Schreiben oder

[6] Morris, D., S. 56 ff.

beim Einfädeln eines Fadens in eine Nadel. Wenn wir beim Sprechen den Takt schlagen, benutzen wir häufig die Handhaltung des Präzisionsgriffs, obschon die Hand selbst leer ist. Wir vollziehen also die Präzisionsgeste in einer Art „Leerlauf". Dieser Taktschlag spiegelt das Bedürfnis des Sprechers wider, sich feinsinnig und präzise auszudrücken. Seine Hand bringt, für jeden sichtbar, die Differenziertheit der von ihm betonten Punkte zum Ausdruck.

Es gibt zwei beliebte Formen des Leerlauf-Präzisionsgriffs: die *Handbörse* und die *Daumen-Zeigefinger-Berührung.* Bei der Handbörse werden alle fünf Fingerspitzen so zusammengeführt, daß sie einen engen Kreis bilden, wie etwa die Öffnung eines mit einer Kordel verschlossenen Lederbeutels.

Bei der Daumen-Zeigefinger-Berührung werden nur die Spitzen dieser beiden Finger miteinander in Kontakt gebracht. Dies scheint die populärste Form des Leerlauf-Präzisionsgriffs zu sein; sie erfordert außerdem eine geringere Muskelanstrengung als die Handbörse.

2. *Der Intentions-Präzisionsgriff.* Bei diesem Taktstock-Signal bewegt sich die Hand so, als beabsichtige sie, ein kleines imaginäres Objekt zu umfassen, aber sie führt diese Bewegung nicht bis zu dem Punkt aus, bei dem sich die Spitzen des Daumens und der übrigen Finger tatsächlich berühren. Darin spiegelt sich mehr das Streben nach Präzision wider als die Präzision selbst. Die in die Luft fahrende Hand kommt der gesuchten Antwort nahe, erreicht sie aber nicht ganz. Dem entspricht ein Element des Suchens und der Unsicherheit beim Redenden.

3. *Der Leerlauf-Kraftgriff.* Den Kraftgriff benutzen wir bei Kraft erfordernden Handlungen, etwa beim Festhalten und beim Hämmern. Die Finger umschließen in gekrümmter Form den betreffenden Gegenstand und halten ihn fest. Geschieht das ohne Objekt, dann bildet sich in leichteren Fällen eine gekrümmte Hand und in stärkeren eine geballte Faust.

Bei der gekrümmten Haltung berühren die Finger die Handfläche nur leicht. Diese Haltung vermittelt weder Präzision noch Überzeugungskraft der Gedanken. Dagegen signalisiert die geballte Faust Entschlossenheit und Gedankenstärke.

Von allen Handhaltungen beim Taktschlag ist die geballte Faust das deutlichste Signal, das bewußt auch als Täuschungsmanöver eingesetzt wird. Das tun vor allem unentschlossene und schwächliche Politiker, um bei ihren Zuhörern den Eindruck von Entschlossenheeit und Stärke zu erwecken. Diese Geste ist also gewissermaßen zu „durchsichtig", als daß man aus ihr verläßlich auf die wirkliche Stimmung des Sprechers schließen könnte.

4. *Der Intentions-Kraftgriff.* Ein Sprecher, der gern die Situation meistern möchte, dem das aber bisher noch nicht gelungen ist, führt seine Taktschläge in einer erstarrten Intentionsbewegung des Kraftgriffs aus, wobei die Finger in steifer Form gespreizt und leicht gekrümmt werden. Die Hand greift sozusagen nach der Luft, führt die angefangene Bewegung aber nicht voll aus.

5. *Der Schlag in die Luft.* Die Hand agiert nicht als Halte-Instrument, sondern wie ein stumpfes Gerät. Statt zu greifen oder zuzupacken, stößt, boxt oder schlägt sie, aber nicht einen festen Gegenstand, sondern einfach in die Luft.

Der „Handhieb", bei dem die gerade, stocksteife Hand wie eine Axt durch die Luft saust, ist die Taktstockbewegung des aggressiven Sprechers, der mit seinen Überlegungen sozusagen den gordischen Knoten durchhauen und eine von ihm gewollte Lösung erzwingen möchte. Eine besondere Variante dieses Handhiebs ist die „Handschere", bei der sich die beiden Unterarme in der Horizontale überkreuzen und dann gleichzeitig einen Hieb nach außen hin führen. Diese starke Zurückweisungsgeste erweckt den Eindruck, als wollte der Sprecher sich seinen Weg durch ein ihm im Weg stehendes Hindernis schlagen, wobei er sich sowohl der Opposition zur Linken als auch der zur Rechten durch kräftige Hiebe entledigt.

Auch der „Handstoß", bei dem die Fingerspitzen scharf auf den Zuhörer gerichtet sind, ist aggressiv, aber die Aggression ist hier gezielter. Sie hat etwas mit dem Zuhörer selbst zu tun, nicht mit dem allgemeinen Problem.

Die aggressivste Handhaltung ist der Luft-Boxhieb: Wenn der Redner mit geballter Faust in die Luft schlägt wie ein Boxer, dann kann über seine Stimmung kein Zweifel bestehen. Es besteht eine gewisse Ähnlichkeit zwischen dem Luft-Boxhieb und der geballten Faust beim Leerlauf-Kraftgriff, aber in der Regel lassen sich beide durchaus unterscheiden. Die geballte Faust vermittelt eher den Eindruck, daß mit der Hand etwas in der Luft gepackt wird, während sie beim Luft-Boxhieb durch die Luft saust. In beiden Fällen mag ein aggressiv wirkendes, rhythmisches Auf und Ab der Faust zustande kommen, aber nur der Luft-Boxhieb erinnert an das Austeilen von Schlägen.

6. *Das Handausstrecken.* Statt mit der Hand Schlag- und Greifbewegungen auszuführen, kann man sie auch vor dem Körper ausstrecken und in dieser neutralen Stellung halten, die Finger sind geschlossen, die Hand selbst ist flach. Das Entscheidende an dieser Geste ist die Stellung der Handfläche.

Handfläche nach oben: Die bittende Hand des Bettlers. Mit dieser Handhaltung bittet man den Zuhörer um Zustimmung.

Handfläche nach unten: Die mahnende Hand des Besonnenen. Der Sprecher hat das Bedürfnis, die Stimmung zu dämpfen und dadurch unter Kontrolle zu bringen.

Handfläche nach vorn: Die zurückweisende Hand des Ablehnenden. Die Hand wird gewissermaßen zum Schutz des Redners vorgestreckt, um imaginäre Objekte, die von vorne auf ihn einzudringen scheinen, abzuhalten. Die Grundaussage ist Ablehnung und Zurückweisung.

Handfläche nach innen/Handrücken nach vorn: Die umschließende Hand des Trostsuchenden. Diese Geste wird in der Regel mit beiden Händen gleichzeitig ausgeführt, wobei die Handflächen der Brust des Sprechenden zugekehrt sind, und zwar so, als wolle er einen unsichtbaren Mitstreiter oder auch eine Vorstellung umarmen. Diese Haltung verdeutlicht den Versuch des Sprechers, den zur Diskussion stehenden Gedanken zu erfassen und zu umfassen, oder aber sich einem anderen Menschen im übertragenen Sinne näherzubringen.

Handfläche zur Seite: Die ausgestreckte Hand des Verhandelnden. Die Hand wird mit der Geste des Händeschüttelns vorgestreckt und durch die Luft bewegt; in ihr scheint sich das Bedürfnis widerzuspiegeln, sich auszustrecken und den Artgenossen zu berühren. Es besteht der dringende Wunsch, den vorhandenen Abstand zwischen Sprecher und Zuhörer zu überbrücken, um so den anderen mit den geäußerten Worten besser zu „erreichen".

7. *Die Berührungsabsicht.* Werden die Finger strahlenförmig zur Handflächenhaltung auseinandergespreizt, dann entsteht ein Taktstock-Signal mit besonderer Note. Man findet es besonders häufig bei Berufsrednern, etwa bei Politikern und Anwälten beim Plädoyer. Der Sprecher, der diese Geste anwendet, erweckt den Eindruck, als wolle man mit jeder Fingerspitze einen anderen Teil seines Publikums berühren. Diese Handlung ist verwandt mit der bereits erwähnten Präzisionsgriff-Geste. Der Unterschied liegt darin, daß die Fingerspitzen sich nicht – wie bei der Handbörsen-Geste – gegenseitig berühren, sondern durch ihre Bewegung die Absicht ausdrücken, die Zuhörer zu berühren.

8. *Zusammengelegte Hände.* Läßt der Sprecher seine beiden Handflächen in direkten Kontakt kommen, dann ersetzt dies meist das Taktschlagen, das Unterstreichen des Gesprochenen durch Bewegungen der Hände. Er genießt nun, während er weiterredet, das beruhigende Gefühl, mit sich selbst „Händchen zu halten".

Dieses Gefühl steht jedoch häufig im Widerspruch zu dem Bedürfnis, einen Gedanken besonders hervorzuheben. Man kann dann beobachten, wie sich der Sprecher in einem Konfliktzustand befindet: Seine Hände rebellieren sozusagen gegen die Ruheverbindung. Sie bleiben zwar zusammen, aber sie bewegen sich – je nach Veränderung der ausgesprochenen Gedanken – ständig unruhig hin und her. Diese „geknebelten" Taktgesten treten häufig bei Personen auf, die, durch ihre soziale Situation verängstigt und verunsichert, dennoch ein starkes Mitteilungsbedürfnis haben.

9. *Der Zeigefinger-Taktschlag:* Beim Taktschlagen mit der Hand benutzt man in der Regel alle Finger zusammen, aber es gibt eine häufige Taktstock-Geste, bei der ein einzelner Finger – und zwar der ausgestreckte Zeigefinger – eine beherrschende Rolle spielt.

Dabei gibt es zwei häufige Versionen: *das frontale Vorstoßen des Zeigefingers* und das *Taktschlagen mit dem erhobenen Zeigefinger.* Im ersten Fall wird der Zeigefinger auf die Zuhörer oder einen zur Diskussion stehenden Gegenstand zu gestoßen. Richtet man ihn auf einen Gegenstand, betont man damit meist nur die Bedeutung dieses Gegenstands für die Diskussion. Richtet man ihn dagegen unmittelbar auf einen Zuhörer, dann ist das ein autoritärer Akt; wenn man ihn dann auch noch rhythmisch vorstoßen läßt, wirkt dies auf den Zuhörer als offene Feindseligkeit oder Herrschsucht. Auch wenn der Zeigefinger ins Leere stößt, so kann es doch für den Zuhörer beinahe so sein, als bekäme er ihn zwischen die Rippen.

Auch das Taktschlagen mit dem erhobenen Zeigefinger gilt, wenn auch aus einem etwas anderen Grund, als drohend oder unterwerfungsheischend.

Hier fungiert der Zeigefinger wie eine Keule oder ein Stock, den man erhebt, wie um einem anderen einen symbolischen Schlag zu versetzen. Die erhobene Hand beim Taktschlagen wirkt bedrohlich, weil sie in dieser Position dem seit Urzeiten in unserer Spezies üblichen Schlag mit dem erhobenen Arm ähnelt.

Wir wissen, daß sowohl kleine Kinder als auch die uns am nächsten verwandten Menschenaffen diesen Schlag mit erhobenem Arm als grundlegende Angriffsbewegung benutzen und daß dieses Handlungsmuster auch von Erwachsenen bei gewalttätigen Zusammenstößen verwendet wird. Möglicherweise handelt es sich hier um ein angeborenes Muster der menschlichen Spezies. Obwohl nur ein lächerlich unbedeutendes Waffensymbol, löst der erhobene, im Takt schlagende Zeigefinger bei den Zuhörern eine tiefsitzende Einschüchterungsreaktion aus.“

Zweifellos sind die Hände die wichtigsten Organe zum „Taktschlagen“, aber auch andere Körperteile können diese Aufgabe übernehmen. Eine unterstützende Rolle spielen häufig Kopf- und Augenbewegungen. Das gemeinsame Auftreten von Tonhöhenveränderung der Sprechstimme und charakteristischem Bewegungsablauf von Kopf, Augenlidern und Hand wird in der folgenden Abbildung[7] deutlich:

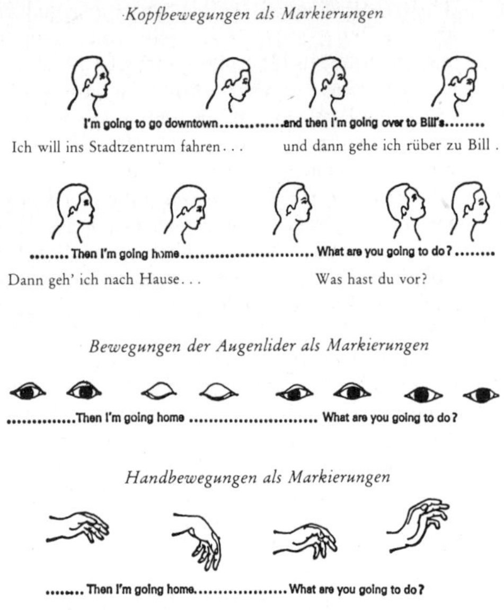

Bild 1:
Körperhaltungen und Bewegungsabläufe, die (amerikanische) syntaktische Sätze markieren

Analog zur Tonhöhe werden zu Beginn eines Satzes Kopf und Hand leicht angehoben und am Satzende abgesenkt, die Augen entsprechend geöffnet bzw. geschlossen. Am Ende eines Fragesatzes bleiben Kopf, Augenlider und Hand synchron zum Gesprächspartner hin angehoben.

[7] Aus: Albert E. Scheflen, „Die Bedeutung der Körperhaltung in Kommunikationssystemen“, in M. Auwärter u. a. (Hrsg.), *Seminar: Kommunikation, Interaktion, Identität,* Frankf. 1976, S. 230

Aufgabe:

Betrachten Sie folgende Bilderserie, in der John, ein Kollege, berichtet, die Verwaltung hätte gegen einen Plan Widerspruch eingelegt[8]. Er sagt: „*They cut down our whole plan.*“ („Sie haben unseren ganzen Plan gestrichen!“) Welcher Satzteil gehört zu welchem Bild! Beachten Sie dabei den synchronen Ablauf von Kopf-, Augen- und Handbewegungen.

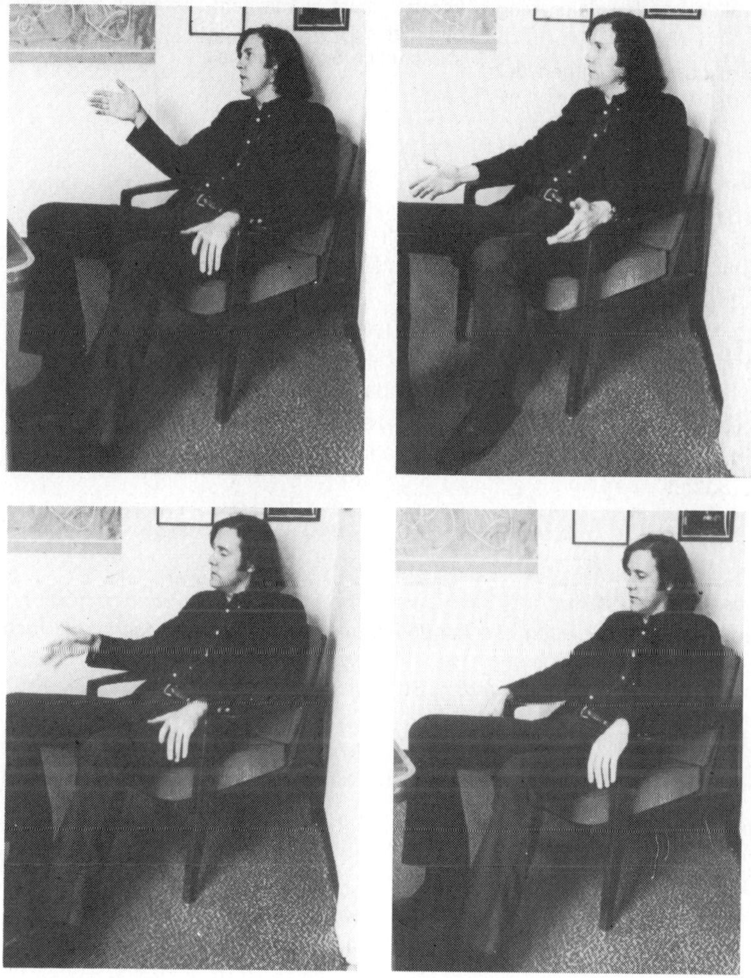

[8] Aus: Albert E. Scheflen, *Körpersprache und soziale Ordnung,* Verlag Klett-Cotta, Stuttgart

Lösung:

Am Satzanfang („*They*") hebt John den Kopf an und weitet die Augen. Beim „*cut*" vollführt er mit der rechten Hand eine Schneidebewegung abwärts.

Beim „*down*" bringt er die Rechte noch tiefer herab. Kopf und Augenlider werden gleichzeitig leicht abgesenkt.

„*our whole plan*" wird durch ein Öffnen der Arme und Heben der Hände, aber auch von einem Anheben des Kopfes und der Augenlider begleitet, so als ob John mit dem ganzen Körper sagen wollte, daß damit wohl die *ganze* Sache zunichte sei.

Als John mit dem Wort „*plan*" zum Satzende kommt, senkt er mit dem Ton auch Kopf, Augenlider und Hände und setzt so das körpersprachliche Schlußzeichen.

Zusammenfassung

Körpersprachliche Äußerungen können als Ausdruck individuell-persönlicher Gedanken und Gefühle (expressiv) gedeutet und als Merkmale zwischenmenschlicher Beziehungen (kommunikativ) betrachtet werden.
Sie begleiten und verstärken als Taktstock-Signale die verbalen Aussagen eines Redners und ermöglichen ihm Rückmeldungen über seine Wirkung auf Zuhörer.
Bewegungen mit Kopf und Augen, besonders aber mit den Händen, bilden eine Einheit mit dem gesprochenen Wort und verändern sich mit ihm in charakteristischer Weise. Die Gestik dient also sowohl zur Illustration des Gesagten wie auch zur Interpunktion des Satzes.

Literatur

Fast, J., *Körpersprache,* Hamburg 1976

Morris, D., *Der Mensch, mit dem wir leben. Ein Handbuch unseres Verhaltens,* München/Zürich 1978

Scheflen, A. E., *Körpersprache und soziale Ordnung,* Stuttgart 1976

14 Abschlußübungen

Lernziele

Wiederholung, Vertiefung und übertragende Anwendung einiger Lernschwerpunkte aus diesem rhetorischen Grundkurs in neuen inhaltlichen Zusammenhängen und Situationszusammenhängen.

Sie finden hier zu einigen wesentlichen Sachbereichen, die in diesem *„Grundkurs Rhetorik"* erarbeitet wurden, zusätzliche Aufgaben.
Dabei wurde auf Abschlußaufgaben in denjenigen Bereichen Wert gelegt, die Sie in eigener Übung ohne Beteiligung anderer und ohne Vorhandensein bestimmter Redesituationen lösen können.
Sie sollen diese Aufgaben in Ruhe und ohne Hast durchführen. Kommen Sie in dem einen oder anderen Falle nicht gleich zurecht, beschäftigen Sie sich noch einmal mit dem jeweiligen Abschnitt „Zur Übung" in dem entsprechenden Kapitel des Buches. Die hier gestellten Aufgaben bauen darauf auf.

14.1 Verständlichkeit (→ Kapitel 2)

Sie erinnern sich noch an die Verständlichmacher?

1. Einfachheit statt Kompliziertheit
2. Gliederung – Ordnung statt Ungegliedertheit – Zusammenhanglosigkeit
3. Kürze – Prägnanz statt Weitschweifigkeit
4. Zusätzliche Stimulanz statt fehlender Stimulanz.

Aufgabe:

Überprüfen Sie Ihren Kenntnisstand dadurch, daß Sie zuerst die Verständlichkeit des nachfolgenden Originaltextes und dann die des verbesserten Textes einschätzen[1].

Originaltext „Spracherziehung"

Kommunikation ist Interaktion in symbolischer Vermittlung und impliziert faktisch, genau wie Interaktion, auch ein Herrschaftsverhältnis interagierender und kommunizierender Menschen. Spracherziehung ist daher als ein Bereich der Erziehung zum sozialen Handeln zu betrachten; wobei der Begriff des sozialen Handelns verstanden wird in Abgrenzung zum einen vom blinden Befolgen vorgegebener Rollennormen, zum anderen von individuell willkürlichem Verhalten. Um auf der Grundlage von Rationalität und in kommunikativer Gemeinschaft mit anderen solidarisch handeln zu können, muß der Einzelne Sprache nicht nur als Medium der Artikulation analytisch-kognitiver Prozesse einsetzen, sondern gleichzeitig als Mittel reflexiver Kommunikation über soziale Beziehungen selber sowie zur Interpretation und Kommunikation subjektiver, eigener wie fremder Intentionen und Bedürfnisse. Dieses erfordert neben der Beherrschung verschiedener Sprachcodes Sensibilität für die in verschiedenen Nuancen der sprachlichen Pragmatik implizierten Bedeutungsgehalte.

Verständlichmacher

Einfachheit	Gliederung-Ordnung
Kürze-Prägnanz	Zusätzliche Stimulanz

Lösung

Verbesserter Text „Spracherziehung"

Kommunikation bedeutet: Mit Worten oder anderen Zeichen aufeinander reagieren und aufeinander Einfluß nehmen; und das heißt auch: Herrschaft ausüben. Damit ist Spracherziehung auch immer eine Erziehung dazu, wie man mit anderen Menschen umgeht, eine Erziehung zum sozialen Handeln. Wie soll nun das soziale Handeln aussehen? Und worauf muß man bei der Spracherziehung achten, um das Ziel zu erreichen?

Erziehungsziel „Soziales Handeln": Nicht blind alles tun, was die anderen von einem wollen. Aber auch nicht nur tun und lassen, was man selbst will. Sondern: Sich mit anderen vernünftig auseinandersetzen und dann solidarisch handeln.

Aufgabe der Spracherziehung: Sprache darf nicht nur dazu da sein, Gedanken in Worte zu kleiden. Sondern, daß man auch mal darüber spricht: „Wie gehen wir eigentlich

[1] Aus: Schulz v. Thun, „Verständlich informieren", in: *Psychologie heute,* 5/1975, S. 49

miteinander um?" und: „Was sind eigentlich die Absichten und Bedürfnisse, die bei mir und anderen dahinterstecken?"
Dazu muß man auch andere verstehen lernen, die sich anders ausdrücken als man selbst. Und man muß eine feine Antenne entwickeln, um besser mitzukriegen, was wirklich gemeint ist, wenn Leute etwas sagen.

Verständlichmacher

Einfachheit	Gliederung-Ordnung
Kürze-Prägnanz	Zusätzliche Stimulanz

Lösung

14.2 Gestaltung von Sätzen (→ Kapitel 3)

Aufgabe

Bitte finden Sie durch genaues, kritisches Lesen heraus, welche rhetorischen Satzfiguren im folgenden Redebeispiel von Georg Büchner (aus seinem Drama „Dantons Tod") verarbeitet sind. Schreiben Sie die Begriffe für die gefundenen Stilmittel zwischen die Textzeilen! Tun Sie sich bitte den Gefallen, den Lösungsvorschlag erst dann durchzuarbeiten, wenn Sie eine eigene Lösung erarbeitet haben. Nur so können Sie eigene Fehler und Feinheiten des Textes erkennen und selbst intensiv dazulernen.

Das Revolutionstribunal

Herman: Ihr Name, Bürger.

Danton: Die Revolution nennt meinen Namen. Meine Wohnung ist bald im Nichts und mein Name im Pantheon der Geschichte.

Herman: Danton, der Konvent beschuldigt Sie, mit Mirabeau, mit Dumouriez, mit Orléans, mit den Girondisten, den Fremden und der Faktion Ludwigs des XVII. konspiriert zu haben.

Danton: Meine Stimme, die ich so oft für die Sache des Volkes ertönen ließ, wird ohne Mühe die Verleumdung zurückweisen. Die Elenden, welche mich anklagen, mögen hier erscheinen, und ich werde sie mit Schande bedecken. Die Ausschüsse mögen sich hierher begeben, ich werde nur vor ihnen antworten. Ich habe sie als Kläger und als Zeugen nötig. Sie mögen sich zeigen. Übrigens, was liegt mir an euch und eurem Urteil? Ich hab' es euch schon gesagt: Das Nichts wird bald mein Asyl sein – das Leben ist mir zur Last, man mag mir es entreißen, ich sehne mich danach, es abzuschütteln.

Herman: Danton, die Kühnheit ist dem Verbrecher, die Ruhe der Unschuld eigen.

Danton: Privatkühnheit ist ohne Zweifel zu tadeln, aber jene Nationalkühnheit, die ich so oft gezeigt, mit welcher ich so für die Freiheit gekämpft habe, ist die verdienstvollste aller Tugenden. – Sie ist meine Kühnheit, sie ist es, der ich mich hier zum Besten der Republik gegen meine erbärmlichen Ankläger bediene. Kann ich mich fassen, wenn ich mich auf eine so niedrige Weise verleumdet sehe? Von einem Revolutionär wie ich darf man keine kalte Verteidigung erwarten. Männer meines Schlages sind in Revolutionen unschätzbar, auf ihrer Stirne schwebt das Genie der Freiheit.

Mich klagt man an, mit Mirabeau, mit Dumouriez, mit Orléans konspiriert, zu den Füßen elender Despoten gekrochen zu haben; mich fordert man auf, vor der unentrinnbaren, unbeugsamen Gerechtigkeit zu antworten. – Du elender St. Just wirst der Nachwelt für diese Lästerung verantwortlich sein!

Herman: Ich fordere Sie auf, mit Ruhe zu antworten; gedenken Sie Marats, er trat mit Ehrfurcht vor seine Richter.

Danton: Sie haben die Hände an mein ganzes Leben gelegt, so mag es sich denn aufrichten und ihnen entgegentreten; unter dem Gewichte jeder meiner Handlungen werde ich sie begraben. – Ich bin nicht stolz darauf. Das Schicksal führt uns den Arm, aber nur gewaltige Naturen sind seine Organe.

Ich habe auf dem Marsfelde dem Königtume den Krieg erklärt, ich habe es am 10. August geschlagen, ich habe es am 21. Januar getötet und den Königen einen Königskopf als Fehdehandschuh hingeworfen. – Wenn ich einen Blick auf diese Schandschrift werfe, fühle ich mein ganzes Wesen beben. Wer sind denn die, welche Danton nötigen mußten, sich an jenem denkwürdigen Tage (dem 10. August) zu zeigen? Wer sind denn die privilegierten Wesen, von denen er seine Energie borgte? – Meine Ankläger mögen erscheinen! Ich bin ganz bei Sinnen, wenn ich es verlange. Ich werde die platten Schurken entlarven und sie in das Nichts zurückschleudern, aus dem sie nie hätten hervorkriechen sollen.

Herman: Hören Sie die Klingel nicht?

Danton: Die Stimme eines Menschen, welcher seine Ehre und sein Leben verteidigt, muß deine Schelle überschreien.

Ich habe im September die junge Brut der Revolution mit den zerstückelten Leibern der Aristokraten geätzt. Meine Stimme hat aus dem Golde der Aristokraten und Reichen dem Volke Waffen geschmiedet. Meine Stimme war der Orkan, welcher die Satelliten des Depotismus unter Wogen von Bajonetten begrub.

Herman: Danton, Ihre Stimme ist erschöpft, Sie sind zu heftig bewegt. Sie werden das nächste Mal Ihre Verteidigung beschließen, Sie haben Ruhe nötig. – Die Sitzung ist aufgehoben.

Danton: Jetzt kennt Ihr Danton – noch wenige Stunden, und er wird in den Armen des Ruhmes entschlummern.

14.3 Argumentationspläne (→ Kapitel 6)

Aufgabe

1. Nehmen Sie sich noch einmal das Kapitel zu den Argumentationsplänen vor. Sie sollen jetzt eine Rede erarbeiten, die aus fünf Fünfsatz-Einzelplänen besteht, die im Zusammenhang wiederum einen fünfschriftigen Argumentationsplan ergeben.
   Benutzen Sie dazu das Formulierungsbeispiel zum „Aufsatzplan" (S. 71) und versuchen Sie, jeden seiner fünf Einzelsätze wieder zu einem eigenständigen Fünfsatzplan auszubauen. Schreiben Sie also insgesamt 5 × 5 Sätze auf, die Sie immer von 1–5 durchnumerieren. Überlegen Sie für jeden Schritt, welchen Typ von Fünfsatzplan Sie verwenden wollen!

Sie haben jetzt Ihre Arbeit vor sich liegen. Im *Lösungsanhang* finden Sie *eine mögliche* Lösung; wenn Ihr eigener Plan im Detail oder ganz anders ist, ist das kein „Fehler". Bei dieser Übung ist es wichtig, daß Sie sich mit den Argumentationsplänen intensiv auseinandergesetzt haben.
2. Arbeiten Sie nun den Lösungsvorschlag gründlich und kritisch durch. Verbessern Sie ihn, wenn Ihnen ein Mangel auffällt.
3. Stellen Sie nun zu diesem Lösungsvorschlag ein „räumliches" Stichwortkonzept her, wie es in vielen Beispielen des Kapitels 4 vorgeführt wurde. Sie brauchen dazu ein größeres Blatt, da Sie 5 × 5 Schlagwörter graphisch aufzeichnen müssen.
4. Übertragen Sie nun bitte Ihren eigenen, unter Übungsabschnitt 2 erarbeiteten 5×5-Sätze-Plan in ein räumliches Stichwortkonzept.

14.4 Diskussion (→ Kapitel 10, 11, 12)

In den Kapiteln 10 und 11 haben wir vom Zuhören und von den Zielen in einer Diskussion gesprochen: „Charakteristisch für das aktive Zuhören ist das grundsätzliche Eingestimmtsein und Eingestelltbleiben auf das allgemeine und jeweils besondere Ziel einer Diskussion. Die Zielbezogenheit bleibt das oberste Verhaltensprinzip in allen Phasen des Zuhörens."[2]
Wir haben dabei mehrere Phasen unterschieden.

Aufgabe 1

Setzen Sie die fehlenden Begriffe in das folgende Ablaufschema ein:

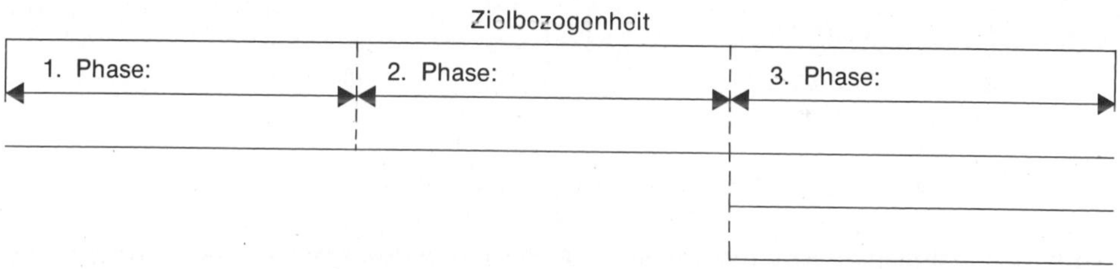

In Kapitel 12 war u. a. von einigen Argumentationstechniken die Rede. Dazu folgendes Beispiel[3]:

In einer Ausschußsitzung führt ein Mitglied aus, daß er den Bewerber X, der von Beruf Werkmeister sei, wegen mangelnder Vorkenntnisse nicht für den Posten eines Beigeord-

---

[2] Böttcher, W./Zielinski, J., *Diskussionstechnik*, Düsseldorf 1974, S. 62 f.
[3] Vgl. W. Rother, *Die Kunst des Streitens, Anleitungen zum richtigen Diskutieren*, München 1961, S. 71 f.

neten (hauptamtlichen Stadtrats) unterstützen könne. Darauf springt ein Gegenredner auf und ruft erregt: „So also ist das! Der Herr Vorredner erklärt mit anderen Worten, daß ein Arbeiter nicht zur Wahrnehmung öffentlicher Ämter in der Lage sei! Das verbitten wir uns ganz entschieden!"

Aufgabe 2

Welche Argumentationstechnik hat der Gegenredner angewendet? Ergänzen Sie bitte die beiden Satzlücken[4].

Er hat........................ Er hat die sehr spezifische Aussage seines Vorredners

a) in seinem Sinne zurechtgestutzt sowie

b) in dem Begründungsargument unzulässig vergröbert und

....

Denn:

(1) War von den „Arbeitern" die Rede?

Ja ☐ Nein ☐

(2) Hat der Vorredner von „öffentlichen Ämtern" gesprochen?

Ja ☐ Nein ☐

Das heißt: Erst die unzulässige Verallgemeinerung bot den Ansatz zur Unterstellung und Polemik.

Wir merken uns:

Die Technik des Übertreibens wird in Diskussionen oft angewendet, um – bei mangelnden rationalen Gegenargumenten – den Gegenspieler auszutricksen, seine Argumentation durch Überspannen ins Lächerliche zu ziehen oder ihn der Unvernunft zu bezichtigen.

Aufgabe 3

Was ist dagegen zu unternehmen?

14.5 Körpersprache und Werbung (→ Kapitel 13)

Wir haben festgestellt: Körpersprachliche Äußerungen drücken Gedanken und Gefühle des Sprechers aus und geben Auskunft über sein Verhältnis zum Publikum. Körperhaltung, Mimik, Gestik und Blickkontakt bilden Einheiten mit dem gesprochenen Wort und verändern sich mit ihm in charakteristischer Weise. Handbewegungen haben Taktstockfunktion, sie begleiten und verstärken die verbalen Aussagen eines Redners. Auch die Werbung bedient sich der Körpersprache, um ihre Anliegen eindrucksvoller ins Bild zu setzen und den Adressaten zu einem bestimmten Verhalten zu veranlassen.

---

[4] Aufgabe und Aufgabenbearbeitung orientieren sich an: W. Böttcher/Z. Zielinski, *Diskussionstechnik,* Düsseldorf 1974, S. 114 f.

Aufgabe

Betrachten Sie das nachstehende Bild aus einer Werbeanzeige in einer Illustrierten:

Welchen Eindruck macht der Mann auf Sie?
– Mit welchen körpersprachlichen Hinweisen versucht er Wirkung zu erzielen?
– Wie könnte der Begleittext zu diesem Photo aussehen?

Lösungsvorschläge zu den Übungsteilen der einzelnen Kapitel

Kapitel 3: Gestaltung von Sätzen

Aufgaben 1

1. Katachrese – verdeutlichende Bildhaftigkeit
2. Chiasmus, Antithese – präzise zugespitzte, lebendige Aussage
3. Antithese – klarer Kontrast
4. Asyndeton, Klimax, Anapher: klangvolle dynamische Steigerung
5. Ellipse – sehr bestimmte, autoritäre Aussage

Aufgaben 2

1. Personifikation – leicht eingängiges Bild
2. Oxymoron – spitzfindige Anspielung.
3. Vergleich, Oxymoron – witzige bildhafte Verdeutlichung
4. Metapher – überzeugende bildhafte Abwertung eines Slogans
5. Rhetorische Frage, Metonymie – plastisch, suggestives Bild

Zur Übung

Karl Theodor Freiherr zu Guttenberg, am 27. Mai 1970 vor dem Deutschen Bundestag (Debatte über die Ostpolitik)

„Ich sage hier für meine Freunde und für mich (ANAPHER, ANTIKLIMAX) mit allem Nachdruck, mit allem Ernst und leider auch mit der heute nötigen Sorge (ANAPHER, KLIMAX):

Wir, die CDU/CSU (PERSONIFIZIERUNG, ANAKOLUTH), wir sind nicht bereit, sogenannte Realitäten (IRONIE) zu achten, zu respektieren oder gar anzuerkennen (KLIMAX, ASYNDETON), die den Namen Unrecht tragen (PERSONIFIZIERUNG). Wer immer dieser Debatte zuhört, hier oder im Lande oder draußen in der Welt (ANAKOLUTH, KLIMAX), der muß wissen, daß dies das letzte, das entscheidende und nicht aufhebbare Motiv (KLIMAX) für die Deutschlandpolitik der christlich-demokratischen und christlich-sozialen (WIEDERHOLUNG) Union ist. Und ich setze die Frage hinzu: ist einer hier, einer (WIEDERHOLUNG), der ernsthaft vorbringen wollte, daß Unrecht dadurch Recht (PARADOXON) würde, daß es Jahre, ja Jahrzehnte (KLIMAX, HOMOEOPROPHORON) dauert? Meine Damen und Herren, ich bitte jeden in diesem Hause (METONYMIE), sich zu prüfen – und, meine Damen und Herren von der SPD, (ANAKOLUTH) dies gilt besonders für Sie, weil Sie als Partei (PERSONIFIZIERUNG) die Ehre (POSITIVER EUPHEMISMUS) für sich in Anspruch nehmen dürfen, unter Hitler Tausende von Märtyrern gestellt zu haben (ANAKOLUTH). – Meine Frage lautet: Ist einer hier bereit, wäre einer hier bereit (ANAKOLUTH, WIEDERHOLUNG), seinen Frieden mit Adolf Hitler zu machen, wenn es diesem Mann gelungen wäre, 37 Jahre durchzuhalten? Ich sage nein! Ich sage dreimal nein! (KLIMAX) Und aus dem gleichen Grunde kann es keine Anerkennung für neues

Unrecht auf deutschem Boden (METONYMIE), für Herrn Ulbricht (PERSONIFIZIERUNG) geben (ANTIKLIMAX).
Meine Damen und Herren, die Wahrheit ist doch die (UMSTELLUNG), daß Sie, meine Damen und Herren von der SPD und Sie von der F. D. P. (ANAKOLUTH), mit uns zusammen zwei Jahrzehnte lang die Grundposition dieser Politik getragen und geteilt (HOMOEOPROPHORON) haben.
Und heute, meine Damen und Herren (ANAKOLUTH), reden Sie, sie selbst (WIEDERHOLUNG, KLIMAX) von der notwendigen Geduld und von den langen Jahren (ANAPHER), die Sie benötigen: Und, meine Damen und Herren (ANAKOLUTH), damit nehmen Sie für sich in Anspruch, was Sie uns verwehrten (ANTITHESE).
Und lassen sie mich nun, meine Damen und Herren (ANAKOLUTH), am Ende mit allem mir zur Verfügung stehenden Ernst ausdrücken –
– Ich verstehe, was Sie dort gerufen haben: „Gott sei Dank." Ich hätte mir an Ihrer Stelle meine Rede auch ungern angehört und deshalb habe ich Sie gehalten (ANTITHESE). – (ANAKOLUTH)
Und weiter: Ist einer hier, einer (WIEDERHOLUNG), der mir widerspräche, wenn ich sage, daß keiner ein Recht hat, die Freiheitsliebe der Deutschen in der Zone (METONYMIE) geringer zu achten, als jene der Tschechen und Slowaken (VERGLEICH), die im Frühjahr 1968 (ALLUSION, METONYMIE) das Gewissen der Welt (PERSONIFIZIERUNG) erschüttert haben?

Kapitel 4: Einige wichtige Formen der öffentlichen Kommunikation

Zur Übung

Diese Übung wird Ihnen am Anfang etwas schwer fallen; Sie werden möglicherweise in Versuchung kommen, Ihre Übung resignierend abzubrechen. Eine solche Reaktion ist ganz natürlich, weil Ihnen noch der Durchblick fehlt. Diesen können Sie sich nur nach und nach erarbeiten, indem Sie in Ihrer Analyse von Mal zu Mal mehr Detailergebnisse zusammenbringen. Ihr Blick und Gefühl für solche Situationen schärft sich. Darum wiederholen Sie diese Übung von Zeit zu Zeit – auch die Diskussion mit anderen darüber kann Ihre Urteilsbildung weiter perfektionieren.

Kapitel 7: Zwischenrufe und Zwischenfragen

7.5.1 Praktische Übungen

Übung 1: Reaktion auf eine Zwischenfrage

a) Das Problem besteht darin, daß der Redner bei der Ablehnung einer Zwischenfrage den Eindruck verhindern muß, er sei unsicher und wolle kneifen. Darum ist die Formulierung „Nein, ich lasse keine Zwischenfrage zu!" nur dann sinnvoll (und nicht mißverständlich), wenn es in der Diskussion schon vorher einiges Durcheinander gegeben hat und es den Zuhörern deshalb klar ist, daß Sie als Redner Ihre Argumentation durchziehen wollen, um wieder Linie ins Gespräch zu bringen.
b) Geschickter ist in der Regel das Verweisen auf das baldige Ende eigener Ausführungen. Unter taktischem Gesichtspunkt nimmt man dem Zwischenfrager dadurch den günstigen Zeitpunkt.
c) Den persönlichen Angriff auf den Zwischenfrager sollte man nur dann wählen, wenn die bestehende Situation diesen persönlichen Angriff für alle gerechtfertigt erscheinen läßt. Dies ist z. B. dann der Fall, wenn der betreffende Zwischenfrager tatsächlich mit seinen Fragen schon mehrfach gestört hat oder sich selbst nur eine Redezeit verschaffen will, ohne konkrete Fragestellungen zu verfolgen.

Übung 2: Witzige Reaktion auf einen Zwischenruf

(Die folgenden – beispielhaften – Äußerungen fielen tatsächlich in Erwiderung dieser Zwischenrufe:)

a) Konrad Adenauer: „Lachen Sie mal!"
b) Lloyd George, englischer Premierminister: „Madam, Sie können sicher sein, wenn Sie meine Frau wären, – ich würde es nehmen!"
c) Konrad Adenauer: „Und dann stehen Sie vor mir stramm!"

7.5.4 Zur Übung

Situation 1:

Schmidt lehnt die Zwischenfrage ab, indem er einerseits den Zwischenfrager persönlich angreift und andererseits so tut, als ob ihm die Zwischenfrage schon bekannt wäre. Dies nutzt er, um den unterstellten Inhalt der nicht zugelassenen Zwischenfrage mit leichter Hand abzutun.

Unterstützt wird Schmidt durch Beifall bei den Regierungsparteien; die Opposition macht ihren Unmut mit verschiedenen Zurufen deutlich.

Situation 2:

Der klassische Fall einer schlichten Ablehnung ohne weiteren Kommentar. Dadurch werden sofort so heftige Zwischenrufe provoziert, so daß sich der Sitzungspräsident zum Eingreifen gezwungen sieht. Sein Eingreifen besteht in einer Belehrung der Zwischenrufer über das Recht eines Redners, Zwischenfragen abzulehnen. Damit wird die Aufmerksamkeit blitzschnell von der abgelehnten Frage selbst und den vermutlichen Gründen dafür abgelenkt.

Situation 3:

Schmidt läßt die Zwischenfrage zu, ohne sich davon bei seinem Gedanken stören zu lassen, den er zunächst zu Ende führt.

In der Antwort bestreitet der Minister die Tatsachen, von denen der Zwischenfrager ausgegangen ist. Mit dem Schlenker „Ich will Ihnen ganz offen sagen . . ." vollendet er sein reaktives Verhalten, indem er nahtlos und elegant wieder zu seinem Thema zurückfindet.

Bei dieser geschickten Antwort bleibt wegen des nahtlosen Überganges keine Zeit mehr für ein Gegenmittel.

Situation 4:

Wieder wird eine Zwischenfrage zugelassen, die des Ministers ungenaue Zitierweise angreift.

Schmidt antwortet zunächst milde mit einem Zugeständnis. Dann wird er massiv, indem er – die unterschwellige Stoßrichtung der Zwischenfrage erkennend – diese mit einer Gegenfrage ad absurdum führt. Sehr ironisch die Formulierung „Welche wäre es denn dann wohl?", die als Suggestivfrage nur eine Antwort zuläßt.

Schmidt ist es offensichtlich gelungen, mit seiner Frage die Zwischenrufer zum Verstummen zu bringen. Sie schweigen und müssen das Feld dem unterstützenden Beifall der Regierungsparteien für diese gekonnte Replik überlassen.

Kapitel 8: Die Leitung einer Versammlung

Zur Übung

3. Nein! Bei „Schluß der Rednerliste" kommen alle vorher schon notierten Redner noch zu Wort. Er hätte rufen müssen „Schluß der Debatte und sofortige Abstimmung!"

4. Gar nicht! Der Versammlungsleiter darf diesen Antrag überhaupt nicht erst zulassen.
5. Der Antrag darf nicht zur Abstimmung gestellt werden. Sie müssen die Entscheidung des Versammlungsleiters – nämlich eine Abstimmung durchzuführen – unverzüglich anfechten!

Kapitel 9: Konfliktregelung durch Gesprächsführung

Aufgabe 1

Die Kundin erwartet – überlegen und rechthaberisch –, daß die Verkäuferin mit einem passiven oder aktiven Abwehrmanöver reagiert, d. h., mehr oder weniger kampflos den Rückzug antritt bzw. sich aggressiv zur Wehr setzt.
Die Verkäuferin tut ihr diesen „Gefallen“ und reagiert tatsächlich – nach anfänglicher Zurückhaltung – aggressiv und beleidigend. Der Konflikt eskaliert sofort zur lautstarken feindseligen Auseinandersetzung, so daß der eigentliche Anlaß nur noch durch Anrufung Dritter (hier: des Chefs) geregelt werden kann.

Aufgabe 2

Im zweiten Fall läßt sich die Verkäuferin nicht durch die erregten Äußerungen der Kundin zu Abwehrmanövern herausfordern. Sie reagiert – unerwartet für die Kundin – ruhig und verständnisvoll und lenkt das Gespräch durch interessiertes Nachfragen und Kompromißbereitschaft in eine sachliche Richtung. Sie schließt Fehler der eigenen Seite, d. h. Warenmängel, nicht von vornherein aus. Das Gesprächsklima entspannt sich, die Reklamation führt zu einer für beide Seiten akzeptablen Lösung.
Entscheidend für diesen Ablauf ist die Weichenstellung durch Anwendung der VIR-Regel:
„Oh ja, ich verstehe Ihre Aufregung, ... V
aber mich interessiert erstmal, was hat denn nicht geklappt? Es kann schon mal vorkommen, daß die Ware nicht in einwandfreiem Zustand ankommt. I
Aber wollen wir denn nicht in Ruhe über die Sache sprechen?“ .... R

Kapitel 11: Diskussion II: Ziele und Inhalte

Aufgabe 1

Zentralisation Normalverteilung Polarisierung

Aufgabe 2

In Situation A finden wir die einfachste Lösung. Es gibt ein eindeutiges Kriterium, nach dem jede der beiden Meinungen als falsch oder richtig bezeichnet werden kann. (In diesem Fall wird es der Rundfunksprecher sein, der sagt: „Sie hörten die Symphonie Nr. 41 von Wolfgang Amadeus Mozart.“) Dieses Kriterium wird wohl von beiden Gesprächspartnern anerkannt.

Die Diskussion A wäre aber besser so verlaufen:
„Warten wir ab. Wir werden ja die Ansage hören.“

In Situation B gibt es kein eindeutiges Kriterium im strengen Sinne. Aber jeder Diskussionspartner kann Hilfskriterien (Beobachtungen, Erfahrungen, Fakten) anführen, die seine Meinung als wahrscheinlicher, d. h. plausibler erscheinen lassen könnten als die andere. Wenn der andere Gesprächspartner diese Hilfskriterien anerkennt und seine Meinung ändert, ist die Meinungsverschiedenheit aufgehoben. Erkennt er sie nicht an, ist nichts gewonnen; der Disput verlagert sich dann von den Meinungen auf die Hilfskriterien.

Diskussion B hätte also so verlaufen können:

„Wie kommst Du eigentlich zu dieser Ansicht über Fräulein Hansen?"

„Warum hat sie gerade Dich gebeten, ihr zu helfen? Sie kennt doch noch andere Leute."

„Wenn es so gewesen wäre, könnte ich Dich eher verstehen. Aber ich selbst habe es ihr angeboten."

In Situation C gibt es weder ein eindeutiges Kriterium noch sind Hilfskriterien denkbar, nach denen eine Meinung als zutreffend(er) bewertet werden könnte. Es geht um Empfindungen und Geschmack; die aber können weder ‚richtig' noch ‚falsch' sein. Hier den anderen von unserer Meinung überzeugen zu wollen, wäre genauso sinnlos wie von ihm zu verlangen, er solle Kopfschmerzen bekommen, weil wir welche haben.

In seiner solchen Situation kann und soll die Diskussion nur dazu führen, den anderen zu verstehen, d. h. seine psychische Wirklichkeit so gut es geht nachzuerleben. In diese Kategorie gehören z. B. auch Meinungsverschiedenheiten zum Thema Weltanschauung.

Gespräch C hätte so enden können:

„Welchen Film findest Du denn komisch?"

„Chaplin finde ich komisch. Ich muß zugeben, das sind oft die gleichen Gags wie eben. Aber heute, in Farbe, mit normalen Schauspielern wirkt sowas einfach unecht auf mich. Verstehst Du das?"

„Ja. Wenigstens können wir beide über Chaplin lachen."

Zur Übung

1.b; 2.b (eindeutige Kriterien gibt es erst in 100 Jahren, sie sind jetzt nicht verfügbar); 3.a; 4.c; 5.c (evtl. auch b: z. B. als Hilfskriterium, daß es bei keiner Sportart so viele Tote gibt); 6.c; 7.b (‚schlechte Autofahrer' ist zu vage, es kann nicht eindeutig nachgewiesen werden); 8.b (‚keine Ahnung' ist zu vage).

Kapitel 12: Diskussion III: Argumentieren

12.3.4 Zur Übung

Schmidt stellt hier ein Lehrstück des Argumentierens vor. Er argumentiert zuerst rational. Wahlen geben die Chance, die Mehrheit im Bundesrat zu verändern. Er nennt dafür Beispiele. Eine **plausible** Aussage faßt zusammen: Alle Wahlen muß man gleich ernst nehmen. Mit einer **ethischen** Argumentation begründet er die besondere Bedeutung dieser Landtagswahl, die CDU probt einen Teil ihrer, ich zitiere: „nicht immer anständigen" Wahlkampfstrategie. In der 2. Antwort verweist Schmidt auf eine Tradition von 23 Jahren Berufspolitik. An diesem Beispiel erleben Sie die Anwendung der **plausiblen** Argumentation. Nun werden die Belege des Handelns, also nachprüfbare Fakten, aufgeführt. Schmidt kam, egal, welches politische Amt er innehatte. Ob Fraktionsvorsitzender oder Minister der Verteidigung. Das ist **rational** argumentiert. Und ein Analogieschluß führt scheinbar logisch weiter. Warum dann nicht auch als Bundeskanzler, wenn das staatliche Amt dafür Zeit läßt? Das klingt einleuchtend, unterläuft aber das Problem, das sich aus der besonderen, politischen Bedeutung des Bundeskanzlers ergeben muß. Auf die 3. Frage nach der Testwahl interpretiert Schmidt diesen Begriff aus seiner Sicht. Er appelliert mit **ethischem** Anspruch an die anständigen Bürger, die das Verhalten des politischen Gegners ablehnen sollen. In der 4. Antwort erscheinen **plausible** Argumente unter **ethischem** Vorzeichen. Schmidt macht in Göppingen nicht Bundestagswahlkampf, wie der Interviewer vermutete, Schmidt *muß* geradezu über bundespolitische Aufgabenstellungen sprechen, um kein Falschmünzer zu sein. Die Begründung ist **plausibel,** denn die Probleme der Region kennen die Landtagsabgeordneten wirklich meist besser.

12.5 Zur Übung

Falsch sind die Vorschläge 4 und 7.

Kapitel 14: Abschlußaufgaben

14.1 Originaltext „Spracherziehung":

Lösung

–	–
+	– –

Verbesserter Text:

Lösung

+	++
0	–

14.2 Lösungsvorschlag

Das Revolutionstribunal

Herman: Ihr Name, Bürger. (ELLIPSE)

Danton: Die Revolution nennt meinen Namen (PERSONIFIZIERUNG). Meine Wohnung ist bald im Nichts (METAPHER) und mein Name im Pantheon der Geschichte (METAPHER, ELLIPSE, ANAPHER).

Herman: Danton, der Konvent beschuldigt Sie, mit Mirabeau, mit Dumouriez, mit Orléans, mit den Girondisten (ANAPHER), den Fremden und der Faktion Ludwigs XVII. konspiriert zu haben.

Danton: Meine Stimme, die ich so oft für die Sache des Volkes ertönen ließ, wird ohne Mühe die Verleumdung zurückweisen (METONYMIE). Die Elenden, welche mich anklagen, mögen hier erscheinen, ich werde sie mit Schande bedecken (METAPHER). Die Ausschüsse mögen sich hierher begeben, ich werde nur vor ihnen antworten. Ich habe sie als Kläger und als Zeugen nötig (PARADOXON). Sie mögen sich zeigen.

Übrigens, was liegt mir an euch und eurem Urteil (RHETORISCHE FRAGE)? Ich hab es euch schon gesagt: Das Nichts wird bald mein Asyl sein (METAPHER); – das Leben ist mir zur Last (ELLIPSE), man mag es mir entreißen (METAPHER), ich sehne mich danach, es abzuschütteln (METAPHER, KLIMAX).

Herman: Danton, die Kühnheit ist dem Verbrecher, die Ruhe der Unschuld eigen (ANTITHESE).

Danton: Privatkühnheit ist ohne Zweifel zu tadeln. Aber jene Nationalkühnheit (ANTITHESE), die ich so oft gezeigt, mit welcher ich so oft für die, Freiheit gekämpft habe (ELLIPSE, WIEDERHOLUNG, KLIMAX), ist die wertvollste aller Tugenden. – Sie ist meine Kühnheit, sie ist es (ANAPHER), der ich mich hier zum Besten der Republik gegen meine erbärmlichen Ankläger bediene (HYPERBEL). Kann ich mich fassen, wenn ich mich auf so niedrige Weise verleumdet sehe (RHETORISCHE FRAGE)? Von einem Revolutionär wie ich darf man keine kalte Verteidigung (CONTRADICTIO IN ADIECTO) erwarten. Männer meines Schlages sind in Revolutionen unschätzbar (HYPERBEL), auf ihrer Stirn schwebt das Genie der Freiheit (PERSONIFIZIERUNG, METONY-

MIE). Mich klagt man an (UMSTELLUNG), mit Mirabeau, mit Dumouriez, mit Orléans konspiriert, zu den Füßen elender Despoten gekrochen zu haben (ANAPHER, ASYNDETON, METONYMIE, HYPERBEL); mich fordert man auf (UMSTELLUNG; ANAPHER), vor der unentrinnbaren, unbeugsamen (HOMOEOPROPHORON) Gerechtigkeit zu antworten. – Du, elender St.-Just, wirst der Nachwelt für diese Lästerung (HYPERBEL) verantwortlich sein!

Herman: Ich fordere Sie auf, mit Ruhe zu antworten; gedenken Sie Marats, er trat mit Ehrfurcht vor seine Richter.

Danton: Sie haben die Hände an mein ganzes Leben gelegt (HYPERBEL, METAPHER), so mag es sich denn aufrichten und ihnen entgegentreten (PERSONIFIZIERUNG, KLIMAX); unter dem Gewicht jeder meiner Handlungen werde ich sie begraben (METAPHER). – Ich bin nicht stolz darauf. Das Schicksal führt uns den Arm (PERSONIFIZIERUNG, METAPHER), aber nur gewaltige Naturen sind seine Organe (HYPERBEL, METAPHER).

Ich habe auf dem Marsfelde dem Königtume den Krieg erklärt (METONYMIE), ich habe es am 10. August geschlagen, ich habe es am 21. Januar geschlagen, ich habe es am 21. Januar getötet (ANAPHER) und den Königen den Königskopf als Fehdehandschuh (VERGLEICH) hingeworfen (KLIMAX). – Wenn ich einen Blick auf diese Schandschrift werfe, fühle ich mein ganzes Wesen beben (METAPHER, HYPERBEL). Wer sind denn die, welche Danton nötigen mußten, sich an jenem denkwürdigen Tage zu zeigen (RHETORISCHE FRAGE)? Wer sind denn die privilegierten Wesen, von denen er seine Energie borgte (RHETORISCHE FRAGE, IRONIE, ANAPHER)? – Meine Ankläger mögen erscheinen! Ich bin ganz bei Sinnen, wenn ich es verlange. Ich werde die platten Schurken (KATACHRESE) entlarven und sie in das Nichts zurückschleudern (METAPHER), aus dem sie nie hätten hervorkriechen sollen (ANAPHER, METAPHER).

Hermann: Hören Sie die Klingel nicht?

Danton: Die Stimme des Menschen, welcher seine Ehre und sein Leben verteidigt, muß deine Schelle überschreien (METONYMIE, KLIMAX). Ich habe im September die junge Brut der Revolution (PERSONIFIZIERUNG) mit den zerstückelten Leibern der Aristokraten geätzt (METAPHER)! Meine Stimme hat aus dem Golde der Aristokraten und Reichen (ANTIKLIMAX) dem Volke Waffen geschmiedet (METONYMIE, METAPHER). Meine Stimme (ANAPHER) war der Orkan (HYPERBEL), welcher die Satelliten des Despotismus (METAPHER) und Wogen von Bajonetten (METAPHER) begrub (PERSONIFIZIERUNG, METAPHER).

Hermann: Danton, Ihre Stimme ist erschöpft, Sie sind zu heftig bewegt. Sie werden das nächste Mal Ihre Verteidigung beschließen, Sie haben Ruhe nötig (ANAPHER). – Die Sitzung ist aufgehoben.

Danton: Jetzt kennt ihr Danton – noch wenige Stunden, und er wird in den Armen des Ruhms entschlummern (PERSONIFIZIERUNG, EUPHEMISMUS).

14.3 Lösungsvorschlag

I Ausklammerung

① Einige meinen, wir könnten das Verkehrsproblem in unserer Stadt mit einem System von Einbahnstraßen oder dem Ausbau der alten Hauptstraße in den Griff bekommen.
② Als Begründung führen sie diese günstige Kostenlage an und weiter, daß diese verkehrsgerechte und schnell zu verwirklichende Lösungen wären.
③ Dabei wird aber übersehen, daß es auf diese Punkte letztlich gar nicht ankommt, sondern darauf, die Umweltbelastungen zu beseitigen.
④ Diese werden aber fälschlicher- und leichtsinnigerweise belächelt und wenig ernstgenommen.
⑤ Drei wesentliche Gesichtspunkte aber gehen uns alle an; jeder ist von ihnen mehr oder weniger direkt betroffen.

II Kette

① Zum ersten: Vorige Woche ist an der Hauptstraße bereits das dritte Kind in diesem Jahr auf dem Schulweg verunglückt.
② Wir alle wissen, daß Kinder überall und häufig unvorsichtig über die Straße laufen und das der Hauptgrund für diese Unfälle ist.
③ Um diesem zu begegnen, haben wir neben den Ampeln zusätzliche Schülerlotsenposten eingerichtet.
④ Aber auch diese haben sich nur als ein Tropfen auf den heißen Stein erwiesen.
⑤ Nach wie vor sind unsere Kinder auf dem Schulweg durch den dichten Verkehr ständig stark gefährdet.

III Vom Allgemeinen zum Besonderen

① Zweitens: Immer wird behauptet, daß der Fortschritt und die technische Entwicklung auch vom einzelnen Opfer verlangen.
② Auch wenn dem so ist, darf das nicht übertrieben werden – und die Anlieger der Hauptstraße werden darüber wohl anders denken!
③ Denn entweder gehen die möglichen Kosten für Lärmdämmungsmaßnahmen für den einzelnen erheblich zu weit.
④ Oder es bleibt ihm die enorme Lärmbelästigung, die durch die Lkw besonders während der Nacht verursacht werden.
⑤ Die Lärmbelästigung kann also wörtlich und im übertragenen Sinne nicht mehr in Kauf genommen werden; sie ist schlicht unerträglich geworden!

IV Aufsatzplan

① Als Drittes und Entscheidendes bleibt festzustellen: Die Belastungen durch die Autoabgase sind heute schon ganz enorm.
② 1. Die Abgase haben bereits einige Bäume entlang der Hauptstraße so angegriffen, daß sie abgeholzt werden mußten.
③ 2. An Gebäuden und besonders an einigen Baudenkmälern sind bereits erhebliche Schäden entstanden.
④ 3. Besonders schlimm sind die Meßdaten für die Luftverschmutzung, die bereits seit zwei Jahren über den zulässigen Werten liegen.
⑤ Wenn man diese Faktoren addiert, sind bereits kaum noch zu beseitigende Schäden durch die Abgase entstanden.

V Kette

① Die Kindergefährdung, die Lärmbelästigung und die Schäden durch Abgase gebieten eine energische Lösung des Verkehrsproblems in unserer Stadt.
② Energisch heißt, daß praktisch und schnell gegen die Ursachen der Gefährdungen angegangen wird.
③ Dies darf aber nicht zu Flickwerk führen; das Übel muß auf Dauer und gründlich beseitigt werden.
④ Dies kann aber nur dadurch geschehen, daß wir den Durchgangsverkehr aus unserer Stadt herausbekommen.
⑤ Darum bleibt nur eine wirksame und vernünftige Lösung: Unsere Stadt braucht eine Umgehungsstraße!

14.4 Aufgabe 1:

1. Phase	2. Phase	3. Phase
Anhören	Verstehen	Abwägen Beurteilen Bewerten

Aufgabe 2:

Er hat *übertrieben.*
Er hat die sehr spezifische Aussage seines Vorredners . . . *verallgemeinert.*

(1) Nein ☒ (2) Nein ☒

Aufgabe 3:

a) Zunächst gilt es, sich nicht aufzuregen.
b) Man zeigt in aller Ruhe Stück um Stück die Übertreibung auf und setzt damit denjenigen ins Unrecht, der sie gebraucht hat.
c) Man reagiert mit dem Hinweis, daß der Übertreiber für die Aussagen einzustehen habe, die er auf Grund der Übertreibung formuliert hat.
d) Man kann sich dieses Vorgehen rein formal verbitten.

14.5

„Vermögensberatung ist Vertrauenssache". Das ist der Titel-Slogan der Werbeanzeige. Vertrauenswerbung ist auch die Grundtendenz in Körperhaltung, Kleidung, Gesichtsausdruck und Gestik des Mannes. Das gewinnende Lächeln und die Arm- bzw. Handhaltung signalisieren den Wunsch des Bonnfinanz-Beraters, den Abstand zum Betrachter zu überbrücken, ihn als Kunden zu „betreuen" und ihm „gern die Antwort auf . . . Vermögensfragen geben" zu wollen.

Vermögensberatung ist Vertrauenssache.
Bonnfinanz-Beratung.
Überall im Bundesgebiet

Benutzen Sie den Coupon, wenn Sie mehr Informationen wünschen oder Interesse an einer Mitarbeit haben.

Die Bonnfinanz AG gehört zum Herold-Konzern und hat sich seit Einführung ihres neuen Konzepts zu Deutschlands führender Gesellschaft für Vermögensberatung entwickelt. Mehr als 2.000 Bonnfinanz-Berater betreuen heute über 300.000 zufriedene Kunden. Auch in Ihrer Nähe gibt es Bonnfinanz-Berater, die Ihnen gern die Antwort auf Ihre Vermögensfragen geben.

BONNFINANZ

Info-Coupon

An die
BONNFINANZ AG
Eichendorffstraße 4
5300 Bonn 1

Bitte informieren Sie mich genau über

○ den Vermögensaufbau nach dem Bonnfinanz-System

○ die Möglichkeiten Bonnfinanz-Berater zu werden.

Ich benötige spezielle Informationen zum Thema

____

Meine Anschrift:

____

____

____

Sachregister